河南省律师协会
组织编写

律师事务所全程纳税指引

主 编
胡剑南　李鹏翔

撰稿人
胡剑南　李鹏翔　陈娅娟　张 淘　袁 伟

北京大学出版社
PEKING UNIVERSITY PRESS

图书在版编目(CIP)数据

律师事务所全程纳税指引 / 胡剑南,李鹏翔主编. —北京：北京大学出版社,2021.3
ISBN 978-7-301-31992-5

Ⅰ. ①律… Ⅱ. ①胡… ②李… Ⅲ. ①律师事务所—纳税—基本知识—中国 Ⅳ. ①F812.423

中国版本图书馆 CIP 数据核字(2021)第 022862 号

书　　　名	律师事务所全程纳税指引 LÜSHI SHIWUSUO QUANCHENG NASHUI ZHIYIN
著作责任者	胡剑南　李鹏翔　主编
责 任 编 辑	刘文科
标 准 书 号	ISBN 978-7-301-31992-5
出 版 发 行	北京大学出版社
地　　　址	北京市海淀区成府路 205 号　100871
网　　　址	http://www.pup.cn　http://www.yandayuanzhao.com
电 子 邮 箱	编辑部 yandayuanzhao@pup.cn　总编室 zpup@pup.cn
新 浪 微 博	@北京大学出版社　@北大出版社燕大元照法律图书
电　　　话	邮购部 010-62752015　发行部 010-62750672　编辑部 010-62117788
印 刷 者	河北博文科技印务有限公司
经 销 者	新华书店
	720 毫米×1020 毫米　16 开本　15 印张　314 千字 2021 年 3 月第 1 版　2024 年 7 月第 4 次印刷
定　　　价	59.00 元

未经许可,不得以任何方式复制或抄袭本书之部分或全部内容。
版权所有,侵权必究
举报电话: 010-62752024　电子邮箱: fd@pup.cn
图书如有印装质量问题,请与出版部联系,电话: 010-62756370

序　言

2018年国务院政府工作报告明确提出,改革个人所得税,提高个人所得免征额,增加子女教育、继续教育、大病医疗、住房贷款利息、赡养老人、住房租金等支出的专项附加扣除。2018年8月31日第十三届全国人民代表大会常务委员会第五次会议通过《关于修改〈中华人民共和国个人所得税法〉的决定》。《个人所得税法》的大修完成,标志着个税改革迈出了关键的一步。本次修正的最大亮点是历史性地实现了个税制度由分类税制向综合税制转变,由此也带来一种更公平的计税模式。未来,随着个税改革的不断推进,更多收入或将纳入综合所得征税,从而更好地发挥个税缩小收入分配差距的调节作用,更好地实现税负公平。这是把党和政府对人民的承诺实实在在地落了地。

2021年是中国"十四五"规划开局之年。"十四五规划"提出建立现代财税金融体制,明确了完善现代税收制度,健全地方税、直接税体系,优化税制结构,适当提高直接税比重,深化税收征管制度改革的税改新任务。一方面,党中央、国务院高度重视减税降费工作,陆续出台了一系列减税降费优惠政策,着力减轻企业负担,激发市场活力,营商环境得到不断优化;另一方面,依据《国家税务总局关于进一步深化税务系统"放管服"改革优化税收环境的若干意见》(税总发〔2017〕101号)、《推进税务稽查随机抽查实施方案》(税总发〔2015〕104号文件印发)等文件要求,税务系统"双随机、一公开"已全覆盖,该举措是推进简政放权、放管结合、优化服务的重要举措,是规范事中事后监管、减少权力"寻租"的有效手段。

强大的信息技术在税务征管系统中全方位应用,比如"金税"工程大数据云平台、云计算已经实现全国范围内的企业信息"一户式"、个人信息"一人式"、税务管理"一局式"、信息相互关联"一网式"改革。基于此,律师个人、律师事务所已经身处"用数据说话""靠信息管税"的时代。在这个新的税收大环境下,律师作为法律践行者,以维护当事人合法权益、维护法律正确实施、维护社会公平和正义为己任,依法纳税同样是义不容辞的责任。

自20世纪90年代律师事务所改制以来,一直没有如同其他经营主体的清晰定位,而是作为无法取得营业执照的其他组织形式存在。至2021年年初,全国律师行业从业人员超过51万人;律师事务所形成除海南省允许设立公司制律师实务所以外的合伙制、个人所、全国所分所等组织形式。2002年以前律师事务所大多核定征收税收。2002年由核定征收变更为查账征收以后,许多律师事务所在财务处理、记账、计税基础等方面认识模糊,无法客观真实地进行财务事实记录,并真实反映律师服务的收入和成本支出,更无法理解与处理税会差异,导致税收认识上的混乱和错误频出,增加了律师事务所以及律师的税收负担。因此,律师事务所及律师做好税收整体规划与统筹安排,重视自身税务合规体系建设,提前有效识别各种税收法律风险,已经成为当务之急。

本书从律师事务所的实际经营模式出发,通过深入剖析律师行业税收问题,精准定位合伙人律师、分成律师、授薪律师、律师助理、律师事务所辅助人员的纳税身份,帮助律师事务所正确记账、帮助律师正确纳税,助力律师做税收合规的倡导者、遵从者、践行者。基于此,本书可以作为律师事务所、律师合规纳税的指导用书。

本书编写组

目　录

第一篇　律师事务所设立

第一章　税务信息登记

- 1-1.1　基础信息报告 ··· 3
  - 1-1.1.1　律师事务所——纳税人身份信息报告 ·························· 3
  - 1-1.1.2　律师事务所——扣缴义务人身份信息报告 ······················ 3
  - 1-1.1.3　自然人自主报告身份信息 ·· 3
  - 1-1.1.4　扣缴义务人报告自然人身份信息 ···································· 4
  - 1-1.1.5　税务证件增补发 ·· 4
  - 附录1-1：现行适用的《纳税人(扣缴义务人)基础信息报告表》············ 5
  - 附录1-2：现行适用的《个人所得税基础信息表(B表)》 ····················· 7
  - 附录1-3：现行适用的《个人所得税专项附加扣除信息表》 ··············· 11
  - 附录1-4：现行适用的《个人所得税基础信息表(A表)》 ··················· 19
  - 附录1-5：现行适用的《税务证件增补发报告表》 ··························· 21
- 1-1.2　制度信息报告 ··· 21
  - 1-1.2.1　存款账户账号报告 ··· 21
  - 1-1.2.2　财务会计制度及核算软件备案报告 ······························ 22
  - 1-1.2.3　银税三方(委托)划缴协议 ·· 23
  - 附录1-6：现行适用的《纳税人存款账户账号报告表》 ····················· 23
  - 附录1-7：现行适用的《财务会计制度及核算软件备案报告书》·········· 24
- 1-1.3　资格信息报告 ··· 25
  - 1-1.3.1　增值税一般纳税人登记 ··· 25
  - 1-1.3.2　选择按小规模纳税人纳税的情况说明 ··························· 25
  - 附录1-8：《税务事项通知书》 ··· 26
  - 附录1-9：现行适用的《增值税一般纳税人登记表》 ························· 27
  - 附录1-10：现行适用的《选择按小规模纳税人纳税的情况说明》········· 28

1-1.4　实名办税信息采集 ·· 28

第二章　建账建制 ··· 30

1-2.1　律师事务所建立和健全账簿凭证 ····························· 30
　　1-2.1.1　账簿方式——复式账 ··································· 30
　　1-2.1.2　账簿方式——简易账 ··································· 31
　　1-2.1.3　未达建账标准的处理 ··································· 31
　　1-2.1.4　律师事务所作为扣缴义务人建账 ·················· 31
1-2.2　账簿、凭证管理 ··· 31

第三章　发票申领 ··· 32

1-3.1　发票票种核定及调整（增值税专用发票、增值税普通发票） ············· 32
　　1-3.1.1　增值税专用发票核定 ··································· 32
　　1-3.1.2　增值税专用发票核定调整 ···························· 33
　　1-3.1.3　增值税普通发票核定 ··································· 33
　　1-3.1.4　增值税普通发票核定调整 ···························· 34
1-3.2　增值税专用发票（增值税税控系统）最高开票限额审批 ············· 34
1-3.3　发票领用 ··· 35
1-3.4　发票验（交）旧 ··· 35
1-3.5　发票缴销 ··· 35
1-3.6　发票退票 ··· 36
1-3.7　增值税税控系统专用设备初始、变更、注销发行 ··········· 36
　　1-3.7.1　增值税税控系统专用设备初始发行 ·············· 36
　　1-3.7.2　增值税税控系统专用设备变更发行 ·············· 36
　　1-3.7.3　增值税税控系统专用设备注销发行 ·············· 37
1-3.8　发票开具和保管 ··· 37
1-3.9　发票存根联、抵扣联数据采集 ································ 38
　　1-3.9.1　发票存根联数据采集 ··································· 38
　　1-3.9.2　发票抵扣联数据采集 ··································· 39
　　1-3.9.3　发票作废 ··· 40
　　1-3.9.4　增值税发票的红字冲销 ································ 41
1-3.10　发票遗失、损毁报告 ·· 43
1-3.11　发票其他相关 ··· 44
　　1-3.11.1　未按期申报抵扣增值税扣税凭证抵扣申请 ············· 44
　　1-3.11.2　发票真伪 ··· 45

1-3.11.3　异常增值税发票管理 …………………………………… 45
　附录1-11：现行适用的《纳税人领用发票票种核定表》 ………… 46
　附录1-12：现行适用的《发票领用簿》 ……………………………… 47
　附录1-13：现行适用的《准予税务行政许可决定书》 ……………… 48
　附录1-14：现行适用的《准予变更税务行政许可决定书》 ………… 49
　附录1-15：现行适用的《清税申报表》 ……………………………… 49
　附录1-16：现行适用的《开具红字增值税专用发票信息表》 ……… 50
　附录1-17：现行适用的《作废红字发票信息表申请表》 …………… 51
　附录1-18：现行适用的《发票挂失/损毁报告表》 ………………… 51
　附录1-18-1：现行适用的《挂失/损毁发票清单》 ………………… 52
　附录1-19：现行适用的《丢失增值税专用发票已报税证明单》 …… 53

第二篇　律师事务所日常经营

第一章　增值税申报纳税 ……………………………………………… 57
　2-1.1　征税对象 ……………………………………………………… 57
　2-1.2　税率和征收率 ………………………………………………… 58
　　2-1.2.1　税率 ……………………………………………………… 58
　　2-1.2.2　征收率 …………………………………………………… 58
　2-1.3　应纳税额的计算 ……………………………………………… 59
　　2-1.3.1　一般计税方法 …………………………………………… 59
　　2-1.3.2　简易计税方法 …………………………………………… 62
　　2-1.3.3　扣缴计税方法 …………………………………………… 63
　2-1.4　销售额的确定 ………………………………………………… 63
　2-1.5　纳税义务发生时间 …………………………………………… 64
　2-1.6　纳税地点 ……………………………………………………… 64
　2-1.7　纳税期限 ……………………………………………………… 64
　2-1.8　增值税优惠政策适用 ………………………………………… 65
　2-1.9　附加税（费）申报 …………………………………………… 66
　附录2-1：现行适用的《增值税及附加税费申报表（适用于增值税一般
　　　　　纳税人）》 ……………………………………………… 67
　附录2-1-1：现行适用的《增值税及附加税费申报表附列资料（一）
　　　　　　（本期销售情况明细）》 ………………………………… 75

附录2-1-2：现行适用的《增值税及附加税费申报表附列资料(二)
　　　　　(本期进项税额明细)》 ··· 81
附录2-1-3：现行适用的《增值税及附加税费申报表附列资料(三)
　　　　　(服务、不动产和无形资产扣除项目明细)》 ····················· 86
附录2-1-4：现行适用的《增值税及附加税费申报表附列资料(四)
　　　　　(税额抵减情况表)》 ·· 87
附录2-1-5：现行适用的《增值税及附加税费申报表附列资料(五)
　　　　　(附加税费情况表)》 ·· 89
附录2-1-6：现行适用的《增值税减免税申报明细表》 ····················· 91
附录2-2：现行适用的《增值税及附加税费申报表(小规模纳税人适用)》 ····· 93
附录2-2-1：现行适用的《增值税及附加税费申报表(小规模纳税人适用)》
　　　　　附列资料(一)》 ·· 97
附录2-2-2：现行适用的《增值税及附加税费申报表(小规模纳税人适用)》
　　　　　附列资料(二)》 ·· 99

第二章　个人所得税综合所得、除经营所得外其他所得申报纳税 ······· 101
2-2.1　纳税人、扣缴义务人 ·· 101
2-2.2　征税对象 ··· 102
2-2.2.1　综合所得 ·· 102
2-2.2.2　经营所得 ·· 102
2-2.2.3　其他分类所得 ··· 102
2-2.3　减免优惠 ·· 103
2-2.3.1　免征优惠 ·· 103
2-2.3.2　减征优惠 ·· 104
2-2.4　综合所得、除经营所得外其他所得的应纳税所得额 ············· 104
2-2.4.1　居民个人工资、薪金所得的应纳税所得额 ······················· 104
2-2.4.2　劳务报酬所得、稿酬所得、特许权使用费所得的应纳税所得额 ···· 107
2-2.4.3　财产租赁所得、财产转让所得、利息股息红利所得、偶然所得的
　　　　　应纳税所得额 ·· 108
2-2.4.4　非居民个人的工资薪金所得、劳务报酬所得、稿酬所得、特许权
　　　　　使用费所得的应纳税所得额 ····································· 108
2-2.5　税率 ··· 108
2-2.6　律师事务所综合所得预扣预缴、其他分类所得的代扣代缴纳税申报 ····· 110

- 2-2.7 聘用律师、兼职律师、行政人员、律所聘用律师助理人员、其他人员、雇佣人员等取得综合所得个人所得税的预扣预缴申报 …… 112
- 2-2.8 聘用律师、兼职律师、行政人员、律所聘用律师助理人员、其他人员等取得分类所得的纳税申报 …… 115
- 2-2.9 非居民个人所得税的代扣代缴申报 …… 115
- 2-2.10 聘用律师、兼职律师、律所聘用律师助理、行政人员及其他人员等个人所得税的年度汇算清缴 …… 116
- 2-2.11 合伙人、聘用律师、兼职律师、律所聘用律师助理、其他人员、行政人员、雇佣人员等(以下简称"纳税人")分类所得个人所得税的自行申报 …… 120
- 2-2.12 非居民个人所得税的自行申报 …… 121
  - 附录2-3:现行适用的《个人所得税扣缴申报表》…… 122
  - 附录2-4:现行适用的《商业健康保险税前扣除情况明细表》…… 126
  - 附录2-5:《个人税收递延型商业养老保险税前扣除情况明细表》…… 127
  - 附录2-6:现行适用的《个人所得税减免税事项报告表》…… 129
  - 附录2-7:现行适用的《个人所得税公益慈善事业捐赠扣除明细表》…… 132
  - 附录2-8:《个人所得税年度自行纳税申报表》…… 133
    - 附录2-8-1:现行适用的《个人所得税年度自行纳税申报表(A表)》…… 133
    - 附录2-8-2:现行适用的《个人所得税年度自行纳税申报表(B表)》…… 140
    - 附录2-8-3:现行适用的《境外所得个人所得税抵免明细表》…… 149
    - 附录2-8-4:现行适用的《个人所得税年度自行纳税申报表(简易版)》…… 154
    - 附录2-8-5:现行适用的《个人所得税年度自行纳税申报表(问答版)》…… 156

第三章 经营所得的纳税申报 …… 163
- 2-3.1 应纳税所得额 …… 163
- 2-3.2 准予扣除项目及标准 …… 165
- 2-3.3 生产、经营所得个人所得税税率 …… 167
- 2-3.4 合伙人经营所得个人所得税的月(季)度纳税申报 …… 167
- 2-3.5 合伙人经营所得个人所得税的年度汇算清缴 …… 168
  - 附录2-9:现行适用的《个人所得税经营所得纳税申报表(A表)》…… 169
  - 附录2-10:现行适用的《个人所得税经营所得纳税申报表(B表)》…… 173
  - 附录2-11:现行适用的《个人所得税经营所得纳税申报表(C表)》…… 178

第四章 纳税过程中其他相关事项 …… 181
- 2-4.1 延期申报、延期缴纳申报 …… 181

附录2-12:现行适用的《税务行政许可申请表》……………………… 182
　2-4.2　退(抵)税办理 …………………………………………………… 183
　　2-4.2.1　误收多缴退抵税 ……………………………………………… 183
　　2-4.2.2　入库减免退抵税 ……………………………………………… 184
　　2-4.2.3　汇算清缴结算多缴退抵税 …………………………………… 185
　　2-4.2.4　增值税期末留抵税额退税 …………………………………… 185
　　附录2-13:现行适用的《退(抵)税申请表》…………………………… 187
　　附录2-14:现行适用的《增值税期末留抵税额退税申请表》………… 190
　2-4.3　索取有关税收凭证 ………………………………………………… 191
　　2-4.3.1　开具税收完税证明 …………………………………………… 191
　　2-4.3.2　开具个人所得税纳税记录 …………………………………… 192
　2-4.4　社会保险办理 ……………………………………………………… 192
　　2-4.4.1　单位社会保险费申报 ………………………………………… 192
　　2-4.4.2　灵活就业人员社会保险费申报 ……………………………… 193
　　2-4.4.3　开具社会保险费缴费证明 …………………………………… 194
　　附录2-15:现行适用的《社会保险费缴费申报表(适用于单位缴费人)》…… 194
　　附录2-16:现行适用的《社会保险费缴费明细申报表(适用职工个人)》…… 195
　　附录2-17:现行适用的《社会保险费缴费明细申报表(适用灵活就业人员)》…… 196
　　附录2-18:现行适用的《开具社会保险费缴费证明申请表》………… 197
　2-4.5　申报错误更正 ……………………………………………………… 197
　　附录2-19:现行适用的《申报表作废申请单》………………………… 198

第三篇　律师事务所(分所)分立、变更、注销

第一章　税务变更 …………………………………………………………… 201
　3-1.1　律师事务所住所变更 ……………………………………………… 201
　3-1.2　合伙人及或分配比例变更 ………………………………………… 202
　　3-1.2.1　合伙人退伙 …………………………………………………… 202
　　3-1.2.2　新增合伙人 …………………………………………………… 203
　3-1.3　一般纳税人转登记小规模纳税人 ………………………………… 203
　3-1.4　律师事务所合并、分立 …………………………………………… 204
　3-1.5　非正常户解除 ……………………………………………………… 204

第二章　税务注销
3-2.1　清税申报及税务注销登记 ········· 206
3-2.2　注销扣缴税款登记 ············· 208
附录 3-1：现行适用的《变更税务登记表》 ············· 209
附录 3-2：现行适用的《增值税一般纳税人迁移进项税额转移单》 ············· 210
附录 3-3：现行适用的《一般纳税人转为小规模纳税人登记表》 ············· 211
附录 3-4：现行适用的《纳税人合并(分立)情况报告书》 ············· 212
附录 3-5：现行适用的《注销税务登记申请审批表》 ············· 213
附录 3-6：现行适用的《注销扣缴税款登记申请表》 ············· 214
附录 3-7：现行适用的《扣缴税款登记证》 ············· 215

附录：行业相关规范性文件与政策汇总 ············· 216
一、律师事务所涉税相关基础规范性文件 ············· 216
二、律师事务所涉增值税相关规范性文件 ············· 216
三、律师事务所涉个人所得税相关规范性文件 ············· 221
四、律师事务所涉税直接相关规范性文件 ············· 226

编后说明 ············· 228

第一篇

律师事务所设立

第一章 税务信息登记

1-1.1 基础信息报告

1-1.1.1 律师事务所——纳税人身份信息报告

律师事务所应当自有关部门批准设立之日起30日内持负责人身份证件原件、《纳税人(扣缴义务人)基础信息报告表》(见附录1-1)申报办理税务登记,税务机关发放税务登记证及副本。

律师事务所需经有关部门批准但未经有关部门批准前发生纳税义务,应当自纳税义务发生之日起30日内申报办理税务登记。税务机关核发临时税务登记证及副本,并限量供应发票。

持有临时税务登记证及副本的律师事务所已经有关部门批准的,应当自有关部门批准设立之日起30日内,向税务机关申报办理税务登记,税务机关核发税务登记证及副本;已领取临时税务登记证及副本的,税务机关应当同时收回并做作废处理。

1-1.1.2 律师事务所——扣缴义务人身份信息报告

律师事务所作为扣缴义务人的,应当自扣缴义务发生之日起30日内持负责人身份证件原件、《纳税人(扣缴义务人)基础信息报告表》(见附录1-1),向所在地的主管税务机关申报办理扣缴税款登记,领取扣缴税款登记证件;税务机关对已办理税务登记的扣缴义务人,可以只在其税务登记证件上登记扣缴税款事项,不再发给扣缴税款登记证件。

1-1.1.3 自然人自主报告身份信息

律师事务所需要以自然人名义纳税的人员,可以由本人持身份证件原件自主向税务机关报告身份信息,填报《个人所得税基础信息表(B表)》(见附录1-2),纳税人有中国居民身份号码的,首次报送信息并完成实名身份信息验证,以中国居民身份号码为纳税人识别号;没有中国居民身份号码的,首次报送信息并完成实名身份信息验证,由税务机关赋予纳税人识别号。

纳税人享受子女教育、继续教育、住房贷款利息或者住房租金、赡养老人、大病医疗专项附加扣除的人员,应向税务机关报送《个人所得税专项附加扣除信息表》(见附录 1-3)。

自主报告信息的人员应及时进行身份信息报告或变更,未及时报告或变更将会影响个人所得税申报等事项的办理。

1-1.1.4 扣缴义务人报告自然人身份信息

律师事务所聘用人员作为纳税人,选择在律师事务所发放工资、薪金所得时享受专项附加扣除的:

(1)首次享受时,应当填写并向律师事务所报送《个人所得税专项附加扣除信息表》。

(2)纳税年度中间相关信息发生变化的,纳税人应当更新《个人所得税专项附加扣除信息表》相应栏次,并及时报送给律师事务所。

(3)纳税人次年需要由律师事务所继续办理专项附加扣除的,应当于每年 12 月份对次年享受专项附加扣除的内容进行确认,并报送至律师事务所。纳税人未及时确认的,律师事务所于次年 1 月起暂停扣除,待纳税人确认后再行办理专项附加扣除。

(4)律师事务所应当于次月扣缴申报时向税务机关报告。律师事务所发现纳税人提供的信息与实际情况不符的,可以要求修改,纳税人拒绝修改的,律师事务所作为扣缴义务人应当报告税务机关。

律师事务所作为扣缴义务人,首次向律师事务所聘用人员支付所得,应当按照纳税人提供的纳税人识别号等基础信息,填写《个人所得税基础信息表(A 表)》(见附录 1-4),并于次月扣缴申报时向税务机关报送。

由律师事务所报告信息的,律师事务所应当按照纳税人提供的信息计算税款、办理扣缴申报,不得擅自更改纳税人提供的信息。纳税人发现律师事务所提供或者扣缴申报的个人信息、支付所得、扣缴税款等信息与实际情况不符的,有权要求律师事务所修改,律师事务所拒绝修改的,纳税人应当报告税务机关。

律师事务所向税务机关报送纳税人身份信息时,如因特殊原因无法完成正常信息报送,可到税务机关办税服务厅进行处理。特殊原因主要包括以下情形:

(1)如因生僻字、与公安信息比对不通过等问题导致校验不通过。

(2)身份证件信息不符合规则,无法进行采集。

(3)不持有居民身份证的而持其他有效证件的中国大陆公民,如军官等。

(4)取得应税所得但未入境的外籍人员等。

1-1.1.5 税务证件增补发

律师事务所作为纳税人、扣缴义务人,遗失税务登记证件的,应当自遗失税务登记证件之日起 15 日内,书面报告主管税务机关,如实填写《税务证件增补发报告表》(见附录 1-5),并将纳税人的名称、税务登记证件名称、税务登记证件号码、税务登记证件有效期、发证机关名称在税务机关认可的报刊上作遗失声明,凭报刊上刊登的遗失声明到主管税务机关补办税务登记证件。

律师事务所作为纳税人、扣缴义务人,损毁税务登记证件的,应当自损毁税务登记证件之日起15日内,书面报告主管税务机关,提交《税务证件增补发报告表》(见附录1-5)及损毁的税务证件,补办税务登记证件。

税务登记证件包括但不限于税务登记证(正、副本)、临时税务登记证(正、副本)、扣缴税款登记证件等,其他税务证件包括但不限于发票领用簿等。

附录1-1:现行适用的《纳税人(扣缴义务人)基础信息报告表》

纳税人(扣缴义务人)基础信息报告表

新增□ 变更□

办理类型	□单位纳税人登记	□个体经营登记	□临时税务登记	□扣缴税款登记
纳税人/扣缴义务人名称		统一社会信用代码(纳税人识别号)		
登记注册类型		临时税务登记类型(在右侧栏勾选)		□未办理营业执照未经有关部门批准设立 □承包租赁经营 □境外企业在中国境内承包工程或劳务 □异地非正常户 □非境内注册居民企业
国标行业		注册地址		经营地址	

项目	姓名	身份证件名称	证件号码	固定电话	移动电话	电子邮箱
法定代表人(负责人、业主)						
财务负责人						

代扣代缴代收代缴税款业务情况	代扣代缴、代收代缴税款业务内容		代扣代缴、代收代缴税种

以下内容请分别填写
以下内容由扣缴税款登记纳税人如实填写

开户银行	账号	是否是缴税账号

（续表）

<table>
<tr><td colspan="7">以下内容由单位纳税人登记、临时税务登记纳税人如实填写</td></tr>
<tr><td>自然人
投资比例</td><td colspan="2"></td><td>外资投资
比例</td><td></td><td>国有投资
比例</td><td></td></tr>
<tr><td>核算方式</td><td colspan="6">□独立核算　□非独立核算</td></tr>
<tr><td rowspan="2">注册资本或
投资总额</td><td>币种</td><td>金额</td><td>币种</td><td>金额</td><td>币种</td><td>金额</td></tr>
<tr><td></td><td></td><td></td><td></td><td></td><td></td></tr>
<tr><td colspan="7">以下内容由单位纳税人登记、临时税务登记和个体经营登记纳税人如实填写：</td></tr>
<tr><td>批准设立机关</td><td colspan="3"></td><td>批准设立证
明或文件号</td><td colspan="2"></td></tr>
<tr><td>证照名称</td><td colspan="3"></td><td>证照号码</td><td colspan="2"></td></tr>
<tr><td>注册地
联系电话</td><td colspan="3"></td><td>经营地
联系电话</td><td colspan="2"></td></tr>
<tr><td>开业（设立）
日期</td><td colspan="6"></td></tr>
<tr><td>经营范围</td><td colspan="6">（可根据内容调整表格大小）</td></tr>
</table>

分支机构名称	分支机构纳税人识别号	分支机构注册地址

投资方（合伙人）名称	投资方经济性质	投资金额	投资比例	证件类型	证件号码	国籍或地址	投资期限	个人合伙人分配比例

总机构纳税人识别号		总机构名称	
总机构法定代表人（业主）姓名		总机构联系电话	
总机构注册地址		总机构经营范围	

<table>
<tr><td>受理税务机关：

受理人：

受理日期：　年　月　日</td><td>经办人：

纳税人（签章）

报告日期：　年　月　日</td></tr>
</table>

[填表说明]:

一、本表适用于以下纳税人(扣缴义务人)填报:

(一)根据税收法律、行政法规的规定,可不需办理税务登记的扣缴义务人。

(二)经有关部门批准设立,但税务机关与有关部门不能通过信息共享实现登记信息实时传递的纳税人,包括实施"两证整合"之前已经设立的个体工商户。

(三)符合临时税务登记条件的纳税人。

二、本表一式二份。受理税务机关留存一份,退回纳税人(扣缴义务人)一份(纳税人应妥善保管)。

三、表内有关栏目填写说明:

1."纳税人名称"栏:指有关核准执业证书上的"名称"。

2."身份证件名称"栏:一般填写"居民身份证",如无身份证,则填写"军官证""士兵证""护照"等有效身份证件。

3."注册地址"栏:指有关核准开业证照上的地址。

4."经营地址"栏:指从事经营的具体地址。

5."国籍或地址"栏:外国投资者填国籍,中国投资者填地址。

6."登记注册类型"栏:即经济类型,不需要领取营业执照的,选择"个人合伙"、"非企业单位"或者"港、澳、台商企业常驻代表机构及其他",如为分支机构,按总机构的经济类型填写;实施"两证整合"之前已经设立的个体工商户,按照营业执照的内容填写。

7."投资方经济性质"栏:单位投资的,按其登记注册类型填写;个人投资的,填写自然人。

8."证件类型"栏:单位投资的,填写其组织机构代码证或者其他批准证件;个人投资的,填写其身份证件名称。

9."国标行业"栏:按纳税人从事生产经营行业的主次顺序填写,其中第一个行业填写纳税人的主行业。

10. 开户银行、账号:扣缴义务人用于缴纳税款的开户银行的全称及银行账号。

附录1-2:现行适用的《个人所得税基础信息表(B表)》

个人所得税基础信息表(B表)
(适用于自然人填报)

纳税人识别号:□□□□□□□□□□□□□□□□□□

基本信息(带*必填)						
基本信息	*纳税人姓名	中文名		英文名		
	*身份证件	证件类型一		证件号码		
	*国籍/地区	证件类型二		证件号码		
				*出生日期	年 月 日	
联系方式	户籍所在地	省(区、市) 市 区(县)街道(乡、镇)_____				
	经常居住地	省(区、市) 市 区(县)街道(乡、镇)_____				
	联系地址	省(区、市) 市 区(县)街道(乡、镇)_____				
	*手机号码			电子邮箱		

(续表)

其他信息	开户银行		银行账号		
	学历	□研究生　□大学本科　□大学本科以下			
	特殊情形	□残疾残疾证号_____ □烈属烈属证号_____　□孤老			
任职、受雇、从业信息					
任职受雇从业单位一	名称		国家/地区		
	纳税人识别号（统一社会信用代码）		任职受雇从业日期	年 月	离职日期	年 月
	类型	□雇员　□保险营销员 □证券经纪人　□其他	职务	□高层　□其他	
任职受雇从业单位二	名称		国家/地区		
	纳税人识别号（统一社会信用代码）		任职受雇从业日期	年 月	离职日期	年 月
	类型	□雇员　□保险营销员 □证券经纪人　□其他	职务	□高层　□其他	
该栏仅由投资者纳税人填写					
被投资单位一	名称		国家/地区		
	纳税人识别号（统一社会信用代码）		投资额(元)		投资比例	
被投资单位二	名称		国家/地区		
	纳税人识别号（统一社会信用代码）		投资额(元)		投资比例	
该栏仅由华侨、港澳台、外籍个人填写(带＊必填)					
	＊出生地		＊首次入境时间	年 月 日	

(续表)

该栏仅由华侨、港澳台、外籍个人填写(带＊必填)			
＊性别		＊预计离境时间	年 月 日
＊涉税事由	□任职受雇　□提供临时劳务　□转让财产 □从事投资和经营活动　□其他		
谨声明:本表是根据国家税收法律法规及相关规定填报的,是真实的、可靠的、完整的。 纳税人(签字):　　　　年　月　日			
经办人签字: 经办人身份证件号码: 代理机构签章: 代理机构统一社会信用代码:		受理人: 受理税务机关(章): 受理日期:　年　月　日	

国家税务总局监制

[填表说明]

一、适用范围

本表适用于自然人纳税人基础信息的填报。

二、报送期限

自然人纳税人初次向税务机关办理相关涉税事宜时填报本表;初次申报后,以后仅需在信息发生变化时填报。

三、本表各栏填写

本表带"＊"的项目为必填或者条件必填,其余项目为选填。

(一)表头项目

纳税人识别号:有中国居民身份号码的,填写中华人民共和国居民身份证上载明的"居民身份号码";没有中国居民身份号码的,填写税务机关赋予的纳税人识别号。

(二)表内各栏

1. 基本信息:

(1)纳税人姓名:填写纳税人姓名。外籍个人英文姓名按照"先姓(surname)后名(given name)"的顺序填写,确实无法区分姓和名的,按照证件上的姓名顺序填写。

(2)身份证件:填写纳税人有效的身份证件类型及号码。

"证件类型一"按以下原则填写:

①有中国居民身份号码的,应当填写《中华人民共和国居民身份证》(简称"居民身份证")。

②华侨应当填写《中华人民共和国护照》(简称"中国护照")。

③港澳居民可选择填写《港澳居民来往内地通行证》(简称"港澳居民通行证")或者《中华人民共和国港澳居民居住证》(简称"港澳居民居住证");台湾居民可选择填写《台湾居民来往大陆通行证》(简称"台湾居民通行证")或者《中华人民共和国台湾居民居住证》(简称"台湾居民居住证")。

④外籍个人可选择填写《中华人民共和国外国人永久居留身份证》(简称"外国人永久居留证")、《中华人民共和国外国人工作许可证》(简称"外国人工作许可证")或者"外国护照"。

⑤其他符合规定的情形填写"其他证件"。

"证件类型二"按以下原则填写:证件类型一选择"港澳居民居住证"的,证件类型二应当填写"港澳居民通行证";证件类型一选择"台湾居民居住证"的,证件类型二应当填写"台湾居民通行证";证件类型一选择"外国人永久居留证"或者"外国人工作许可证"的,证件类型二应当填写"外国护照"。证件类型一已选择"居民身份证""中国护照""港澳居民通行证""台湾居民通行证"或"外国护照",证件类型二可不填。

(3)国籍/地区:填写纳税人所属的国籍或地区。

(4)出生日期:根据纳税人身份证件上的信息填写。

(5)户籍所在地、经常居住地、联系地址:填写境内地址信息,至少填写一项。有居民身份证的,"户籍所在地""经常居住地"必须填写其中之一。

(6)手机号码、电子邮箱:填写境内有效手机号码,港澳台、外籍个人可以选择境内有效手机号码或电子邮箱中的一项填写。

(7)开户银行、银行账号:填写有效的个人银行账户信息,开户银行填写到银行总行。

(8)特殊情形:纳税人为残疾、烈属、孤老的,填写本栏。残疾、烈属人员还需填写残疾/烈属证件号码。

2. 任职、受雇、从业信息:填写纳税人任职受雇从业的有关信息。其中,中国境内无住所个人有境外派遣单位的,应在本栏除填写境内任职受雇从业单位、境内受聘签约单位情况外,还应一并填写境外派遣单位相关信息。填写境外派遣单位时,其纳税人识别号(社会统一信用代码)可不填。

3. 投资者纳税人填写栏:由自然人股东、投资者填写。没有,则不填。

(1)名称:填写被投资单位名称全称。

(2)纳税人识别号(统一社会信用代码):填写被投资单位纳税人识别号或者统一社会信用代码。

(3)投资额:填写自然人股东、投资者在被投资单位投资的投资额(股本)。

(4)投资比例:填写自然人股东、投资者的投资额占被投资单位投资(股本)的比例。

4. 华侨、港澳台、外籍个人信息:华侨、港澳台居民、外籍个人填写本栏。

(1)出生地:填写华侨、港澳台居民、外籍个人的出生地,具体到国家或者地区。

(2)首次入境时间、预计离境时间:填写华侨、港澳台居民、外籍个人首次入境和预计离境的时间,具体到年月日。预计离境时间发生变化的,应及时进行变更。

(3)涉税事由:填写华侨、港澳台居民、外籍个人在境内涉税的具体事由,在相应事由处划"√"。如有多项事由的,同时勾选。

四、其他事项说明

以纸质方式报送本表的,应当一式两份,纳税人、税务机关各留存一份。

附录 1-3:现行适用的《个人所得税专项附加扣除信息表》

个人所得税专项附加扣除信息表

填报日期： 年 月 日　　扣除年度：

纳税人姓名：　　　　　　纳税人识别号：□□□□□□□□□□□□□□□□□□

纳税人信息	手机号码		电子邮箱	
	联系地址		配偶情况	□有配偶 □无配偶
纳税人配偶信息	姓名	身份证件类型	身份证件号码	□□□□□□□□ □□□□□□□□□□

一、子女教育					
较上次报送信息是否发生变化：□首次报送(请填写全部信息)　□无变化(不需重新填写)　□有变化(请填写发生变化项目的信息)					
子女一	姓名		身份证件类型	身份证件号码	□□□□□□□□ □□□□□□□□□□
	出生日期		当前受教育阶段	□学前教育阶段　□义务教育 □高中阶段教育　□高等教育	
	当前受教育阶段起始时间	年 月	当前受教育阶段结束时间	年 月	子女教育终止时间*不再受教育时填写	年 月
	就读国家(或地区)		就读学校	本人扣除比例	□100%(全额扣除) □50%(平均扣除)
子女二	姓名		身份证件类型	身份证件号码	□□□□□□□□ □□□□□□□□□□
	出生日期		当前受教育阶段	□学前教育阶段　□义务教育 □高中阶段教育　□高等教育	
	当前受教育阶段起始时间	年 月	当前受教育阶段结束时间	年 月	子女教育终止时间*不再受教育时填写	年 月
	就读国家(或地区)		就读学校	本人扣除比例	□100%(全额扣除) □50%(平均扣除)

(续表)

子女三	姓名		身份证件类型		身份证件号码	☐☐☐☐☐☐☐☐☐☐☐☐☐☐☐☐☐☐
	出生日期		当前受教育阶段		☐学前教育阶段　☐义务教育 ☐高中阶段教育　☐高等教育	
	当前受教育阶段起始时间	年 月	当前受教育阶段结束时间	年 月	子女教育终止时间 *不再受教育时填写	年 月
	就读国家（或地区）		就读学校		本人扣除比例	☐100%（全额扣除） ☐50%（平均扣除）

二、继续教育						
较上次报送信息是否发生变化：☐首次报送（请填写全部信息）　☐无变化（不需重新填写） ☐有变化（请填写发生变化项目的信息）						
学历（学位）继续教育	当前继续教育起始时间	年 月	当前继续教育结束时间	年 月	学历（学位）继续教育阶段	☐专科　☐本科 ☐硕士研究生 ☐博士研究生　☐其他
职业资格继续教育	职业资格继续教育类型	☐技能人员 ☐专业技术人员		证书名称		
	证书编号		发证机关		发证（批准）日期	

三、住房贷款利息						
较上次报送信息是否发生变化：☐首次报送（请填写全部信息）　☐无变化（不需重新填写） ☐有变化（请填写发生变化项目的信息）						
房屋信息	住房坐落地址	省（区、市）市县（区）街道（乡、镇）				
	产权证号/不动产登记号/商品房买卖合同号/预售合同号					
房贷信息	本人是否借款人	☐是☐否		是否婚前各自首套贷款，且婚后分别扣除50%		☐是　☐否
	公积金贷款|贷款合同编号					
	贷款期限（月）				首次还款日期	
	商业贷款|贷款合同编号				贷款银行	
	贷款期限（月）				首次还款日期	

(续表)

四、住房租金						
较上次报送信息是否发生变化:□首次报送(请填写全部信息)　□无变化(不需重新填写) □有变化(请填写发生变化项目的信息)						
房屋信息	住房坐落地址	省(区、市)市县(区)街道(乡、镇)				
租赁情况	出租方(个人)姓名(非必填)	身份证件类型(非必填)		身份证件号码(非必填)	□□□□□□□□ □□□□□□□□	
	出租方(单位)名称(非必填)			纳税人识别号(非必填)(统一社会信用代码)		
	主要工作城市(*填写市一级)			住房租赁合同编号(非必填)		
	租赁期起			租赁期止		
五、赡养老人						
较上次报送信息是否发生变化:□首次报送(请填写全部信息)　□无变化(不需重新填写) □有变化(请填写发生变化项目的信息)						
纳税人身份			□独生子女　□非独生子女			
被赡养人一	姓名	身份证件类型		身份证件号码	□□□□□□□□ □□□□□□□□	
	出生日期	与纳税人关系		□父亲　□母亲　□其他		
被赡养人二	姓名	身份证件类型		身份证件号码	□□□□□□□□ □□□□□□□□	
	出生日期	与纳税人关系		□父亲　□母亲　□其他		
共同赡养人信息	姓名	身份证件类型		身份证件号码	□□□□□□□□ □□□□□□□□	
	姓名	身份证件类型		身份证件号码	□□□□□□□□ □□□□□□□□	

(续表)

共同赡养人信息	姓名		身份证件类型		身份证件号码	☐☐☐☐☐☐☐☐ ☐☐☐☐☐☐☐☐
	姓名		身份证件类型		身份证件号码	☐☐☐☐☐☐☐☐ ☐☐☐☐☐☐☐☐
分摊方式 *独生子女不需填写		☐平均分摊 ☐赡养人约定分摊 ☐被赡养人指定分摊		本年度月扣除金额		

六、大病医疗(仅限综合所得年度汇算清缴申报时填写)						
较上次报送信息是否发生变化:☐首次报送(请填写全部信息) ☐无变化(不需重新填写) ☐有变化(请填写发生变化项目的信息)						
患者一	姓名		身份证件类型		身份证件号码	☐☐☐☐☐☐☐☐ ☐☐☐☐☐☐☐☐
	医药费用总金额		个人负担金额		与纳税人关系	☐本人 ☐配偶 ☐未成年子女
患者二	姓名		身份证件类型		身份证件号码	☐☐☐☐☐☐☐☐ ☐☐☐☐☐☐☐☐
	医药费用总金额		个人负担金额		与纳税人关系	☐本人 ☐配偶 ☐未成年子女
患者三	姓名		身份证件类型		身份证件号码	☐☐☐☐☐☐☐☐ ☐☐☐☐☐☐☐☐
	医药费用总金额		个人负担金额		与纳税人关系	☐本人 ☐配偶 ☐未成年子女

七、3岁以下婴幼儿照护						
较上次报送信息是否发生变化:☐首次报送(请填写全部信息) ☐无变化(不需重新填写) ☐有变化(请填写发生变化项目的信息)						
子女一	姓名		身份证件类型		身份证件号码	☐☐☐☐☐☐☐☐ ☐☐☐☐☐☐☐☐
	出生日期				本人扣除比例	☐100%(全额扣除) ☐50%(平均扣除)

（续表）

子女二	姓名		身份证件类型	身份证件号码	□□□□□□□□□□□□□□□□□□
	出生日期			本人扣除比例	□100%（全额扣除） □50%（平均扣除）
子女三	姓名		身份证件类型	身份证件号码	□□□□□□□□□□□□□□□□□□
	出生日期			本人扣除比例	□100%（全额扣除） □50%（平均扣除）

需要在任职受雇单位预扣预缴工资、薪金所得个人所得税时享受专项附加扣除的,填写本栏

重要提示:当您填写本栏,表示您已同意该任职受雇单位使用本表信息为您办理专项附加扣除。

扣缴义务人名称		扣缴义务人纳税人识别号（统一社会信用代码）	□□□□□□□□□□□□□□□□□□

本人承诺:我已仔细阅读了填表说明,并根据《中华人民共和国个人所得税法》及其实施条例、《个人所得税专项附加扣除暂行办法》《个人所得税专项附加扣除操作办法(试行)》等相关法律法规规定填写本表。本人已就所填的扣除信息进行了核对,并对所填内容的真实性、准确性、完整性负责。
纳税人签字:　年　月　日

扣缴义务人签章: 经办人签字: 接收日期:　年　月　日	代理机构签章: 代理机构统一社会信用代码: 经办人签字: 经办人身份证件号码:	受理人: 受理税务机关(章): 受理日期:　年　月　日

国家税务总局监制

[填表说明]:
一、填表须知

本表根据《中华人民共和国个人所得税法》及其实施条例、《个人所得税专项附加扣除暂行办法》《个人所得税专项附加扣除操作办法(试行)》等法律法规有关规定制定。

(一)纳税人按享受的专项附加扣除情况填报对应栏次;纳税人不享受的项目,无须填报。纳税人未填报的项目,默认为不享受。

(二)较上次报送信息是否发生变化:纳税人填报本表时,对各专项附加扣除,首次报送的,

在"首次报送"前的框内划"√"。继续报送本表且无变化的,在"无变化"前的框内划"√";发生变化的,在"有变化"前的框内划"√",并填写发生变化的扣除项目信息。

(三)身份证件号码应从左向右顶格填写,位数不满 18 位的,需在空白格处划"/"。

(四)如各类扣除项目的表格篇幅不够,可另附多张《个人所得税专项附加扣除信息表》。

二、适用范围

(一)本表适用于享受子女教育、继续教育、大病医疗、住房贷款利息或住房租金、赡养老人、3 岁以下婴幼儿照护七项专项附加扣除的自然人纳税人填写。选择在工资、薪金所得预扣预缴个人所得税时享受的,纳税人填写后报送至扣缴义务人;选择在年度汇算清缴申报时享受专项附加扣除的,纳税人填写后报送至税务机关。

(二)纳税人首次填报专项附加扣除信息时,应将本人所涉及的专项附加扣除信息表内各信息项填写完整。纳税人相关信息发生变化的,应及时更新此表相关信息项,并报送至扣缴义务人或税务机关。

纳税人在以后纳税年度继续申报扣除的,应对扣除事项有无变化进行确认。

三、各栏填写说明

(一)表头项目

填报日期:纳税人填写本表时的日期。

扣除年度:填写纳税人享受专项附加扣除的所属年度。

纳税人姓名:填写自然人纳税人姓名。

纳税人识别号:纳税人有中国居民身份证的,填写居民身份号码;没有居民身份号码的,填写税务机关赋予的纳税人识别号。

(二)表内基础信息栏

纳税人信息:填写纳税人有效的手机号码、电子邮箱、联系地址。其中,手机号码为必填项。

纳税人配偶信息:纳税人有配偶的填写本栏,没有配偶的则不填。具体填写纳税人配偶的姓名、有效身份证件名称及号码。

(三)表内各栏

1. 子女教育

子女姓名、身份证件类型及号码:填写纳税人子女的姓名、有效身份证件名称及号码。

出生日期:填写纳税人子女的出生日期,具体到年月日。

当前受教育阶段:选择纳税人子女当前的受教育阶段。区分"学前教育阶段、义务教育、高中阶段教育、高等教育"四种情形,在对应框内打"√"。

当前受教育阶段起始时间:填写纳税人子女处于当前受教育阶段的起始时间,具体到年月。

当前受教育阶段结束时间:纳税人子女当前受教育阶段的结束时间或预计结束的时间,具体到年月。

子女教育终止时间:填写纳税人子女不再接受符合子女教育扣除条件的学历教育的时间,具体到年月。

就读国家(或地区)、就读学校:填写纳税人子女就读的国家或地区名称、学校名称。

本人扣除比例:选择可扣除额度的分摊比例,由本人全额扣除的,选择"100%",分摊扣除的,选"50%",在对应框内打"√"。

2. 继续教育

当前继续教育起始时间:填写接受当前学历(学位)继续教育的起始时间,具体到年月。

当前继续教育结束时间:填写接受当前学历(学位)继续教育的结束时间,或预计结束的时间,具体到年月。

学历(学位)继续教育阶段:区分"专科、本科、硕士研究生、博士研究生、其他"四种情形,在对应框内打"√"。

职业资格继续教育类型:区分"技能人员、专业技术人员"两种类型,在对应框内打"√"。

证书名称、证书编号、发证机关、发证(批准)日期:填写纳税人取得的继续教育职业资格证书上注明的证书名称、证书编号、发证机关及发证(批准)日期。

3. 住房贷款利息

住房坐落地址:填写首套贷款房屋的详细地址,具体到楼门号。

产权证号/不动产登记号/商品房买卖合同号/预售合同号:填写首套贷款房屋的产权证、不动产登记证、商品房买卖合同或预售合同中的相应号码。如所购买住房已取得房屋产权证的,填写产权证号或不动产登记号;所购住房尚未取得房屋产权证的,填写商品房买卖合同号或预售合同号。

本人是否借款人:按实际情况选择"是"或"否",并在对应框内打"√"。本人是借款人的情形,包括本人独立贷款、与配偶共同贷款的情形。如果选择"否",则表头位置须填写配偶信息。

是否婚前各自首套贷款,且婚后分别扣除50%:按实际情况选择"是"或"否",并在对应框内打"√"。该情形是指夫妻双方在婚前各有一套首套贷款住房,婚后选择按夫妻双方各50%份额扣除的情况。不填默认为"否"。

公积金贷款|贷款合同编号:填写公积金贷款的贷款合同编号。

商业贷款|贷款合同编号:填写与金融机构签订的住房商业贷款合同编号。

贷款期限(月):填写住房贷款合同上注明的贷款期限,按月填写。

首次还款日期:填写住房贷款合同上注明的首次还款日期。

贷款银行:填写商业贷款的银行总行名称。

4. 住房租金

住房坐落地址:填写纳税人租赁房屋的详细地址,具体到楼门号。

出租方(个人)姓名、身份证件类型及号码:租赁房屋为个人的,填写本栏。具体填写住房租赁合同中的出租方姓名、有效身份证件名称及号码。

出租方(单位)名称、纳税人识别号(统一社会信用代码):租赁房屋为单位所有的,填写单位法定名称全称及纳税人识别号(统一社会信用代码)。

主要工作城市:填写纳税人任职受雇的直辖市、计划单列市、副省级城市、地级市(地区、州、盟)。无任职受雇单位的,填写其办理汇算清缴地所在城市。

住房租赁合同编号(非必填):填写签订的住房租赁合同编号。

租赁期起、租赁期止:填写纳税人住房租赁合同上注明的租赁起、止日期,具体到年月。提前终止合同(协议)的,以实际租赁期限为准。

5. 赡养老人

纳税人身份:区分"独生子女、非独生子女"两种情形,并在对应框内打"√"。

被赡养人姓名、身份证件类型及号码:填写被赡养人的姓名、有效证件名称及号码。

被赡养人出生日期:填写被赡养人的出生日期,具体到年月。

与纳税人关系:按被赡养人与纳税人的关系填报,区分"父亲、母亲、其他"三种情形,在对应框内打"√"。

共同赡养人:纳税人为非独生子女时填写本栏,独生子女无须填写。填写与纳税人实际承担共同赡养义务的人员信息,包括姓名、身份证件类型及号码。

分摊方式:纳税人为非独生子女时填写本栏,独生子女无须填写。区分"平均分摊、赡养人约定分摊、被赡养人指定分摊"三种情形,并在对应框内打"√"。

本年度月扣除金额:填写扣除年度内,按政策规定计算的纳税人每月可以享受的赡养老人专项附加扣除的金额。

6. 大病医疗

患者姓名、身份证件类型及号码:填写享受大病医疗专项附加扣除的患者姓名、有效证件名称及号码。

医药费用总金额:填写社会医疗保险管理信息系统记录的与基本医保相关的医药费用总金额。

个人负担金额:填写社会医疗保险管理信息系统记录的基本医保目录范围内扣除医保报销后的个人自付部分。

与纳税人关系:按患者与纳税人的关系填报,区分"本人、配偶或未成年子女"三种情形,在对应框内打"√"。

7. 3岁以下婴幼儿照护

子女姓名、身份证件类型及号码:填写纳税人子女的姓名、有效身份证件名称(如居民身份证、出生医学证明等)及号码。

出生日期:填写纳税人子女的出生日期,具体到年月日。

本人扣除比例:选择可扣除额度的分摊比例,由本人全额扣除的,选择"100%",分摊扣除的,选"50%",在对应框内打"√"。

8. 扣缴义务人信息

纳税人选择由任职受雇单位办理专项附加扣除的填写本栏。

扣缴义务人名称、纳税人识别号(统一社会信用代码):纳税人由扣缴义务人在工资、薪金所得预扣预缴个人所得税时办理专项附加扣除的,填写扣缴义务人名称全称及纳税人识别号或统一社会信用代码。

(四)签字(章)栏次

"声明"栏:需由纳税人签字。

"扣缴义务人签章"栏:扣缴单位向税务机关申报的,应由扣缴单位签章,办理申报的经办人签字,并填写接收专项附加扣除信息的日期。

"代理机构签章"栏:代理机构代为办理纳税申报的,应填写代理机构统一社会信用代码,加盖代理机构印章,代理申报的经办人签字,并填写经办人身份证件号码。

纳税人或扣缴义务人委托专业机构代为办理专项附加扣除的,需代理机构签章。

"受理机关"栏:由受理机关填写。

附录1-4:现行适用的《个人所得税基础信息表(A表)》

个人所得税基础信息表(A表)
(适用于扣缴义务人填报)

扣缴义务人名称:
扣缴义务人纳税人识别号(统一社会信用代码):□□□□□□□□□□□□□□□□□□

	纳税人基本信息(带*必填)						任职受雇从业信息				联系方式				银行账户		投资信息		其他信息		华侨、港澳台、外籍个人信息(带*必填)				备注
序号	纳税人识别号	*纳税人姓名	*身份证件类型	*身份证件号码	*出生日期	*国籍/地区	类型	职务	学历	任职受雇从业日期	离职日期	手机号码	户籍所在地	经常居住地	联系地址	电子邮箱	开户银行	银行账号	投资额(元)	投资比例	是否残疾/孤老/烈属	残疾/烈属证号	*性别	*出生地	*首次入境时间	*预计离境时间	*涉税事由	
1	2	3	4	5	6	7	8	9	10	11	12	13	14	15	16	17	18	19	20	21	22	23	24	25	26	27	28	29

谨声明:本表是根据国家税收法律法规及相关规定填报的,是真实的、可靠的、完整的。
扣缴义务人(签章):　　　　　年　月　日

经办人签字: 经办人身份证件号码: 代理机构签章: 代理机构统一社会信用代码:	受理人: 受理税务机关(章): 受理日期:　年　月　日

[填表说明]:

一、适用范围

本表由扣缴义务人填报。适用于扣缴义务人办理全员全额扣缴申报时,填报其支付所得的纳税人的基础信息。

二、报送期限

扣缴义务人首次向纳税人支付所得,或者纳税人相关基础信息发生变化的,应当填写本表,并于次月扣缴申报时向税务机关报送。

三、本表各栏填写

本表带"*"项目分为必填和条件必填,其余项目为选填。

(一)表头项目

1. 扣缴义务人名称:填写扣缴义务人的法定名称全称。

2. 扣缴义务人纳税人识别号(统一社会信用代码):填写扣缴义务人的纳税人识别号或者统一社会信用代码。

(二)表内各栏

1. 第2~8列"纳税人基本信息":填写纳税人姓名、证件等基本信息。

(1)第2列"纳税人识别号":有中国居民身份号码的,填写中华人民共和国居民身份证上载明的"居民身份号码";没有中国公民身份号码的,填写税务机关赋予的纳税人识别号。

(2)第3列"纳税人姓名":填写纳税人姓名。外籍个人英文姓名按照"先姓(surname)后名(given name)"的顺序填写,确实无法区分姓和名的,按照证件上的姓名顺序填写。

(3)第4列"身份证件类型":根据纳税人实际情况填写。

①有中国居民身份号码的,应当填写《中华人民共和国居民身份证》(简称"居民身份证")。

②华侨应当填写《中华人民共和国护照》(简称"中国护照")。

③港澳居民可选择填写《港澳居民来往内地通行证》(简称"港澳居民通行证")或者《中华人民共和国港澳居民居住证》(简称"港澳居民居住证");台湾居民可选择填写《台湾居民来往大陆通行证》(简称"台湾居民通行证")或者《中华人民共和国台湾居民居住证》(简称"台湾居民居住证")。

④外籍人员可选择填写《中华人民共和国外国人永久居留身份证》(简称"外国人永久居留证")、《中华人民共和国外国人工作许可证》(简称"外国人工作许可证")或者"外国护照"。

⑤其他符合规定的情形填写"其他证件"。

身份证件类型选择"港澳居民居住证"的,应当同时填写"港澳居民通行证";身份证件类型选择"台湾居民居住证"的,应当同时填写"台湾居民通行证";身份证件类型选择"外国人永久居留证"或者"外国人工作许可证"的,应当同时填写"外国护照"。

(4)第5~6列"身份证件号码""出生日期":根据纳税人身份证件上的信息填写。

(5)第7列"国籍/地区":填写纳税人所属的国籍或者地区。

2. 第8~12列"任职受雇从业信息":填写纳税人与扣缴义务人之间的任职受雇从业信息。

(1)第8列"类型":根据实际情况填写"雇员""保险营销员""证券经纪人"或者"其他"。

(2)第9~12列"职务""学历""任职受雇从业日期""离职日期":其中,当第9列"类型"选择"雇员""保险营销员"或者"证券经纪人"时,填写纳税人与扣缴义务人建立或者解除相应劳动或者劳务关系的日期。

3. 第13~17列"联系方式":

(1)第13列"手机号码":填写纳税人境内有效手机号码。

(2)第14~16列"户籍所在地""经常居住地""联系地址":填写纳税人境内有效户籍所在地、经常居住地或者联系地址,按以下格式填写(具体到门牌号):省(区、市)市区(县)街道(乡、镇)。

(3)第17列"电子邮箱":填写有效的电子邮箱。

4. 第18~19列"银行账户":填写个人境内有效银行账户信息,开户银行填到银行总行。

5. 第20~21列"投资信息":纳税人为扣缴单位的股东、投资者的,填写本栏。

6. 第22~23列"其他信息":如纳税人有"残疾、孤老、烈属"情况的,填写本栏。

7. 第24~28列"华侨、港澳台、外籍个人信息":纳税人为华侨、港澳台居民、外籍个人的填写本栏。

(1)第24列"出生地":填写华侨、港澳台居民、外籍个人的出生地,具体到国家或者地区。

(2)第26~27列"首次入境时间""预计离境时间":填写华侨、港澳台居民、外籍个人首次入境和预计离境的时间,具体到年月日。预计离境时间发生变化的,应及时进行变更。

(3)第28列"涉税事由":填写华侨、港澳台居民、外籍个人在境内涉税的具体事由,包括"任职受雇""提供临时劳务""转让财产""从事投资和经营活动""其他"。如有多项事由的,应同时填写。

四、其他事项说明

以纸质方式报送本表的,应当一式两份,扣缴义务人、税务机关各留存一份。

附录1-5:现行适用的《税务证件增补发报告表》

税务证件增补发报告表

纳税人名称		纳税人识别号/统一社会信用代码	
增补发税务证件名称			
增补发税务证件原因			
经办人: 年 月 日		纳税人(签章) 年 月 日	

[填表说明]:

1. 适用范围:本表适用于纳税人、扣缴义务人遗失税务登记证件,车辆购置税完税证明发生损毁丢失的情况。

2. 税务登记证件包括但不限于税务登记证正本、税务登记证副本、临时税务登记证正本、临时税务登记证副本、扣缴税款登记证件等,其他税务证件包括但不限于发票领购簿、委托代征证书等。

3. 增补发税务证件原因:应写明申请增补发的具体原因。若为税务证件遗失、损毁的,应注明原税务证件的证件名称、证件号码。

1-1.2 制度信息报告

1-1.2.1 存款账户账号报告

律师事务所应当按照国家有关规定,持税务登记证件,在银行或者其他金融机构开立基本存款账户和其他存款账户,并应当自开立之日起15日内,向主管税务机关书面报告其全部账号,如实填写《纳税人存款账户账号报告表》(见附录1-6)及账户、账号开立证明复印件;发生变化的,应当自发生变化之日起15日内,向主管税务机关书面报告。

律师事务所作为社会保险费缴费人,还应当提供《社会保险费缴费人存款账户账号报告表》。

1-1.2.2 财务会计制度及核算软件备案报告

律师事务所应当按照有关法律、行政法规和国务院财政、税务主管部门的规定设置账簿,根据合法、有效凭证记账,进行核算,并应当自领取税务登记证件起15日内,将其财务、会计制度或者财务、会计处理办法等信息报送税务机关备案,如实填写《财务会计制度及核算软件备案报告书》(见附录1-7),提交纳税人财务、会计制度或纳税人财务、会计核算办法。

使用计算机记账的还应在使用前将会计电算化系统的会计核算软件、使用说明书及有关资料报送主管税务机关备案。

律师事务所的财务、会计制度或者财务、会计处理办法与国务院或者国务院财政、税务主管部门有关税收的规定抵触的,应当依照国务院或者国务院财政、税务主管部门有关税收的规定计算应纳税款、代扣代缴和代收代缴税款。

未准确填报适用的财务会计制度的,将影响财务会计报告报送等事项的办理。

执行《小企业会计准则》的律师事务所:无论有无应税收入、所得和其他应税项目,均必须按所适用的会计制度编制财务报表,并按规定的时限向主管税务机关报送;其所适用的会计制度规定需要编报相关附表以及会计报表附注、财务情况说明书、审计报告的,律师事务所留存备查,税务机关有其他规定的除外。财务会计报表报送期间,原则上按季度和年度报送。确需按月报送的,由省税务机关确定:

(1)《资产负债表(适用执行小企业会计准则的企业)》;

(2)报送期限为月报或季报的律师事务所,填报《利润表_月报(适用执行〈小企业会计准则〉的企业)》;

(3)报送期限为年报的律师事务所,填报《利润表_年报(适用执行〈小企业会计准则〉的企业)》;

(4)根据税务机关的要求报送《现金流量表_月报(适用执行〈小企业会计准则〉的企业)》《现金流量表_年报(适用执行小企业会计准则的企业)》。

执行个体工商户会计制度的律师事务所,根据税务机关的要求报送《资产负债表(适用执行个体工商户会计制度的单位)》《应税所得表(适用执行个体工商户会计制度的单位)》《留存利润表(适用执行个体工商户会计制度的单位)》。

经批准延期办理纳税申报的,其财务会计报表报送期限可以顺延。

未按照规定的期限报送财务会计报告的,将影响纳税信用评价结果,并依照《中华人民共和国税收征收管理法》有关规定承担相应法律责任。

1-1.2.3 银税三方(委托)划缴协议

律师事务所在办理完成存款账户账号报告事项后,需要使用电子缴税系统缴纳税费的,可以与税务机关、开户银行签署《委托银行代缴税款三方协议》、《委托划转税款协议书》,实现使用电子缴税系统缴纳税费、滞纳金和罚款。

《委托银行代缴税款三方协议》《委托划转税款协议书》可通过办税服务厅、电子税务局获取文本。

附录1-6:现行适用的《纳税人存款账户账号报告表》

纳税人存款账户账号报告表

纳税人名称			纳税人识别号			
经营地址						
银行开户登记证号			发证日期		年 月 日	
账户性质	开户银行	账号	开户时间	变更时间	注销时间	备注
报告单位: 经办人: 法定代表人(负责人): 　　　　　报告单位(签章) 　　　　　　年　月　日				受理税务机关: 经办人: 负责人: 　　　　税务机关(签章) 　　　　　年　月　日		

[填表说明]:

注:1. 账户性质按照基本账户、一般账户、专用账户、临时账户如实填写。

2. 本表一式两份,报送主管税务机关一份,纳税人留存一份。

附录 1-7：现行适用的《财务会计制度及核算软件备案报告书》

财务会计制度及核算软件备案报告书

纳税人名称		纳税人识别号	
资　料	名　　称		备　注
1. 财务、会计制度			
2. 低值易耗品摊销方法			
3. 折旧方法			
4. 成本核算方法			
5. 会计核算软件			
6. 会计报表			

纳税人： 经办人：　负责人：　纳税人（签章） 报告日期：　年　月　日	税务机关： 经办人：　负责人：　税务机关（签章） 受理日期：　年　月　日

注：从事生产、经营的纳税人应当自领取税务登记证件之日起15日内，将本表报送税务机关备案。

［填报说明］：

1. 本表依据《中华人民共和国税收征收管理法》第二十条设置。

2. 适用范围：从事生产、经营的纳税人自领取税务登记证件之日起15日内将其财务、会计制度或财务、会计处理办法报送税务机关备案时使用。采用电子计算机记账的，应当在使用前将其记账软件的名称和版本号及有关资料报送税务机关备案。

3. 填表说明：

（1）低值易耗品摊销方法：包括一次摊销法、分期摊销法、五五摊销法；

（2）折旧方法：包括直线折旧法（平均年限法、工作量法）、加速折旧法（双倍余额递减法、年数总和法、盘算法、重置法、偿债基金法和年金法等）；采用加速折旧法的，在备注栏注明批准的机关和附列资料；

（3）成本核算方法：纳税人根据财务会计制度规定采用的具体的存货计价方法或产成品、半成品成本核算方法；

(4)会计核算软件:采用电子计算机记账的,填写记账软件的名称和版本号,并在备注栏注明批准使用的机关和附列资料;

(5)会计报表:包括资产负债表、利润表、现金流量表及各种附表,在"名称"栏按会计报表种类依次填写;

4. 本表为 A4 型竖式,一式二份,税务机关和纳税人各一份。

1-1.3 资格信息报告

1-1.3.1 增值税一般纳税人登记

新设的律师事务所可直接申请为增值税一般纳税人。不申请认定为一般纳税人的,则当然作为小规模纳税人管理。

应税服务的年应征增值税销售额(以下称"应税服务年销售额")超过财政部和国家税务总局规定标准,即应税服务年销售额超过 500 万元的律师事务所,将被认定为一般纳税人。

应税服务年销售额未超过 500 万元,但有固定的经营场所,会计核算健全,能够提供准确税务资料的,可以向主管税务机关申请一般纳税人资格认定,成为一般纳税人。是否做到"会计核算健全"和"能够准确提供税务资料",由小规模纳税人的主管税务机关来认定。

律师事务所小规模纳税人应税服务年销售额超过 500 万元以上的,应在超过的月份所属申报期结束后 15 日内办理增值税一般纳税人登记;未按规定时限办理的,应在收到《税务事项通知书》(样本见附录 1-8)后 5 日内向主管税务机关办理相关手续;逾期未办理的,自通知时限期满的次月起按销售额依照增值税税率计算应纳税额,不得抵扣进项税额,直至办理相关手续为止。

律师事务所在办理增值税一般纳税人登记时应如实填写《增值税一般纳税人登记表》(见附录 1-9),并提供税务登记证件,税务机关核对后退还留存的《增值税一般纳税人登记表》可以作为律师事务所成为增值税一般纳税人的凭据。

"应税服务年销售额"是指在连续不超过 12 个月的经营期内累计应征增值税销售额,包括纳税申报销售额、稽查查补销售额、纳税评估调整销售额。"经营期"是指在律师事务所存续期内的连续经营期间,含未取得销售收入的月份。"会计核算健全"是指能够按照国家统一的会计制度规定设置账簿,根据合法、有效凭证核算。例如,有专职或者兼职的专业会计人员,能按照财务会计制度规定,设置总账和有关明细账进行会计核算;能准确核算增值税销项税额、进项税额和应纳税额;能按规定编制会计报表,真实反映企业的生产、经营状况。"能够准确提供税务资料"一般是指能够按照规定如实填报增值税纳税申报表、附表及其他税务资料,按期申报纳税。

1-1.3.2 选择按小规模纳税人纳税的情况说明

律师事务所作为增值税纳税人,年应征增值税销售额 500 万元及以下,可向主管税务机关提交《选择按小规模纳税人纳税的情况说明》(见附录1-10),选择按照小规模纳税人纳税。

年应税销售额超过规定标准的纳税人符合下列条件的,应当向主管税务机关提交书面说明:

(1)按照政策规定,选择按照小规模纳税人纳税的;

(2)年应税销售额超过规定标准的其他个人。

附录1-8:《税务事项通知书》

_____ 税务局
税务事项通知书
_____税通〔　　〕号

_____:(纳税人识别号:　　　　　)

事由:

依据:

通知内容:

税务机关(签章)
年　月　日

使用说明

1. 本通知书依据《中华人民共和国税收征收管理法》及其实施细则设置。

2. 适用范围:税务机关对纳税人、扣缴义务人通知有关税务事项时使用。除法定的专用通知书外,税务机关在通知纳税人缴纳税款、滞纳金,要求当事人提供有关资料,办理有关涉税事项时均可使用此文书。

3. 填写说明:

(1)抬头:填写被通知人名称;

(2)事由:简要填写通知事项的名称或者实质内容;

(3)依据:填写有关税收法律法规的具体内容;

(4)通知内容:填写办理通知事项的时限、资料、地点、税款及滞纳金的数额、所属期等具体内容。对正常申报但逾期未缴纳税款的纳税人出具该文书,通知纳税人、扣缴义务人、纳税担保人缴纳税款、滞纳金的,应告知被通知人:若同税务机关在纳税上有争议,必须先依照本通知的期限缴纳税款及滞纳金或者提供相应的担保,然后可自上述款项缴清或者提供相应的担保被税务机关确认之日起六十日内依法向税务机关申请行政复议;其他通知事项需要告知被通知人申请行政复议或者提起行政诉讼权利的,应告知被通知人:如对本通知不服,可自收到本通知之日起六十日内依法向税务机关申请行政复议,或者自收到本通知之日起六个月内依法向人民法院起诉。告知税务行政复议的,应写明税务复议机关名称。

附录1-9:现行适用的《增值税一般纳税人登记表》

增值税一般纳税人登记表

纳税人名称			社会信用代码 (纳税人识别号)		
法定代表人 (负责人、业主)		证件名称及号码		联系电话	
财务负责人		证件名称及号码		联系电话	
办税人员		证件名称及号码		联系电话	
税务登记日期					
生产经营地址					
注册地址					
纳税人类别:企业□ 非企业性单位□ 个体工商户□ 其他□					
主营业务类别:工业□ 商业□ 服务业□ 其他□					
会计核算健全:是□					
一般纳税人生效之日:当月1日□ 次月1日□					
纳税人(代理人)承诺: 　　会计核算健全,能够提供准确税务资料,上述各项内容真实、可靠、完整。如有虚假,愿意承担相关法律责任。					
经办人:		法定代表人:		代理人:(签章) 　　年　月　日	
以下由税务机关填写					
税务 机关 受理 情况	受理人:受理税务机关(章) 　　　　　　　　　　　　　　　年　月　日				

[表单说明]:

1. 本表由纳税人如实填写。

2. 表中"证件名称及号码"相关栏次,根据纳税人的法定代表人、财务负责人、办税人员的居民身份证、护照等有效身份证件及号码填写。

3. 表中"一般纳税人生效之日"由纳税人自行勾选。

4. 本表一式两份,主管税务机关和纳税人各留存一份。

附录1-10:现行适用的《选择按小规模纳税人纳税的情况说明》

选择按小规模纳税人纳税的情况说明

纳税人名称		社会信用代码 (纳税人识别号)	
连续不超过12个月或四个季度的经营期内累计应税销售额		货物劳务: 年 月至 年 月共 元。	
		应税行为: 年 月至 年 月共 元。	
情况说明			
纳税人(代理人)承诺: 上述各项内容真实、可靠、完整。如有虚假,愿意承担相关法律责任。 经办人: 　　　　　　　　法定代表人:　　　　　　　　代理人:(签章) 　　　　　　　　　　　　　　　　　　　　　　　　　　　　年　月　日			
以下由税务机关填写			
税务机关受理情况	受理人:受理税务机关(章)　　　　　　　　　　　　　　　　年　月　日		

[填表说明]:

1. "情况说明"栏由纳税人填写符合财政部、国家税务总局规定可选择按小规模纳税人纳税的具体情形及理由。

2. 本表一式两份,主管税务机关和纳税人各留存一份。

1-1.4 实名办税信息采集

税务机关在律师事务所办理涉税事项前,对办税人员的实名信息,进行采集和验证,办税人员为多人的,税务机关分别采集其实名信息。

税务机关采集办税人员实名信息包括:姓名、身份证件影像信息、联系方式、实时人像信息以及税务代理合同(协议)或授权方的办税授权委托书等相关资料的信息。

身份证件包括居民身份证、临时居民身份证、港澳居民来往内地通行证、台湾居民来往大陆通行证、外国公民护照、外国人永久居留证。

律师事务所的负责人、财务负责人、领票人、办税人、税务代理人或经负责人授权的其他人员有下列情形之一的,其负责人本人应当办理实名信息采集:

(1)申请使用增值税专用发票、增值税普通发票的。
(2)申请增加增值税专用发票最高开票限额或领用数量的。
(3)纳税信用级别为 D 级的。
(4)列入税收违法"黑名单"的。

第二章 建账建制

1-2.1 律师事务所建立和健全账簿凭证

律师事务所应当自批准设立或者发生纳税义务之日起15日内,按照法律、行政法规的规定设置、使用和保管账簿及凭证,并应当报主管税务机关备案。

适用查账征收的律师事务所,参考《小企业会计准则》(中华人民共和国财政部财会〔2011〕17号)进行会计核算。在参照《小企业会计准则》核算过程中,应关注律师事务所成本、费用构成不同于一般生产和服务企业的特点,关注《小企业会计准则》与税法在成本费用的确认和扣除方面存在的差异。

律师事务所使用计算机记账的,应当在使用前将会计电算化系统的会计核算软件、使用说明书及有关资料报送主管税务机关备案。

律师事务所应当按照税务机关的要求安装、使用税控装置,并按照税务机关的规定报送有关数据和资料。

律师事务所应当根据合法、有效凭证记账正确核算,如实申报纳税,账簿方式一经确定,在一个纳税年度内不得进行变更。

律师事务所可以聘请经批准从事会计代理记账业务的专业机构或者具备资质的财会人员代为建账和办理账务。

1-2.1.1 账簿方式——复式账

符合下列情形之一的律师事务所,应当设置复式账:
(1)投资额在20万元以上的。
(2)销售增值税应税劳务月销售额在40000元以上。
(3)省税务机关确定应设置复式账的其他情形。

设置复式账的应按《个体工商户会计制度(试行)》的规定设置总分类账、明细分类账、日记账等,进行财务会计核算,如实记载财务收支情况。成本、费用列支和其他财务核算规定按照《个体工商户个人所得税计税办法》执行。

复式账簿中现金日记账,银行存款日记账和总分类账必须使用订本式,其他账簿可以根据业务的实际发生情况选用活页账簿。

设置复式账的律师事务所在办理纳税申报时,应当按照规定向当地主管税务机关报送财务会计报表和有关纳税资料。月度会计报表应当于月份终了后10日内报出,年度会计报表应当在年度终了后30日内报出。

1-2.1.2 账簿方式——简易账

符合下列情形之一的律师事务所,应当设置简易账,并积极创造条件设置复式账:

(1)投资额在10万元以上20万元以下的。
(2)销售增值税应税劳务的月销售额在15,000元至40,000元。
(3)省税务机关确定应当设置简易账的其他情形。

设置简易账的应当设置经营收入账、经营费用账和利润表,以收支方式记录、反映经营情况并进行简易会计核算。简易账簿均应采用订本式。

上述所称月销售额是指律师事务所上一个纳税年度月平均销售额;新设立的律师事务所为合伙人预估的当年度经营期月平均销售额。

1-2.1.3 未达建账标准的处理

达不到上述建账标准的,经县以上税务机关批准,可按照税收征管法的规定,建立收支凭证粘贴簿或者使用税控装置。按照税务机关规定的要求使用税控收款机的,其税控收款机输出的完整的书面记录,可以视同经营收入账。

1-2.1.4 律师事务所作为扣缴义务人建账

律师事务所作为扣缴义务人,应当自税收法律、行政法规规定的扣缴义务发生之日起10日内,按照所代扣、代收的税种,分别设置代扣代缴、代收代缴税款账簿。

(1)律师事务所能够通过计算机正确、完整计算代扣代缴、代收代缴税款情况的,其计算机输出的完整的书面会计记录,可视同会计账簿。

(2)律师事务所不能通过计算机正确、完整计算代扣代缴、代收代缴税款情况的,应当建立总账及与代扣代缴、代收代缴税款有关的其他账簿。

1-2.2 账簿、凭证管理

账簿和凭证应当按照发生的时间顺序填写,装订或者粘贴。

账簿、记账凭证、报表、完税凭证、发票、出口凭证以及其他有关涉税资料应当合法、真实、完整。

账簿、会计凭证和报表,应当使用中文。民族自治地方可以同时使用当地通用的一种民族文字。

对各种账簿、记账凭证、报表、完税凭证和其他有关涉税资料应当保存10年。

第三章　发票申领

1-3.1　发票票种核定及调整(增值税专用发票、增值税普通发票)

律师事务所办理税务登记后,需要领购发票的,应当持税务登记证件、经办人身份证明、按照国务院税务主管部门规定式样制作的发票专用章的印模,填写《纳税人领用发票票种核定表》(见附录1-11),向主管税务机关办理发票领购手续,并提供发票专用章的印模留存税务机关备查。

主管税务机关根据领购单位的经营范围和规模,确认领购发票的种类、数量以及领购方式,在5个工作日内发给发票领购簿:

(1)领购方式是指批量供应、交旧购新或者验旧购新等方式;

(2)发票领购簿的内容包括用票单位的名称、所属行业、购票方式、核准购票种类、开票限额、发票名称、领购日期、准购数量、起止号码、违章记录、领购人签字(盖章)、核发税务机关(章)等内容。

领购发票时,应当按照税务机关的规定报告发票领用存情况及相关开票数据。

1-3.1.1　增值税专用发票核定

主管税务机关根据律师事务所增值税一般纳税人和自开专票小规模纳税人的申请,核定其使用增值税税控系统开具的增值税专用发票的票种、单次(月)领用数量等信息。

同时满足下列条件的首次申领增值税专用发票,发票票种核定即时办结,最高开票限额不超过10万元,每月最高领用数量不超过25份:

(1)办税人员、投资人已经进行实名信息采集和验证;

(2)有开具增值税发票需求,主动申领发票;

(3)按照规定办理税控设备发行等事项。

(4)对纳税信用等级为A、B级的正常纳税人,首次核定发票用量时,手续齐全的,按照纳税人需要即时办结;税务机关为纳税信用等级为C、M级的正常纳税人办理发票首次核定,增值税专用发票最高开票限额不超过10万元,每月最高领用数量不超过25份,按照规定即时办结;上述纳税信用等级为A、B、C、M级的正常纳税人是指尚未发现存在风险疑点的纳税人。

2020年2月1日起,增值税小规模纳税人发生增值税应税行为,需要开具增值税专用发票的,可以自愿使用增值税发票管理系统自行开具。

对使用增值税发票管理系统的律师事务所,为保证其在网络出现故障时仍能正常开票,税务机关可对其设定离线开票时限和离线开具发票总金额。

加强对风险纳税人的发票发放管理。对以下几类律师事务所,主管税务机关可以严格控制其增值税专用发票发放数量:

(1)"一址多照"、无固定经营场所的纳税人。

(2)纳税信用评价为D级的纳税人。

(3)其负责人或财务负责人曾任非正常户的法人或财务负责人的纳税人。

(4)其他税收风险等级较高的纳税人。

对上述律师事务所,主管税务机关可暂不允许其离线开具发票,新办理一般纳税人登记的律师事务所纳入升级版的前3个月内也应在线开具发票。其中,对纳税信用评价为D级的律师事务所,增值税专用发票领用按辅导期一般纳税人政策办理。

1-3.1.2　增值税专用发票核定调整

税务机关依据已办理增值税专用发票核定的律师事务所的申请,根据其经营变化情况,对其使用税控系统开具的增值税专用发票单次(月)领用量、离线开具时限、离线开具总金额进行调整。

对纳税信用等级为A、B级的律师事务所,核定调整发票用量时,手续齐全的,按照律师事务所需要即时办结;税务机关为纳税信用等级为C、M级的律师事务所办理发票核定调整,增值税专用发票最高开票限额不超过10万元,每月最高领用数量不超过25份,按照规定即时办结;上述纳税信用等级为A、B、C、M级的律师事务所是指尚未发现存在风险疑点的律师事务所。

主管税务机关应根据增值税一般纳税人经营变化情况,依照相关规定对其增值税专用发票用量进行合理核定和动态调整:

(1)对实行纳税辅导期管理的增值税一般纳税人每次核定发放的增值税专用发票数量不超过25份。

(2)对连续三个月以上(含三个月)月申报销售收入低于3万元的一般纳税人,应依法核减其专用发票用量。

(3)对纳税信用等级A级、B级的律师事务所的新办分支机构以及被主管税务机关认定为纳税信誉好的律师事务所,有大额交易意向并能够提供相关合同、协议等证明资料的,主管税务机关可根据纳税人生产经营需要依法进行核定。

1-3.1.3　增值税普通发票核定

主管税务机关根据律师事务所小规模纳税人的申请,核定其使用增值税税控系统开具的增值税普通发票的票种、单次(月)领用数量和最高开票限额等信息。

同时满足下列条件的律师事务所首次申领增值税普通发票,发票票种核定即时办结,最高开票限额不超过10万元,每月最高领用数量不超过50份:
(1)办税人员、负责人已经进行实名信息采集和验证。
(2)有开具增值税发票需求,主动申领发票。
(3)按照规定办理税控设备发行等事项。

对纳税信用等级为A、B级的律师事务所,在核定增值税普通发票用量和增值税普通发票限额时,手续齐全的,按照规定即时办结;对纳税信用等级为C、M级的律师事务所,办理增值税普通发票核定最高开票限额不超过10万元,每月最高领用数量不超过50份的业务,按照规定即时办结;上述纳税信用等级为A、B、C、M级的律师事务所是指尚未发现存在险疑点的纳税人。

对使用增值税发票管理系统的律师事务所,为保证其在网络出现故障时仍能正常开票,税务机关可对其设定离线开票时限和离线开具发票总金额。

1–3.1.4 增值税普通发票核定调整

税务机关依据已办理增值税普通发票核定的律师事务所申请,根据其经营变化情况,对其使用税控系统开具的增值税普通发票单次(月)领用量、最高开票限额、离线开具时限、离线开具总金额予以变更。

对纳税信用等级为A、B级的律师事务所,在调整增值税普通发票用量和增值税普通发票限额时,手续齐全的,按照规定即时办结;对纳税信用等级为C、M级的律师事务所,办理增值税普通发票最高开票限额不超过10万元且每月最高领用数量不超过50份的调整业务,按照规定即时办结;上述纳税信用等级为A、B、C、M级的律师事务所是指尚未发现存在风险疑点的纳税人。

纳税信用为D级的,增值税普通发票严格限量供应。

1–3.2 增值税专用发票(增值税税控系统)最高开票限额审批

律师事务所在初次申请使用增值税专用发票以及变更增值税专用发票限额时,向主管税务机关申请办理增值税专用发票(增值税税控系统)最高开票限额审批。

自2018年8月1日起,首次申领增值税发票的新设立的律师事务所办理发票票种核定,增值税专用发票最高开票限额不超过10万元,每月最高领用数量不超过25份;增值税普通发票最高开票限额不超过10万元,每月最高领用数量不超过50份。

律师事务所作为增值税一般纳税人申请增值税专用发票最高开票限额不超过十万元的,主管税务机关不需事前进行实地查验。

1-3.3 发票领用

已办理税务登记、并向主管税务机关办理发票领用手续后,可以按税务机关确认的发票种类、数量、开票限额以及领用方式,向税务机关申请领用发票。

纳税信用为 A 级的律师事务所可一次领取不超过 3 个月的增值税发票用量,如需要调整增值税发票用量,手续齐全的,税务机关按照申请需要即时办理。但 2 年内有涉税违法行为、移交司法机关处理记录,或者正在接受税务机关立案稽查的除外。

纳税信用 B 级的律师事务所可一次领取不超过 2 个月的增值税发票用量,经营情况发生变化需要调整增值税发票用量,手续齐全的,按照有关规定办理。

纳税信用为 D 级的,增值税专用发票领用按辅导期一般纳税人政策办理,增值税普通发票领用实行交(验)旧购新、严格限量供应。

辅导期增值税一般纳税人专用发票的领用:

(1)实行按次限量控制,主管税务机关可根据律师事务所的经营情况核定每次专用发票的供应数量,但每次发放专用发票数量不得超过 25 份。

(2)辅导期领用的专用发票未使用完而再次领用的,主管税务机关发放专用发票的份数不得超过核定的每次领用专用发票份数与未使用完的专用发票份数的差额。

(3)辅导期 1 个月内多次领用专用发票的,应从当月第二次领用专用发票起,按照上一次已领用并开具的专用发票销售额的 3% 预缴增值税,未预缴增值税的,主管税务机关不得向其发放专用发票。预缴增值税时,应提供已领用并开具的专用发票记账联,主管税务机关根据其提供的专用发票记账联计算应预缴的增值税。

1-3.4 发票验(交)旧

律师事务所领用发票时,应当按照税务机关的规定报告发票使用情况,由税务机关对已开具发票存根联(记账联)、红字发票和作废发票进行查验,检查发票的开具是否符合有关规定。

1-3.5 发票缴销

律师事务所应当在办理注销税务登记的同时,办理发票缴销手续。

税务机关发票换版时,应对律师事务所领用尚未填开的空白发票进行缴销。

律师事务所应当按照税务机关的规定存放和保管发票,不得擅自损毁。已开具的发票存根联和发票登记簿,应当保存五年。保存期满,报经税务机关查验后对缴销发票实物销毁。

律师事务所因变更或注销税务登记、换版、损毁等原因缴销发票的,税务机关对领用的空白发票做剪角处理。

1-3.6 发票退票

因发票印制质量、发票发放错误、律师事务所领票信息电子数据丢失、税控设备故障等原因需要将已领用的空白发票退回的,应当持《发票领用簿》(见附录1-12)、未使用的空白发票、税控设备等办理退票。

1-3.7 增值税税控系统专用设备初始、变更、注销发行

1-3.7.1 增值税税控系统专用设备初始发行

发票票种核定后,使用增值税发票系统的律师事务所凭《增值税税控系统安装使用告知书》、发票票种核定通知《税务事项通知书》、增值税税控系统最高开票限额《准予税务行政许可决定书》(见附录1-13)、经办人持居民身份证到服务单位领购税控系统专用设备,然后到税务机关办理初始发行。

律师事务所应当按照规定安装、使用税控装置,不得损毁或者擅自改动税控装置。在初次使用或重新领购税控设备开具发票之前,需要由税务机关对税控设备进行初始化处理,将开票所需的各种信息载入税控设备。

律师事务所一般纳税人应通过国务院同意推行的,使用专用设备和通用设备、运用数字密码和电子存储技术管理专用发票的计算机管理系统——增值税防伪税控系统开具专用发票。使用,包括领购、开具、缴销、认证纸质专用发票及其相应的数据电文。专用设备,是指金税卡、IC卡、读卡器和其他设备。通用设备,是指计算机、打印机、扫描器具和其他设备。

1-3.7.2 增值税税控系统专用设备变更发行

律师事务所增值税专用设备载入信息发生变更的,律师事务所应当持税控设备、《税务事项通知书》(发票票种核定通知)或《准予税务行政许可决定书》或《准予变更税务行政许可决定书》(见附录1-14)、经办人居民身份证向税务机关申请对税控设备及数据库中的信息作相应变更。

变更的内容包括:律师事务所名称变更;律师事务所除名称外其他税务登记基本信息变更;律师事务所发行授权信息变更;因律师事务所税控系统专用设备损坏,而对其税控系统专用设备进行变更;因律师事务所开票机数量变化而进行发行变更;增值税发票系统升级版离线开票时限和离线开票总金额变更等。

已经使用增值税发票管理系统的律师事务所小规模纳税人,月销售额未超过10万元的,可以继续使用现有税控设备开具发票;已经自行开具增值税专用发票的,可以继续自行开具增值税专用发票,并就开具增值税专用发票的销售额计算缴纳增值税。

1-3.7.3 增值税税控系统专用设备注销发行

律师事务所发生清税(注销)等涉及增值税税控系统专用设备需注销发行的,应向税务机关申请注销,报送《清税申报表》(见附录1-15),税务机关要求收缴设备的,应当予以上缴。

律师事务所一般纳税人注销税务登记或者转为小规模纳税人,应将专用设备和结存未用的纸质专用发票送交主管税务机关缴销,并由税务机关按有关安全管理要求处理专用设备。但根据《国家税务总局关于统一小规模纳税人标准等若干增值税问题的公告》(国家税务总局公告2018年第18号)第6条"转登记纳税人可以继续使用现有税控设备开具增值税发票,不需要缴销税控设备和增值税发票。转登记纳税人自转登记日的下期起,发生增值税应税销售行为,应当按照征收率开具增值税发票;转登记日前已作增值税专用发票票种核定的,继续通过增值税发票管理系统自行开具增值税专用发票……"

1-3.8 发票开具和保管

律师事务所对外发生经营业务收取款项,应当向付款方开具发票。向个人销售服务的,不得开具增值税专用发票。律师事务所在作为扣缴义务人支付个人款项时,由付款方向律师事务所开具发票。

律师事务所在购买商品、接受服务以及从事其他经营活动支付款项,应当向收款方取得发票。取得发票时,不得要求变更品名和金额。

律师事务所开具发票应当按照规定的时限、顺序,逐栏、全部联次一次性如实开具,必须做到按照号码顺序填开,填写项目齐全,内容真实,字迹清楚,全部联次一次打印,内容完全一致,并在发票联和抵扣联加盖发票专用章。任何单位和个人不得有下列虚开发票行为:

(1)为他人、为自己开具与实际经营业务情况不符的发票;

(2)让他人为自己开具与实际经营业务情况不符的发票;

(3)介绍他人开具与实际经营业务情况不符的发票。

且,律师事务所必须在发生经营业务确认营业收入时开具发票。未发生经营业务一律不准开具发票。

律师事务所应当按照规定使用税控装置开具发票,并按期向主管税务机关报送开具发票的数据。使用非税控电子器具开具发票的,应当将非税控电子器具使用的软件程序说明资料报主管税务机关备案,并按照规定保存、报送开具发票的数据。

律师事务所应当按照发票管理规定使用发票,不得有下列行为:

(1)转借、转让、介绍他人转让发票、发票监制章和发票防伪专用品。

(2)知道或者应当知道是私自印制、伪造、变造、非法取得或者废止的发票而受让、开具、存放、携带、邮寄、运输。

(3)拆本使用发票。

(4)扩大发票使用范围。

(5)以其他凭证代替发票使用。

开具发票应当使用中文。

民族自治地方可以同时使用当地通用的一种民族文字。

除国务院税务主管部门规定的特殊情形外,发票限于律师事务所在本省、自治区、直辖市内开具,不得跨规定的使用区域携带、邮寄、运输空白发票。禁止携带、邮寄或者运输空白发票出入境。

律师事务所应当建立发票使用登记制度,设置发票登记簿,并定期向主管税务机关报告发票使用情况。

律师事务所应当在办理变更或者注销税务登记的同时,办理发票和发票领购簿的变更、缴销手续。

律师事务所应当按照税务机关的规定存放和保管发票,不得擅自损毁。发生发票丢失情形时,应当于发现丢失当日书面报告税务机关,并登报声明作废。已经开具的发票存根联和发票登记簿,应当保存 5 年。保存期满,报经税务机关查验后销毁。

1-3.9　发票存根联、抵扣联数据采集

1-3.9.1　发票存根联数据采集

存根联数据采集,包括税控装置开具的增值税专用发票、增值税普通发票存根联数据采集及非税控电子器具开具的普通发票存根联数据采集,还包括税控发票红字发票明细信息以及每张红字发票对应的《信息表》编号等存根联数据的采集。

律师事务所通过增值税发票系统升级版,经过税务数字证书安全认证、加密开具的发票数据,通过互联网实时上传税务机关,生成增值税发票电子底账,作为纳税申报、发票数据查验以及税源管理、数据分析利用的依据。增值税发票系统升级版对增值税防伪税控系统、货物运输业增值税专用发票税控系统、稽核系统以及税务数字证书系统等进行整合升级完善。增值税发票系统升级版纳税人端税控设备包括金税盘和税控盘(以下统称专用设备)。专用设备均可开具增值税专用发票、增值税普通发票等。一般纳税人和小规模纳税人发生增值税业务对外开具发票应当使用

专用设备开具。

(1)律师事务所应在互联网连接状态下在线使用增值税发票系统升级版开具发票,并在纳税申报期内将上月开具发票汇总情况通过增值税发票系统升级版进行网络报税,增值税发票系统升级版可自动上传已开具的发票明细数据。

(2)律师事务所因网络故障等原因无法在线开票的,在税务机关设定的离线开票时限和离线开具发票总金额范围内仍可开票,超限将无法开具发票。律师事务所开具发票次月仍未连通网络上传已开具发票明细数据的,也将无法开具发票。律师事务所需连通网络上传发票数据后方可开票,若仍无法连通网络的需携带专用设备到税务机关进行征期报税或非征期报税后方可开票。

(3)律师事务所已开具未上传的增值税发票为离线发票。离线开票时限是指自第一份离线发票开具时间起开始计算可离线开具的最长时限。离线开票总金额是指可开具离线发票的累计不含税总金额,离线开票总金额按不同票种分别计算。

(4)按照有关规定不使用网络办税或不具备网络条件的特定纳税人,以离线方式开具发票,不受离线开票时限和离线开具发票总金额限制。特定纳税人的相关信息由主管税务机关在综合征管系统中设定,并同步至增值税发票系统升级版。特定纳税人不使用网络报税,需携带专用设备和相关资料到税务机关进行报税。除特定纳税人外,使用增值税发票系统升级版的律师事务所,不再需要到税务机关进行报税,原使用的网上报税方式停止使用。

1-3.9.2 发票抵扣联数据采集

律师事务所增值税一般纳税人取得增值税发票(包括增值税专用发票、机动车销售统一发票、收费公路通行费增值税电子普通发票,下同)后,可以自愿使用增值税发票选择确认平台查询、选择用于申报抵扣的增值税发票信息,通过认证方式进行采集。通过采集的数据,作为发票稽核的抵扣联数据,在一定时间内与发票存根联数据进行发票稽核:

(1)取得2017年1月1日及以后开具的增值税专用发票,取消认证确认、稽核比对、申报抵扣的期限。在进行增值税纳税申报时,应当通过本省(自治区、直辖市和计划单列市)增值税发票综合服务平台对凭证信息进行用途确认;

(2)取得2016年12月31日及以前开具的增值税专用发票,超过认证确认、稽核比对、申报抵扣期限,但符合规定条件的,仍可按照《国家税务总局关于逾期增值税扣税凭证抵扣问题的公告》(2011年第50号,国家税务总局公告2017年第36号、2018年第31号修改)、《国家税务总局关于未按期申报抵扣增值税扣税凭证有关问题的公告》(2011年第78号,国家税务总局公告2018年第31号修改)规定,继续抵扣进项税额。

用于抵扣增值税进项税额的专用发票应经税务机关认证相符(国家税务总局另有规定的除外)。认证相符的专用发票应作为记账凭证,不得退还销售方。认证,是税务机关通过防伪税控系统对专用发票所列数据的识别、确认。认证相符,是指纳税人识别号无误,专用发票所列密文解译后与明文一致。

经认证,有下列情形之一的,不得作为增值税进项税额的抵扣凭证,税务机关退还原件,律师事务所可要求销售方重新开具专用发票:

(1)无法认证,指专用发票所列密文或者明文不能辨认,无法产生认证结果。

(2)纳税人识别号认证不符,指专用发票所列购买方纳税人识别号有误。

(3)专用发票代码、号码认证不符,指专用发票所列密文解译后与明文的代码或者号码不一致。

经认证,有下列情形之一的,暂不得作为增值税进项税额的抵扣凭证:

(1)重复认证,指已经认证相符的同一张专用发票再次认证。

(2)密文有误,指专用发票所列密文无法解译。

(3)认证不符,指纳税人识别号有误,或者专用发票所列密文解译后与明文不一致,不含上述纳税人识别号认证不符及专用发票代码、号码认证不符两种情形。

(4)列为失控专用发票,指认证时的专用发票已被登记为失控专用发票,"认证时失控"和"认证后失控"的发票。

取得上述专用发票,暂不得作为增值税进项税额的抵扣凭证,税务机关扣留原件,移送稽查部门作为案源进行查处。查明原因,分别情况进行处理:

(1)经税务机关检查确认属于税务机关责任以及技术性错误造成的,允许作为增值税进项税额的抵扣凭证;属于税务机关责任的,由税务机关错误操作的相关部门核实后,区县级税务机关出具书面证明;属于技术性错误的,由税务机关技术主管部门核实后,区县级税务机关出具书面证明。

(2)不属于税务机关责任以及技术性错误造成的,不得作为增值税进项税额的抵扣凭证。

专用发票抵扣联无法认证的,可使用专用发票发票联到主管税务机关认证。专用发票发票联复印件留存备查。

律师事务所在认证通过的次月申报期内,向主管税务机关申报抵扣进项税额,并将税务机关认证相符的专用发票抵扣联连同《认证结果通知书》和认证清单一起按月装订成册备查。

1-3.9.3　发票作废

增值税专用发票的作废:律师事务所在开具专用发票当月,发生服务终止、开票有误等情形,收到退回的发票联、抵扣联符合作废条件的,按作废处理;开具时发现有误的,可即时作废。作废专用发票须在防伪税控系统中将相应的数据电文按"作废"处理,在纸质专用发票(含未打印的专用发票)各联次上注明"作废"字样,全联次留存。增值税专用发票作废条件:

(1)收到退回的发票联、抵扣联时间未超过开票当月。

(2)未抄税并且未记账,抄税,是报税前用 IC 卡或者 IC 卡和软盘抄取开票数据电文。

(3)购买方未认证或者认证结果为"纳税人识别号认证不符""专用发票代码号码认证不符"。

增值税普通发票的作废:律师事务所小规模纳税人开具的增值税普通发票符合以下作废条件的,可重新开具:

(1)律师事务所当月开具增值税普通发票后未作账务处理,发生服务终止或者发生退费事项,或发现开票有误等情形的,在收到退回的未抄税的发票联,律师事务所对收回的原发票按作废处理。在收回的原发票和本单位用于记账的相应发票上注明"作废"字样,作废处理后可重新开具普通发票。

(2)律师事务所开具发票时发现有误的,可即时作废,重新开具增值税普通发票。

1-3.9.4 增值税发票的红字冲销

律师事务所开具专用发票后,发生服务终止、开票有误等情形但不符合作废条件的,或者因服务部分中止及发生销售折让的,律师事务所及取得增值税专用发票的当事人应按以下程序处理:

(1)向主管税务机关填报《开具红字增值税专用发票申请表》(以下简称《申请表》)。

(2)主管税务机关对《申请表》进行审核后,出具《开具红字增值税专用发票通知单》(以下简称《通知单》)。《通知单》应与《申请表》一一对应。

(3)律师事务所凭当事人提供的《通知单》开具红字专用发票,在防伪税控系统中以销项负数开具。红字专用发票应与《通知单》一一对应。

(4)因开票有误当事人拒收专用发票的,律师事务所须在专用发票认证期限内向主管税务机关填报《申请表》,并在《申请表》上填写具体原因以及相对应蓝字专用发票的信息,同时提供由当事人出具的写明拒收理由、错误具体项目以及正确内容的书面材料,主管税务机关审核确认后出具《通知单》。律师事务所凭《通知单》开具红字专用发票。

(5)因开票有误等原因尚未将专用发票交付给当事人的、当事人未用于申报抵扣并将发票联及抵扣联退回的、当事人取得专用发票未用于申报抵扣,但发票联或抵扣联无法退回的,律师事务所可在新系统中填开并上传《开具红字增值税专用发票信息表》(以下简称《信息表》,见附录 1-16)。律师事务所填开《信息表》时应填写相对应的蓝字专用发票信息。

(6)律师事务所须在开具有误专用发票的次月内向主管税务机关填报《申请表》,并在《申请表》上填写具体原因以及相对应蓝字专用发票的信息,同时提供由当事人出具的写明具体理由、错误具体项目以及正确内容的书面材料,主管税务机关审核确认后出具《通知单》。律师事务所凭《通知单》开具红字专用发票。

(7)当事人取得专用发票已用于申报抵扣的,在填开《信息表》时不填写相对应的蓝字专用发票信息,应暂依《信息表》所列增值税税额从当期进项税额中转出,待取得律师事务所开具的红字专用发票后,与《信息表》一并作为记账凭证。

(8)律师事务所已使用增值税发票管理系统的,可在开票系统中申请并获取校验结果,即在开票系统中通过上传《信息表》(也可凭《信息表》电子信息或纸质资料到税务机关申请校验),系统自动校验通过后,生成带有"红字发票信息表编号"的《信息表》,并将信息同步至律师事务所端系统中。律师事务所凭此开具红字专用发票,在新系统中以销项负数开具。红字专用发票应与《信息表》一一对应。

(9)律师事务所开业设立至认定或登记为一般纳税人期间,未取得经营收入,未按照销售额和征收率简易计算应纳税额申报缴纳增值税的,其在此期间取得的增值税扣税凭证在认定或登记为一般纳税人后,可以在认定或登记为一般纳税人后抵扣进项税额。

(10)发生服务终止或销售折让的,除按上述规定进行处理外,律师事务所还应在开具红字专用发票后将该笔业务的相应记账凭证复印件报送主管税务机关备案。

(11)律师事务所一般纳税人转登记为小规模纳税人,在一般纳税人期间发生的增值税应税行为,发生销售折让、中止或者退回等情形,需要开具红字发票的,按照原蓝字发票记载的内容开具红字发票;开票有误需要重新开具的,先按照原蓝字发票记载的内容开具红字发票后,再重新开具正确的蓝字发票。

(12)自行开具增值税专用发票或申请代开增值税专用发票的小规模纳税人以及税务机关为小规模纳税人代开增值税专用发票,需要开具红字专用发票的,按照上述开具红字专用发票的方法处理,《通知单》第二联交代开税务机关。

(13)律师事务所《信息表》填开错误且尚未使用的,可向主管税务机关提交《作废红字发票信息表申请表》(见附录1-17)申请作废已开具的《信息表》。

开具红字增值税普通发票是指发生服务终止或者发生退费事项,且不符合作废条件的,或当月已抄税发票不能按作废处理的,可开具红字增值税普通发票。

(1)律师事务所开具增值税普通发票后已做账务处理,发生服务终止或者发生退费事项,或发现开票有误等情形,且当事人退回原发票的,律师事务所可开具相同内容的红字发票,将收回的发票粘附在红字发票的记账联上,以红字发票记账联作为抵减当期的销售额。

(2)律师事务所发生服务终止或发现开票有误,当事人发票已入账,不能退回发票的,当事人应先向主管税务机关填报《开具红字普通发票证明单》(以下简称《证明单》),写明申请开具红字发票的理由,附发票联复印件,复印件应加盖企业发票专用章。主管税务机关对填报的《证明单》及附件审核后,由律师事务所按月装订,留存备查。律师事务所凭当事人提供的加盖税务机关印章的《证明单》,作为开具红字普通发票的有效证明。

(3)若当事人为不需要办理税务登记的单位,可由律师事务所向主管税务机关填报《证明单》,写明申请开具红字发票的理由,附发票联复印件,复印件应加盖企业发票专用章。主管税务机关对纳税人填报的《证明单》及附件审核后,由律师事务所按月装订,留存备查。律师事务所凭加盖主管税务机关印章的《证明单》,作为开具红字普通发票的有效证明。律师事务所开具相同内容的红字普通发票给当事人,以红字发票(记账联)作为抵减当期销售额的凭证。

(4)发生销售折扣、折让行为的,应将价款与折扣额在同一张发票上注明;对因折扣折让内容开具有误的普通发票,应在收回原发票并注明"作废"字样后重新开具发票,不可开具红字普通发票。

1-3.10 发票遗失、损毁报告

律师事务所应当妥善保管发票。发生增值税专用发票及增值税普通发票丢失、被盗、损毁致无法辨认代码或号码、灭失的,应当于发现丢失当日填写《发票挂失/损毁报告表》(见附录1-18),书面报告税务机关。发票遗失、损毁且发票数量较大,在报告表中无法全部反映的,同时报送《挂失/损毁发票清单》(见附录1-18-1)。

对增值税发票挂失、损毁报备后,违反发票管理规定的,按照规定进行处理。如果丢失、被盗发票为税控发票的,还应作失控发票处理。

律师事务所作为增值税小规模纳税人丢失增值税普票发票,即从外单位取得的原始凭证如有遗失,应当取得原开出单位盖有公章的证明,并注明原来凭证的号码、金额和内容等,由经办单位会计机构负责人、会计主管人员和单位领导人批准后,方可代作原始凭证。

律师事务所作为增值税一般纳税人丢失增值税专用发票的:

(1)丢失已开具专用发票的发票联和抵扣联,如果丢失前已认证相符的,律师事务所作为购买方可凭销售方提供的相应专用发票记账联复印件及销售方主管税务机关出具的《丢失增值税专用发票已报税证明单》(以下简称《证明单》)(见附录1-19),可作为增值税进项税额的抵扣凭证;如果丢失前未认证的,律师事务所作为购买方凭销售方提供的相应专用发票记账联复印件进行认证,认证相符的可凭专用发票记账联复印件及销售方主管税务机关出具的《证明单》,作为增值税进项税额的抵扣凭证,专用发票记账联复印件和《证明单》留存备查。

(2)丢失已开具专用发票的抵扣联,如果丢失前已认证相符的,可使用专用发票发票联复印件留存备查;如果丢失前未认证的,可使用专用发票发票联认证,专用发票发票联复印件留存备查。

(3)丢失已开具专用发票的发票联,可将专用发票抵扣联作为记账凭证,专用发票抵扣联复印件留存备查。

1-3.11 发票其他相关

1-3.11.1 未按期申报抵扣增值税扣税凭证抵扣申请

律师事务所发生真实交易且存在客观原因，未按期申报抵扣增值税扣税凭证抵扣，属于下列情形的，经税务机关核实后，允许纳税人继续申报抵扣其进项税额：

(1)取得的增值税扣税凭证已认证、已选择确认或已采集上报信息，但未按照规定期限申报抵扣的。

(2)实行纳税辅导期管理的增值税一般纳税人，取得的增值税扣税凭证稽核比对结果相符但未按照规定期限申报抵扣的。

律师事务所发生应当根据税务机关的要求提交未按期申报抵扣增值税扣税凭证抵扣申请单、已认证增值税扣税凭证清单、增值税扣税凭证未按期申报抵扣情况说明及佐证材料、未按期申报抵扣增值税扣税凭证复印件。

发生真实交易且存在客观原因包括如下类型：

(1)因自然灾害、社会突发事件等不可抗力原因造成增值税扣税凭证未按期申报抵扣。

(2)有关司法、行政机关在办理业务或者检查中，扣押、封存纳税人账簿资料，导致纳税人未能按期办理申报手续。

(3)税务机关信息系统、网络故障，导致纳税人未能及时取得认证结果通知书或稽核结果通知书，未能及时办理申报抵扣。

(4)由于办税人员伤亡、突发危重疾病或者擅自离职，未能办理交接手续，导致未能按期申报抵扣。

(5)国家税务总局规定的其他情形。

应在增值税扣税凭证未按期申报抵扣情况说明上详细说明未能按期申报抵扣的原因，并加盖律师事务所印章：

(1)对客观原因不涉及第三方的，应说明的情况具体为：发生自然灾害、社会突发事件等不可抗力原因的，应详细说明自然灾害或者社会突发事件发生的时间、影响地区、对经营的实际影响等；办税人员擅自离职，未办理交接手续的，应详细说明事情经过、办税人员姓名、离职时间等，并提供解除劳动关系合同及内部相关处理决定。

(2)对客观原因涉及第三方的，应提供第三方证明或说明。具体为：办税人员伤亡或者突发危重疾病的，应提供公安机关、交通管理部门或者医院证明；有关司法、行政机关在办理业务或者检查中，扣押、封存纳税人账簿资料，导致未能按期办理申报手续的，应提供相关司法、行政机关证明。

(3)对于因税务机关信息系统或者网络故障原因造成增值税扣税凭证未能按期申报抵扣的，主管税务机关予以核实。

1-3.11.2 发票真伪

取得增值税发票的单位和个人可登陆全国增值税发票查验平台（https://inv-veri.chinatax.gov.cn），对增值税发票管理系统开具的发票信息进行查验。

律师事务所有权申请税务机关对发票的真伪进行鉴别。税务机关应当提供查询发票真伪的便捷渠道。收到申请的税务机关应当受理并负责鉴别发票的真伪。在伪造、变造现场查获的假发票，由当地税务机关负责鉴定。

普通发票的真伪鉴定由鉴定受理税务机关负责；受理税务机关鉴定有困难的，可以提请发票监制税务机关协助鉴定。

行政执法部门鉴定发票的，需提供待鉴定发票复印件或者电子数据、单位介绍信。

1-3.11.3 异常增值税发票管理

符合下列情形之一的增值税专用发票，列入异常凭证范围：

(1)纳税人丢失、被盗税控专用设备中未开具或已开具未上传的增值税专用发票；

(2)非正常户纳税人未向税务机关申报或未按规定缴纳税款的增值税专用发票；

(3)增值税发票管理系统稽核比对发现"比对不符""缺联""作废"的增值税专用发票；

(4)经税务总局、省税务局大数据分析发现，纳税人开具的增值税专用发票存在涉嫌虚开、未按规定缴纳消费税等情形的；

(5)属于《国家税务总局关于走逃（失联）企业开具增值税专用发票认定处理有关问题的公告》（国家税务总局公告2016年第76号）第2条第(1)项规定情形的增值税专用发票。

增值税一般纳税人申报抵扣异常凭证，同时符合下列情形的，其对应开具的增值税专用发票列入异常凭证范围：

(1)异常凭证进项税额累计占同期全部增值税专用发票进项税额70%（含）以上的。

(2)异常凭证进项税额累计超过5万元的。

尚未申报抵扣、尚未申报出口退税或已作进项税额转出的异常凭证，其涉及的进项税额不计入异常凭证进项税额的计算。

取得的增值税专用发票列入异常凭证范围的，应按照以下规定处理：

(1)尚未申报抵扣增值税进项税额的，暂不允许抵扣。已经申报抵扣增值税进项税额的，除另有规定外，一律作进项税额转出处理。

(2)纳税信用A级的律师事务所取得异常凭证且已经申报抵扣增值税，可以自接到税务机关通知之日起10个工作日内，向主管税务机关提出核实申请。经税务机关核实，符合现行增值税进项税额抵扣相关规定的，可不作进项税额转出处理。逾期未提出核实申请的，应于期满后按照上述规定做相关处理。

（3）律师事务所对税务机关认定的异常凭证存有异议，可以向主管税务机关提出核实申请。经税务机关核实，符合现行增值税进项税额抵扣或出口退税相关规定的，可继续申报抵扣。

经税务总局、省税务局大数据分析发现存在涉税风险的律师事务所，不得离线开具发票，其开票人员在使用开票软件时，应当按照税务机关指定的方式进行人员身份信息实名验证。

新办理增值税一般纳税人登记的律师事务所，自首次开票之日起3个月内不得离线开具发票，按照有关规定不使用网络办税或不具备风险条件的特定纳税人除外。

附录1-11：现行适用的《纳税人领用发票票种核定表》

纳税人领用发票票种核定表

纳税人识别号							
纳税人名称							
领票人		联系电话		身份证件类型		身份证件号码	
发票种类名称	发票票种核定操作类型	单位（数量）	每月最高领票数量	每次最高领票数量	持票最高数量	定额发票累计领票金额	领票方式

纳税人（签章）

经办人：　　　　　　法定代表人（业主、负责人）：　　　　　填表日期：　年　月　日

发票专用章印模：

[表单说明]：

1. 本表依据《中华人民共和国发票管理办法》第十五条设置。

2. 适用范围：本表适用于需要领用发票的单位和个人，向主管税务机关办理发票领用手续时使用。

3. 填表说明：

（1）身份证件类型：是指领票人的居民身份证、护照或者其他能证明经办人身份的证件；

(2)发票种类名称:根据《发票种类代码表》的"名称"列填写,详见附件;
(3)申请发票票种核定操作类型:填写增加、变更或删除;
(4)领票方式:填写验旧领新、交旧领新、批量供应或其他。
4. 本表一式一份,由纳税人主管税务机关留存。

附录1-12:现行适用的《发票领用簿》

发票领用簿
国家税务总局监制

[使用说明]:
1. 本"领用簿"为纳税人向税务机关办理领用发票手续的凭证。
2. 核准使用发票情况、发票领用、缴销、挂失等记录均由税务机关填写。
3. 纳税人发生变更税务登记机关、变更领用发票种类及注销税务登记的,应到税务机关办理发票领用簿的换发、注销手续。
4. 纳税人发生停业、复业时,应到税务机关办理发票领用簿的封存、启用手续。
5. 发票领用簿要妥善保管,不得转借、涂改。如有丢失,立即报告税务机关,申请挂失后补发。
6. 纳税人领用的发票,只准在税务机关核准的范围内使用,不得跨地区或跨行业使用、不得转借、虚开发票;未经税务机关批准,不准拆本使用发票。
7. 纳税人发生发票丢失、被盗的,应于丢失、被盗当日书面报告税务机关。

纳税人识别号:							
发票领用簿号码:							
纳税人名称:					纳税人(签章)		
法定代表人(负责人):							
发票管理人:							
					税务机关(签章) 年 月 日		

	发票种类	发票代码	发票名称	单位	限领数量 每次限领/每月限领		备注
					数量	票面金额	
核准使用发票情况							
	领票方式:□批量供应 □验旧领新 □交旧领新 □其他				须提供发票担保的,是否已经提供担保人或交纳保证金:□是 □否		

（续表）

发票领用记录

年		发票代码	发票名称	单位	数量	字轨	起讫号码	售票人	领票人
月	日								

发票缴销、挂失记录

年		发票代码	发票名称	缴销	挂失	单位	数量	字轨	起讫号码	经办人
月	日									

发票违章记录

使用说明

1. 本领用簿依据《发票管理办法》设置。
2. 适用范围：纳税人领用发票时使用。
3. 单位：本、份或元。
4. 本领用簿为 195mm×330mm 竖式。

附录 1-13：现行适用的《准予税务行政许可决定书》

准予税务行政许可决定书
（　）税许准字第（　）号

（申请人）：
　　你（单位）于年月日提出的（项目名称）税务行政许可申请，本机关于＿＿＿年＿＿＿月＿＿＿日受理。
　　经审查，根据《中华人民共和国行政许可法》第 38 条第 1 款的规定，决定准予你（单位）取得该项税务行政许可。

税务局
（加盖税务机关印章或许可专用章）
年　月　日

签收栏		
受送达人：		年　月　日

附录1-14：现行适用的《准予变更税务行政许可决定书》

准予变更税务行政许可决定书

（　　）税许变准字第（　　）号

(申请人)：

你(单位)于年月日提出的(项目名称)变更税务行政许可申请，本机关已经于____年____月____日受理。

经审查，根据《中华人民共和国行政许可法》第49条的规定，决定准予你(单位)变更该项税务行政许可。

税务局

(加盖税务机关印章或许可专用章)

年　月　日

签收栏		
受送达人：		年　月　日

附录1-15：现行适用的《清税申报表》

清税申报表

纳税人名称		统一社会信用代码	
注销原因			
附送资料			
纳税人 经办人： 年　月　日	法定代表人(负责人)： 年　月　日		纳税人(签章) 年　月　日
以下由税务机关填写			
受理时间	经办人： 年　月　日		负责人： 年　月　日
清缴税款、滞纳金、罚款情况	经办人： 年　月　日		负责人 年　月　日

(续表)

缴销发票情况	经办人： 年 月 日		负责人： 年 月 日
税务检查意见	检查人员： 年 月 日		负责人： 年 月 日
批准意见	部门负责人： 年 月 日		税务机关(签章) 年 月 日

[表单说明]：
1. 附送资料：填写附报的有关注销的文件和证明资料；
2. 清缴税款、滞纳金、罚款情况：填写纳税人应纳税款、滞纳金、罚款缴纳情况；
3. 缴销发票情况：纳税人发票领购簿及发票缴销情况；
4. 税务检查意见：检查人员对需要清查的纳税人，在纳税人缴清查补的税款、滞纳金、罚款后签署意见；
5. 本表一式三份，税务机关两份，纳税人一份。

附录1-16：现行适用的《开具红字增值税专用发票信息表》

开具红字增值税专用发票信息表

销售方	名称		购买方	名称		
	纳税人识别号			纳税人识别号		
开具红字专用发票内容	货物(劳务服务)名称	数量	单价	金额	税率	税额
	合计	—			—	

（续表）

说明	一、购买方□ 　　对应蓝字专用发票抵扣增值税销项税额情况： 　　　1.已抵扣□ 　　　2.未抵扣□ 　　对应蓝字专用发票的代码：　　　　　号码：_____ 二、销售方□ 　　对应蓝字专用发票的代码：　　　　　号码：_____
红字发票 信息表 编号	

附录 1-17：现行适用的《作废红字发票信息表申请表》

作废红字发票信息表申请表

申请日期： 年 月 日

纳税人名称		纳税识别号	
原信息表编号			
申请 作废 理由	经办人：		纳税人（签章）

以下由受理税务机关填写：

受理人：　　　　　　　受理税务机关：　　　　　　　受理日期：

附录 1-18：现行适用的《发票挂失/损毁报告表》

发票挂失/损毁报告表

纳税人识别号：□□□□□□□□□□□□□□□□□□
纳税人名称：

	发票名称	发票代码	份数	发票号码		其中:空白发票		
				起始号码	终止号码	份数	起始号码	终止号码
挂失 损毁 发票								

(续表)

挂失损毁情况说明	经办人： 年　月　日	法定代表人(负责人)： 年　月　日	纳税人(签章) 年　月　日
主管税务机关发票管理环节意见： 经办人：　　　　　　　　负责人：　　　　　　　　税务机关(签章) 年　月　日　　　　　　　年　月　日　　　　　　　年　月　日			
上级税务机关发票管理环节意见： 经办人：　　　　　　　　负责人：　　　　　　　　税务机关(签章) 年　月　日　　　　　　　年　月　日　　　　　　　年　月　日			

[表单说明]

1. 适用范围：本表适用于纳税人发票遗失、被盗，或者遇水、火等灾害后造成损毁等情况向税务机关报告时使用。

2. 挂失、损毁情况说明：应写明挂失、损毁的原因、有关情况、如何处理等。

3. 挂失、损毁发票数量较大，在报告表中无法全部反映的，可以使用《挂失/损毁发票清单》，作为报告表的附件并在提供资料中注明。

附录1-18-1：现行适用的《挂失/损毁发票清单》

挂失/损毁发票清单

纳税人识别号：□□□□□□□□□□□□□□□□□□
纳税人名称：　　　　　　　　　　　　　　　　　　　　第　页共　页

	发票名称	发票代码	起始号码	终止号码	份数	类型	丢失被盗日期
增值税专用发票							
	合计						
普通发票							
	合计						

(续表)

纳税人	税务机关
经办人：　　负责人：　　纳税人(签章) 　年　月　日　年　月　日　年　月　日	经办人：　　负责人：　　纳税人(签章) 　年　月　日　年　月　日　年　月　日

[表单说明]

注：此表作为《发票挂失/损毁报告表》的附表使用。

附录 1-19：现行适用的《丢失增值税专用发票已报税证明单》

丢失增值税专用发票已报税证明单

销售方	名称		购买方	名称				
	纳税人识别号			纳税人识别号				
丢失增值税专用发票	发票代码	发票号码	货物(劳务)名称	单价	数量	金额	税额	
报税及纳税申报情况								
备注								

注：本证明单一式三联：第一联由销售方主管税务机关留存；第二联由销售方留存；第三联由购买方留存。

第二篇

律师事务所日常经营

第一章　增值税申报纳税

2-1.1　征税对象

律师事务所作为增值税纳税人,自纳税人资格生效之日起,按照规定领用增值税发票,并依照税收法律、法规、规章及增值税计税方法等其他有关规定,计算应纳税额,在规定的纳税期限内填报《增值税及附加税费申报表》、附列资料及其他相关资料,向税务机关进行纳税申报。

(1)增值税一般纳税人纳税申报表及其附列资料一般包括:《增值税及附加税费申报表(适用于增值税一般纳税人)》(见附录2-1)、《增值税及附加税费申报表附列资料(一)(本期销售情况明细)》(见附录2-1-1)、《增值税及附加税费申报表附列资料(二)(本期进项税额明细)》(见附录2-1-2)、《增值税及附加税费申报表附列资料(三)(服务、不动产和无形资产扣除项目明细)》(见附录2-1-3)、《增值税及附加税费申报表附列资料(四)(税额抵减情况表)》(见附录2-1-4)、《增值税及附加税费申报表附列资料(五)(附加税费情况表)》(见附录2-1-5)、《增值税减免税申报明细表》(见附录2-1-6)等。

(2)增值税小规模纳税人填报《增值税及附加税费申报表(小规模纳税人适用)》(见附录2-2)及附列资料(见附录2-2-1)、《增值税减免税申报明细表》(见附录2-1-6)和其他相关资料,向税务机关进行纳税申报。增值税小规模纳税人发生增值税应税行为,需要开具增值税专用发票的,可以自愿使用增值税发票管理系统自行开具。增值税小规模纳税人应当就开具增值税专用发票的销售额计算增值税应纳税额,并在规定的纳税申报期内向主管税务机关申报缴纳。在填写增值税纳税申报表时,应当将当期开具增值税专用发票的销售额,按照3%征收率,分别填写在《增值税及附加税费申报表(小规模纳税人适用)》第2栏和第5栏"税务机关代开的增值税专用发票不含税销售额"的"本期数"相应栏次中。

根据营改增试点文件的相关规定,以及税务部门的实务操作,律师事务所提供的应税服务及其收取的律师费,均征收增值税:

(1)有偿提供应税服务。所谓提供应税服务,是指有偿提供的应税服务。有偿,是指取得货币、货物或者其他经济利益,包括货币形式,如现金、存款、应收账款、应收票据、金融资产以及债务的豁免等;非货币形式,比如固定资产、生物资产、无形资产、股权投资、存货、劳务以及有关权益等。

(2)视同提供应税服务。律师事务所无偿向其他单位或者个人提供法律服务的,将视同提供应税服务,并应当予以征收增值税,除非该等无偿服务系以公益活动为目的或者以社会公众为对象。

视同提供应税服务的情况下,无论律师事务所是否与当事人签订服务合同,只要确系向当事人提供了相应的法律服务,则均应向当事人收取合理的律师费。

根据现行律师收费办法的相关规定,律师服务在风险收费的方式下,存在着因律师提供法律服务未达预期目标,从而导致实际未收取或者未能收取律师费的情形,此等情形应属于律师事务所提供有偿服务。另,在律师事务所提供法律服务并已收费,后因服务质量或者服务效果未达客户预期,经双方协商同意解除委托并退还律师费的情况下,此等情形应按增值税关于退货的规定处理,当然不应被认定为属于提供无偿的应税服务,自不应予以核定销售额。

2-1.2 税率和征收率

根据增值税暂行条例及其实施细则,以及营改增试点办法的相关规定,律师事务所应税范围为:提供现代服务业——鉴证咨询服务。

2-1.2.1 税率

律师事务所被认定为一般纳税人的,适用一般计税方法,其适用增值税税率为6%。

律师事务所发生符合财政部和国家税务总局规定向境外单位提供的完全在境外消费的跨境应税行为的,适用增值税零税率。按月向主管退税的税务机关申报办理增值税退(免)税手续。其中"完全在境外消费",是指:

(1)服务的实际接受方在境外,且与境内的货物和不动产无关。
(2)无形资产完全在境外使用,且与境内的货物和不动产无关。
(3)财政部和国家税务总局规定的其他情形。

律师事务所一般纳税人销售自己使用过的属于《中华人民共和国增值税暂行条例》第十条规定不得抵扣且未抵扣进项税额的固定资产,按照简易办法依照3%征收率减按2%征收增值税,但可以放弃减税,按照简易计税办法依照3%征收率缴纳增值税,并可以开具增值税专用发票。

2-1.2.2 征收率

律师事务所小规模纳税人,实行简易征收办法,按3%的征收率征收增值税,不得抵扣进项税额,不得使用增值税专用发票。服务接受方要求开具增值税专用发票的,可以按照3%的征收率自行开增值税专用发票,接受方按照3%的进项税额进行抵扣。

律师事务所小规模纳税人销售自己使用过的固定资产,减按2%征收率征收增值税,并且只能开具增值税普通发票,不得由税务机关代开增值税专用发票。

2-1.3 应纳税额的计算

增值税的计税方法,包括一般计税方法、简易计税方法和扣缴计税方法。一般纳税人发生应税行为适用一般计税方法计税。一般纳税人发生财政部和国家税务总局规定的特定应税行为,可以选择适用简易计税方法计税,但一经选择,36个月内不得变更;小规模纳税人发生应税行为适用简易计税方法计税。

2-1.3.1 一般计税方法

作为增值税一般纳税人的律师事务所应当适用一般计税方法计算应纳税额。一般计税方法的应纳税额是指当期销项税额抵扣当期进项税额后的余额。应纳税额计算公式:

当期应纳税额=当期销项税额-当期进项税额

当期销项税额小于当期进项税额不足抵扣时,其不足抵扣部分可以结转下期继续抵扣:

(1)销售额为律师事务所提供销售货物或应税劳务向购买方收取的全部价款和价外费用,但不包括收取的销项税额。价外费用包括:收取的手续费、补贴、基金、集资费、返还利润、奖励费、违约金、滞纳金、延期付款利息、赔偿金、代收款项、代垫款项、包装费、包装物租金、储备费、优质费、运输装卸费以及其他各种性质的价外收费。

(2)销项税额,是指律师事务所提供应税服务按照销售额和增值税税率计算的增值税额。

销项税额计算公式:销项税额=销售额×税率

注意:一般计税方法下的销售额不包括销项税额,采用销售额和销项税额合并定价方法的,按照下列公式计算销售额:

销售额=含税销售额÷(1+税率)

(3)进项税额,是指纳税人购进货物或者接受加工修理修配劳务和应税服务,支付或者负担的增值税额。

作为一般纳税人的律师事务所取得下列项目的进项税额,均可在其销项税额中抵扣:

(1)增值税专用发票上注明的增值税额。

(2)海关进口增值税专用缴款书上注明的增值税额。

(3)农产品收购发票或者销售发票上注明的农产品买价和扣除率计算的进项税

额。从农业生产者中直接购进农产品的,可以按照农产品收购发票或者销售发票上注明的农产品买价和扣除率计算的进项税额。

进项税额计算公式:进项税额=买价×扣除率。(若取得增值税专用发票的,则按前述处理)

(4)运输费用结算单据注明的运输费用金额和扣除率计算的进项税额:

进项税额计算公式:进项税额=运输费用金额×扣除率

运输费用金额,是指运输费用结算单据上注明的运输费用(包括铁路临管线及铁路专线运输费用)、建设基金,不包括装卸费、保险费等其他杂费。

(5)税收通用缴款书注明的增值税额

接受境外单位或者个人提供的应税服务,代扣代缴增值税而取得的中华人民共和国通用税收缴款书(以下称通用缴款书)上注明的增值税额,但须注意同时具备:书面合同、付款证明和境外单位的对账单或发票,资料不全的其进项税额不得从销项税额中抵扣。

律师事务所可抵扣进项税额具体项目:

(1)律师事务所购置办公桌椅、书柜、书架、文具、纸笔等办公用品及电脑、手机、打印机、复印机、电话机、碎纸机等办公设备,开具了增值税专用发票的,其进项税额可以抵扣。

(2)律师事务所日常办公水费、电费、修理费、饮用桶装水,差旅费中的住宿费、邮政电信费、快递费、财产保险费、保安服务费等。

(3)律师事务所取得固定资产(动产、不动产)、花草、树木、盆栽等绿化物品,开具了增值税专用发票或者农产品收购发票或者销售发票的,分别按照专用发票注明的增值税额或者农产品扣除率计算出的进项税额抵扣。

(4)律师事务所租赁不动产、有形动产(例如:办公用房、办公车辆、办公设备、花草、树木、盆栽等绿化物品)支付的租赁费及其使用过程中发生的维修费、保养费、汽油费等,开具了增值税专用发票的,其进项税额可以抵扣。

(5)购进的国内旅客运输服务。比如律师办公出差涉及的航空、铁路、高速公路、一级公路、二级公路、桥、闸通行等支付的机票、火车票、通行费等,未取得增值税专用发票,暂按照以下规定确定进项税额:

①取得增值税电子普通发票的,为发票上注明的税额。

②取得注明旅客身份信息的航空运输电子客票行程单的,为按照下列公式计算进项税额:

航空旅客运输进项税额=(票价+燃油附加费)÷(1+9%)×9%

③取得注明旅客身份信息的铁路车票的,为按照下列公式计算的进项税额:

铁路旅客运输进项税额=票面金额÷(1+9%)×9%

④取得注明旅客身份信息的公路、水路等其他客票的,按照下列公式计算进项税额:

公路、水路等其他旅客运输进项税额=票面金额÷(1+3%)×3%

（6）律师事务所购买其他应税服务(进行广告、宣传、培训、购买软件、接收软件服务、信息系统服务、设计服务、知识产权服务、会议展览服务,接收会计、评估服务,或者鉴证咨询服务外包等)所支付的相应费用,可抵扣进项税额。

不得抵扣进项税额,或者应作进项税额转出的情形:

（1）取得的增值税扣税凭证不符合法律、行政法规或者国家税务总局有关规定的,其进项税额不得从销项税额中抵扣。增值税扣税凭证,是指增值税专用发票、海关进口增值税专用缴款书、农产品收购发票、农产品销售发票和完税凭证。

（2）用于简易计税方法计税项目、免征增值税项目、集体福利或者个人消费的购进货物、加工修理修配劳务、服务、无形资产和不动产。其中涉及的固定资产、无形资产、不动产,仅指专用于上述项目的固定资产、无形资产(不包括其他权益性无形资产)、不动产。其中交际应酬消费属于个人消费。

（3）非正常损失的购进货物,以及相关的加工修理修配劳务和交通运输服务,其已实际抵扣的进项税额需作转出处理。

（4）非正常损失的不动产,以及该不动产所耗用的购进货物、设计服务和建筑服务。

（5）非正常损失的不动产在建工程(不动产新建、改建、扩建、修缮、装饰均属于不动产在建工程)所耗用的购进货物、设计服务和建筑服务。

其中:

货物,是指构成不动产实体的材料和设备,包括建筑装饰材料和给排水、采暖、卫生、通风、照明、通讯、煤气、消防、中央空调、电梯、电气、智能化楼宇设备及配套设施。

非正常损失,是指因管理不善造成货物被盗、丢失、霉烂变质,以及因违反法律法规造成货物或者不动产被依法没收、销毁、拆除的情形。

不动产,是指不能移动或者移动后会引起性质、形状改变的财产,包括建筑物、构筑物等。建筑物,包括住宅、商业营业用房、办公楼等可供居住、工作或者进行其他活动的建造物。构筑物,包括道路、桥梁、隧道、水坝等建造物。

无形资产,是指不具实物形态,但能带来经济利益的资产,包括技术、商标、著作权、商誉、自然资源使用权和其他权益性无形资产;技术,包括专利技术和非专利技术;自然资源使用权,包括土地使用权、海域使用权、探矿权、采矿权、取水权和其他自然资源使用权;其他权益性无形资产,包括基础设施资产经营权、公共事业特许权、配额、经营权(包括特许经营权、连锁经营权、其他经营权)、经销权、分销权、代理权、会员权、席位权、网络游戏虚拟道具、域名、名称权、肖像权、冠名权、转会费等。

固定资产,是指使用期限超过12个月的机器、机械、运输工具以及其他与生产经营有关的设备、工具、器具等有形动产。

因用于简易计税方法计税项目、免征增值税项目而无法划分不得抵扣的进项税额，按照下列公式计算不得抵扣的进项税额：

不得抵扣的进项税额＝当期无法划分的全部进项税额×(当期简易计税方法计税项目销售额+免征增值税项目销售额)÷当期全部销售额

已抵扣进项税额的购进货物(不含固定资产)、劳务、服务，发生上述不得抵扣或应做进项税额转出(简易计税方法计税项目、免征增值税项目除外)情形的，应当将该进项税额从当期进项税额中扣减；无法确定该进项税额的，按照当期实际成本计算应扣减的进项税额。

已抵扣进项税额的固定资产、无形资产或者不动产，发生不得抵扣或应做进项税额转出的，按照下列公式计算不得抵扣的进项税额：

不得抵扣的进项税额＝固定资产、无形资产或者不动产净值×适用税率

固定资产、无形资产或者不动产净值，是指根据财务会计制度计提折旧或摊销后的余额。

不得抵扣且未抵扣进项税额的固定资产、无形资产、不动产，发生用途改变，用于允许抵扣进项税额的应税项目，取得合法有效的增值税扣税凭证，可在用途改变的次月按照下列公式，依据合法有效的增值税扣税凭证，计算可以抵扣的进项税额：

可以抵扣的进项税额＝固定资产、无形资产、不动产净值/(1+适用税率)×适用税率

适用一般计税方法计税的，因销售折让、中止或者退回而退还给购买方的增值税额，应当从当期的销项税额中扣减；因销售折让、中止或者退回而收回的增值税额，应当从当期的进项税额中扣减。但有下列情形之一者，应当按照销售额和增值税税率计算应纳税额，不得抵扣进项税额，也不得使用增值税专用发票：

(1)会计核算不健全，或者不能够提供准确税务资料的。

(2)应当办理一般纳税人资格登记而未办理的。

2-1.3.2 简易计税方法

作为小规模纳税人的律师事务所，按简易计税方法计算应纳税额，是指按照销售额和增值税征收率计算的增值税额，不得抵扣进项税额。

应纳税额计算公式：应纳税额＝销售额×征收率

简易计税方法的销售额不包括其应纳税额，纳税人采用销售额和应纳税额合并定价方法的，按下列公式计算销售额：

销售额＝含税销售额÷(1+征收率)

提供的适用简易计税方法计税的应税服务，因服务中止或者折让而退还给接受方的销售额，应当从当期销售额中扣减。扣减当期销售额后仍有余额，造成多缴的税款，可以从以后的应纳税额中扣减。

2-1.3.3 扣缴计税方法

境外单位或者个人在境内发生应税行为,在境内未设有经营机构的,律师事务所作为扣缴义务人按照下列公式计算应扣缴税额:

应扣缴税额=购买方支付的价款÷(1+税率)×税率

2-1.4 销售额的确定

销售额,是指纳税人提供应税服务取得的全部价款和价外费用。价外费用,是指价外收取的各种性质的价外收费,但不包括代为收取的政府性基金或者行政事业性收费及以委托方名义开具发票代委托方收取的款项:

(1)律师事务所收代收付法院诉讼费,不构成增值税价外费用。

(2)律师事务所收代收付仲裁案件收费时,应区别相应仲裁机构的收费是否属于行政事业性收费;若为行政事业性收费的,则不构成增值税价外费用,否则将存在着被认定构成增值税价外费用,从而予以征收增值税。

(3)除前述政府性基金和行政事业性收费之外,律师事务所向客户收取的所有款项,无论是否属于律师费性质,包括代收代付的案件执行款项、提供法律服务同时提供资金监管服务并予以代收代付的款项等,均可能构成应征增值税销售额的构成部分。

销售额以人民币计算。按照人民币以外的货币结算销售额的,应当折合成人民币计算,折合率可以选择销售额发生的当天或者当月1日的人民币汇率中间价。纳税人应当在事先确定采用何种折合率,确定后12个月内不得变更。

律师事务所一项应税行为如果既涉及服务又涉及货物,为混合销售,按照销售服务缴纳增值税。

律师事务所兼营免税、减税项目的,应当分别核算免税、减税项目的销售额;未分别核算的,不得免税、减税。

律师事务所一般纳税人发生应税行为,开具增值税专用发票后,发生开票有误或者销售折让、中止、退回等情形的,应当按照国家税务总局的规定开具红字增值税专用发票;未按照规定开具红字增值税专用发票的,不得扣减销项税额或者销售额。

律师事务所发生应税行为,将价款和折扣额在同一张发票上分别注明的,以折扣后的价款为销售额;未在同一张发票上分别注明的,以价款为销售额,不得扣减折扣额。

律师事务所发生应税行为价格明显偏低或者偏高且不具有合理商业目的的,或者发生视同销售行为,律师事务所并未实际收取律师费的,在计算征收增值税时,税务机关有权依次按照以下三种顺序核定其相应的律师费金额:

(1)按照本律师事务所最近时期提供同类应税服务的平均价格确定。
(2)按照其他律师事务所最近时期提供同类应税服务的平均价格确定。
(3)按照组成计税价格确定。组成计税价格的公式为：
组成计税价格=成本×(1+成本利润率)
成本利润率由国家税务总局确定。

不具有合理商业目的,是指以谋取税收利益为主要目的,通过人为安排,减少、免除、推迟缴纳增值税税款,或者增加退还增值税税款。可以包括增加返还、退税收入,可以包括税法规定的其他收入款项等税收收益。

2-1.5 纳税义务发生时间

律师事务所提供应税服务并收讫销售款项或者取得索取销售款项凭据的当天；先开具发票的,为开具发票的当天。

律师事务所提供应税服务：
(1)签订了书面合同并确定了付款日期的,为书面合同确定的付款日期的当天。
(2)签订了书面合同但未确定付款日期的,为服务完成的当天。
(3)未签订书面合同的,为服务完成的当天。

律师事务所发生视同销售应税服务的,纳税义务发生时间为服务完成的当天。
律师事务所发生下列视同销售货物行为的,为货物移送的当天：
(1)将购进的货物作为投资,提供给其他单位。
(2)将购进的货物分配给合伙人或者投资者。
(3)将购进的货物无偿赠送其他单位或者个人。

增值税扣缴义务发生时间为纳税人增值税纳税义务发生的当天。

2-1.6 纳税地点

应当向其机构所在地或者居住地主管税务机关申报纳税。总机构和分支机构不在同一县(市)的,应当分别向各自所在地的主管税务机关申报纳税；经财政部和国家税务总局或者其授权的财政和税务机关批准,可以由总机构汇总向总机构所在地的主管税务机关申报纳税。

扣缴义务人应当向其机构所在地或者居住地主管税务机关申报缴纳扣缴的税款。

2-1.7 纳税期限

增值税的纳税期限分别为1日、3日、5日、10日、15日、1个月或者1个季度。纳税人的具体纳税期限,由主管税务机关根据纳税人应纳税额的大小分别核定。按固定期限纳税的小规模纳税人可以选择以1个月或1个季度为纳税期限,一经选择,一个会计年度内不得变更。不能按照固定期限纳税的,可以按次纳税。

纳税人以1个月或者1个季度为1个纳税期的,自期满之日起15日内申报纳税;以1日、3日、5日、10日或者15日为1个纳税期的,自期满之日起5日内预缴税款,于次月1日起15日内申报纳税并结清上月应纳税款。

扣缴义务人解缴税款的期限,按照上述规定执行。

2-1.8　增值税优惠政策适用

按照《财政部、税务总局关于增值税小规模纳税人减免增值税政策的公告》(财政部、税务总局公告2023年第19号)的规定,小规模纳税人发生增值税应税行为:

(1)合计月销售额未超过10万元(以1个季度为1个纳税期的,季度销售额未超过30万元,下同)的,免征增值税。当期因开具增值税专用发票已经缴纳的税款,在增值税专用发票全部联次追回或者按规定开具红字专用发票后,可以向主管税务机关申请退还。

(2)合计月销售额超过10万元,但扣除本期发生的销售不动产的销售额后未超过10万元的,其销售货物、劳务、服务、无形资产取得的销售额免征增值税。

(3)《增值税及附加税费申报表(小规模纳税人适用)》中的"免税销售额"相关栏次,填写差额后的销售额。

(4)增值税一般纳税人按规定转登记为小规模纳税人的,自成为小规模纳税人的当月起适用减征优惠。增值税小规模纳税人按规定登记为一般纳税人的,自一般纳税人生效之日起不再适用减征优惠;增值税年应税销售额超过小规模纳税人标准应当登记为一般纳税人而未登记,经税务机关通知,逾期仍不办理登记的,自逾期次月起不再适用减征优惠。

增值税纳税人2011年12月1日(含,下同)以后初次购买增值税税控系统专用设备(包括分开票机)支付的费用,可凭购买增值税税控系统专用设备取得的增值税专用发票,在增值税应纳税额中全额抵减(抵减额为价税合计额),不足抵减的可结转下期继续抵减。增值税纳税人非初次购买增值税税控系统专用设备支付的费用,由其自行负担,不得在增值税应纳税额中抵减:

(1)增值税税控系统包括:增值税防伪税控系统、货物运输业增值税专用发票税控系统、机动车销售统一发票税控系统和公路、内河货物运输业发票税控系统。

(2)增值税防伪税控系统的专用设备包括金税卡、IC卡、读卡器或金税盘和报税盘;货物运输业增值税专用发票税控系统专用设备包括税控盘和报税盘;机动车销售统一发票税控系统和公路、内河货物运输业发票税控系统专用设备包括税控盘和传输盘。

(3)增值税一般纳税人支付的二项费用在增值税应纳税额中全额抵减的,其增值税专用发票不作为增值税抵扣凭证,其进项税额不得从销项税额中抵扣。

(4)增值税税控系统专用设备自购买之日起3年内因质量问题无法正常使用的,由专用设备供应商负责免费维修,无法维修的免费更换。

(5)纳税人在填写纳税申报表时,对可在增值税应纳税额中全额抵减的增值税税控系统专用设备费用以及技术维护费,应按以下要求填报:

①增值税一般纳税人将抵减金额填入《增值税及附加税费申报表(适用于增值税一般纳税人)》第23栏"应纳税额减征额"。当本期减征额小于或等于第19栏"应纳税额"与第21栏"简易计税办法计算的应纳税额"之和时,按本期减征额实际填写;当本期减征额大于第19栏"应纳税额"与第21栏"简易计税办法计算的应纳税额"之和时,按本期第19栏与第21栏之和填写,本期减征额不足抵减部分结转下期继续抵减。

②小规模纳税人将抵减金额填入《增值税及附加税费申报表(小规模纳税人适用)》第16栏"本期应纳税额减征额"。当本期减征额小于或等于第15栏"本期应纳税额"时,按本期减征额实际填写;当本期减征额大于第15栏"本期应纳税额"时,按本期第15栏填写,本期减征额不足抵减部分结转下期继续抵减。

(6)纳税人自行申报享受减征优惠,不需额外提交资料。

(7)纳税人符合条件但未及时申报享受减征优惠的,可依法申请退税或者抵减以后纳税期的应纳税款。

增值税一般纳税人销售自己使用过的固定资产,属于以下两种情形的,可按简易办法依4%征收率减半征收增值税,同时不得开具增值税专用发票:

(1)纳税人购进或者自制固定资产时为小规模纳税人,认定为一般纳税人后销售该固定资产。

(2)增值税一般纳税人发生按简易办法征收增值税应税行为,销售其按照规定不得抵扣且未抵扣进项税额的固定资产。

2-1.9 附加税(费)申报

城市维护建设税、教育费附加、地方教育附加的律师事务所是在征税范围内从事工商经营,并缴纳增值税、消费税、营业税(简称"三税")的单位和个人。

征税范围包括城市市区、县城、建制镇,以及税法规定收"三税"的其他地区。

城市维护建设税以律师事务所实际缴纳的增值税额为计费依据,实行地区差别比例税率。按照律师事务所所在地的不同,税率分别规定为7%、5%、1%三个档次。

具体适用范围是:

律师事务所所在地在城市市区的,税率为7%。

律师事务所所在地在县城、建制镇的,税率为5%。

律师事务所所在地不在城市市区、县城、建制镇的,税率为1%。

教育费附加税率为律师事务所实际缴纳增值税额的3%;地方教育附加的征收标准为律师事务所实际缴纳的"三税"税额的2%。

城市维护建设税、教育费附加、地方教育附加的计税依据均指的是实际缴纳税额,不包括加收的滞纳金和罚款。

自2016年2月1日起,将免征、水利建设基金的范围,由按月纳税的月销售额不超过3万元(按季度纳税的季度销售额不超过9万元)的缴纳义务人,扩大到按月纳税的月销售额不超过10万元(按季度纳税的季度销售额不超过30万元)的缴纳义务人。

自2019年1月1日至2021年12月31日,对月销售额10万元以下(含本数)的增值税小规模纳税人,免征增值税。自2019年1月1日起至2021年12月31日,对河南省增值税小规模纳税人按50%的税额幅度减征资源税(不含水资源税)、城市维护建设税、房产税、城镇土地使用税、印花税(不含证券交易印花税)、耕地占用税和教育费附加、地方教育附加。

增值税小规模纳税人已依法享受资源税、城市维护建设税、房产税、城镇土地使用税、印花税、耕地占用税、教育费附加、地方教育附加其他优惠政策的,可叠加享受上述优惠政策。

随增值税、消费税、营业税附征的城市维护建设税、教育费附加和地方教育附加可免于零申报。

附录2-1:现行适用的《增值税及附加税费申报表(适用于增值税一般纳税人)》

增值税及附加税费申报表
(一般纳税人适用)

根据国家税收法律法规及增值税相关规定制定本表。纳税人不论有无销售额,均应按税务机关核定的纳税期限填写本表,并向当地税务机关申报。

税款所属时间:自 年 月 日至 年 月 日   填表日期: 年 月 日

金额单位:元至角分

纳税人识别号						所属行业:	
纳税人名称	(公章)		法定代表人姓名		注册地址		生产经营地址
开户银行及账号				登记注册类型			电话号码

(续表)

项目		栏次	一般项目		即征即退项目	
			本月数	本年累计	本月数	本年累计
销售额	(一)按适用税率计税销售额	1				
	其中:应税货物销售额	2				
	应税劳务销售额	3				
	纳税检查调整的销售额	4				
	(二)按简易办法计税销售额	5				
	其中:纳税检查调整的销售额	6				
	(三)免、抵、退办法出口销售额	7			—	—
	(四)免税销售额	8			—	—
	其中:免税货物销售额	9			—	—
	免税劳务销售额	10			—	—
税款计算	销项税额	11				
	进项税额	12				
	上期留抵税额	13				
	进项税额转出	14				
	免、抵、退应退税额	15			—	—
	按适用税率计算的纳税检查应补缴税额	16				
	应抵扣税额合计	17=12+13-14-15+16			—	—
	实际抵扣税额	18(如17<11,则为17,否则为11)				
	应纳税额	19=11-18				
	期末留抵税额	20=17-18				—

(续表)

	项目	栏次	一般项目		即征即退项目	
			本月数	本年累计	本月数	本年累计
税款计算	简易计税办法计算的应纳税额	21				
	按简易计税办法计算的纳税检查应补缴税额	22			—	—
	应纳税额减征额	23				
	应纳税额合计	24＝19＋21－23				
税款缴纳	期初未缴税额（多缴为负数）	25				
	实收出口开具专用缴款书退税额	26			—	—
	本期已缴税额	27＝28＋29＋30＋31				
	①分次预缴税额	28			—	—
	②出口开具专用缴款书预缴税额	29				
	③本期缴纳上期应纳税额	30				
	④本期缴纳欠缴税额	31				
	期末未缴税额（多缴为负数）	32＝24＋25＋26－27				
	其中：欠缴税额（≥0）	33＝25＋26－27			—	—
	本期应补(退)税额	34＝24－28－29			—	—
	即征即退实际退税额	35	—	—		
	期初未缴查补税额	36			—	—
	本期入库查补税额	37			—	—
	期末未缴查补税额	38＝16＋22＋36－37			—	—
附加税费	城市维护建设税本期应补(退)税额	39			—	—
	教育费附加本期应补(退)费额	40			—	—

（续表）

附加税费	地方教育附加本期应补（退）费额	41		—	—

声明：此表是根据国家税收法律法规及相关规定填写的，本人（单位）对填报内容（及附带资料）的真实性、可靠性、完整性负责。	纳税人（签章）： 年 月 日
经办人： 经办人身份证号： 代理机构签章： 代理机构统一社会信用代码：	受理人： 受理税务机关（章） 受理日期： 年 月 日

[填表说明]

本纳税申报表及其附列资料填写说明（以下简称本表及填写说明）适用于增值税一般纳税人（以下简称纳税人）。

一、名词解释

（一）本表及填写说明所称"货物"，是指增值税的应税货物。

（二）本表及填写说明所称"劳务"，是指增值税的应税加工、修理、修配劳务。

（三）本表及填写说明所称"服务、不动产和无形资产"，是指销售服务、不动产和无形资产。

（四）本表及填写说明所称"按适用税率计税""按适用税率计算"和"一般计税方法"，均指按"应纳税额=当期销项税额-当期进项税额"公式计算增值税应纳税额的计税方法。

（五）本表及填写说明所称"按简易办法计税""按简易征收办法计算"和"简易计税方法"，均指按"应纳税额=销售额×征收率"公式计算增值税应纳税额的计税方法。

（六）本表及填写说明所称"扣除项目"，是指纳税人销售服务、不动产和无形资产，在确定销售额时，按照有关规定允许其从取得的全部价款和价外费用中扣除价款的项目。

二、《增值税及附加税费申报表（一般纳税人适用）》填写说明

（一）"税款所属时间"：指纳税人申报的增值税应纳税额的所属时间，应填写具体的起止年、月、日。

（二）"填表日期"：指纳税人填写本表的具体日期。

（三）"纳税人识别号"：填写纳税人的税务登记证件号码（统一社会信用代码）。

（四）"所属行业"：按照国民经济行业分类与代码中的小类行业填写。

（五）"纳税人名称"：填写纳税人单位名称全称。

（六）"法定代表人姓名"：填写纳税人法定代表人的姓名。

（七）"注册地址"：填写纳税人税务登记证件所注明的详细地址。

（八）"生产经营地址"：填写纳税人实际生产经营地的详细地址。

（九）"开户银行及账号"：填写纳税人开户银行的名称和纳税人在该银行的结算账户号码。

（十）"登记注册类型"：按纳税人税务登记证件的栏目内容填写。

（十一）"电话号码"：填写可联系到纳税人的常用电话号码。

（十二）"即征即退项目"列：填写纳税人按规定享受增值税即征即退政策的货物、劳务和

服务、不动产、无形资产的征(退)税数据。

(十三)"一般项目"列:填写除享受增值税即征即退政策以外的货物、劳务和服务、不动产、无形资产的征(免)税数据。

(十四)"本年累计"列:一般填写本年度内各月"本月数"之和。其中,第13、20、25、32、36、38栏及第18栏"实际抵扣税额""一般项目"列的"本年累计"分别按本填写说明第(二十七)(三十四)(三十九)(四十六)(五十)(五十二)(三十二)条要求填写。

(十五)第1栏"(一)按适用税率计税销售额":填写纳税人本期按一般计税方法计算缴纳增值税的销售额,包含:在财务上不作销售但按税法规定应缴纳增值税的视同销售和价外费用的销售额;外贸企业作价销售进料加工复出口货物的销售额;税务、财政、审计部门检查后按一般计税方法计算调整的销售额。

营业税改征增值税的纳税人,服务、不动产和无形资产有扣除项目的,本栏应填写扣除之前的不含税销售额。

本栏"一般项目"列"本月数"=《附列资料(一)》第9列第1至5行之和-第9列第6、7行之和;本栏"即征即退项目"列"本月数"=《附列资料(一)》第9列第6、7行之和。

(十六)第2栏"其中:应税货物销售额":填写纳税人本期按适用税率计算增值税的应税货物的销售额。包含在财务上不作销售但按税法规定应缴纳增值税的视同销售货物和价外费用销售额,以及外贸企业作价销售进料加工复出口货物的销售额。

(十七)第3栏"应税劳务销售额":填写纳税人本期按适用税率计算增值税的应税劳务的销售额。

(十八)第4栏"纳税检查调整的销售额":填写纳税人因税务、财政、审计部门检查,并按一般计税方法在本期计算调整的销售额。但享受增值税即征即退政策的货物、劳务和服务、不动产、无形资产,经纳税检查属于偷税的,不填入"即征即退项目"列,而应填入"一般项目"列。

营业税改征增值税的纳税人,服务、不动产和无形资产有扣除项目的,本栏应填写扣除之前的不含税销售额。

本栏"一般项目"列"本月数"=《附列资料(一)》第7列第1至5行之和。

(十九)第5栏"按简易办法计税销售额":填写纳税人本期按简易计税方法计算增值税的销售额。包含纳税检查调整按简易计税方法计算增值税的销售额。

营业税改征增值税的纳税人,服务、不动产和无形资产有扣除项目的,本栏应填写扣除之前的不含税销售额;服务、不动产和无形资产按规定汇总计算缴纳增值税的分支机构,其当期按预征率计算缴纳增值税的销售额也填入本栏。

本栏"一般项目"列"本月数"≥《附列资料(一)》第9列第8至13b行之和-第9列第14、15行之和;本栏"即征即退项目"列"本月数"≥《附列资料(一)》第9列第14、15行之和。

(二十)第6栏"其中:纳税检查调整的销售额":填写纳税人因税务、财政、审计部门检查,并按简易计税方法在本期计算调整的销售额。但享受增值税即征即退政策的货物、劳务和服务、不动产、无形资产,经纳税检查属于偷税的,不填入"即征即退项目"列,而应填入"一般项目"列。

营业税改征增值税的纳税人,服务、不动产和无形资产有扣除项目的,本栏应填写扣除之前的不含税销售额。

(二十一)第7栏"免、抵、退办法出口销售额":填写纳税人本期适用免、抵、退税办法的出口货物、劳务和服务、无形资产的销售额。

营业税改征增值税的纳税人，服务、无形资产有扣除项目的，本栏应填写扣除之前的销售额。

本栏"一般项目"列"本月数"=《附列资料（一）》第9列第16、17行之和。

（二十二）第8栏"免税销售额"：填写纳税人本期按照税法规定免征增值税的销售额和适用零税率的销售额，但零税率的销售额中不包括适用免、抵、退税办法的销售额。

营业税改征增值税的纳税人，服务、不动产和无形资产有扣除项目的，本栏应填写扣除之前的免税销售额。

本栏"一般项目"列"本月数"=《附列资料（一）》第9列第18、19行之和。

（二十三）第9栏"其中：免税货物销售额"：填写纳税人本期按照税法规定免征增值税的货物销售额及适用零税率的货物销售额，但零税率的销售额中不包括适用免、抵、退税办法出口货物的销售额。

（二十四）第10栏"免税劳务销售额"：填写纳税人本期按照税法规定免征增值税的劳务销售额及适用零税率的劳务销售额，但零税率的销售额中不包括适用免、抵、退税办法的劳务的销售额。

（二十五）第11栏"销项税额"：填写纳税人本期按一般计税方法计税的货物、劳务和服务、不动产、无形资产的销项税额。

营业税改征增值税的纳税人，服务、不动产和无形资产有扣除项目的，本栏应填写扣除之后的销项税额。

本栏"一般项目"列"本月数"=《附列资料（一）》（第10列第1、3行之和-第10列第6行）+（第14列第2、4、5行之和-第14列第7行）；

本栏"即征即退项目"列"本月数"=《附列资料（一）》第10列第6行+第14列第7行。

（二十六）第12栏"进项税额"：填写纳税人本期申报抵扣的进项税额。

本栏"一般项目"列"本月数"+"即征即退项目"列"本月数"=《附列资料（二）》第12栏"税额"。

（二十七）第13栏"上期留抵税额"："本月数"按上一税款所属期申报表第20栏"期末留抵税额""本月数"填写。本栏"一般项目"列"本年累计"不填写。

（二十八）第14栏"进项税额转出"：填写纳税人已经抵扣，但按税法规定本期应转出的进项税额。

本栏"一般项目"列"本月数"+"即征即退项目"列"本月数"=《附列资料（二）》第13栏"税额"。

（二十九）第15栏"免、抵、退应退税额"：反映税务机关退税部门按照出口货物、劳务和服务、无形资产免、抵、退办法审批的增值税应退税额。

（三十）第16栏"按适用税率计算的纳税检查应补缴税额"：填写税务、财政、审计部门检查，按一般计税方法计算的纳税检查应补缴的增值税税额。

本栏"一般项目"列"本月数"≤《附列资料（一）》第8列第1至5行之和+《附列资料（二）》第19栏。

（三十一）第17栏"应抵扣税额合计"：填写纳税人本期应抵扣进项税额的合计数。按表中所列公式计算填写。

（三十二）第18栏"实际抵扣税额"："本月数"按表中所列公式计算填写。本栏"一般项目"列"本年累计"不填写。

（三十三）第19栏"应纳税额"：反映纳税人本期按一般计税方法计算并应缴纳的增值税额。

1. 适用加计抵减政策的纳税人，按以下公式填写。

本栏"一般项目"列"本月数"=第11栏"销项税额""一般项目"列"本月数"-第18栏"实际抵扣税额""一般项目"列"本月数"-"实际抵减额"；

本栏"即征即退项目"列"本月数"=第11栏"销项税额""即征即退项目"列"本月数"-第18栏"实际抵扣税额""即征即退项目"列"本月数"-"实际抵减额"。

适用加计抵减政策的纳税人是指，按照规定计提加计抵减额，并可从本期适用一般计税方法计算的应纳税额中抵减的纳税人（下同）。"实际抵减额"是指按照规定可从本期适用一般计税方法计算的应纳税额中抵减的加计抵减额，分别对应《附列资料（四）》第6行"一般项目加计抵减额计算"、第7行"即征即退项目加计抵减额计算"的"本期实际抵减额"列。

2. 其他纳税人按表中所列公式填写。

（三十四）第20栏"期末留抵税额"："本月数"按表中所列公式填写。本栏"一般项目"列"本年累计"不填写。

（三十五）第21栏"简易计税办法计算的应纳税额"：反映纳税人本期按简易计税方法计算并应缴纳的增值税额，但不包括按简易计税方法计算的纳税检查应补缴税额。按以下公式计算填写：

本栏"一般项目"列"本月数"=《附列资料（一）》(第10列第8、9a、10、11行之和-第10列第14行)+(第14列第9b、12、13a、13b行之和-第14列第15行)；

本栏"即征即退项目"列"本月数"=《附列资料（一）》第10列第14行+第14列第15行。

营业税改征增值税的纳税人，服务、不动产和无形资产按规定汇总计算缴纳增值税的分支机构，应将预征增值税额填入本栏。预征增值税额=应预征增值税的销售额×预征率。

（三十六）第22栏"按简易计税办法计算的纳税检查应补缴税额"：填写纳税人本期因税务、财政、审计部门检查并按简易计税方法计算的纳税检查应补缴税额。

（三十七）第23栏"应纳税额减征额"：填写纳税人本期按照税法规定减征的增值税应纳税额。包含按照规定可在增值税应纳税额中全额抵减的增值税税控系统专用设备费用以及技术维护费。

当本期减征额小于或等于第19栏"应纳税额"与第21栏"简易计税办法计算的应纳税额"之和时，按本期减征额实际填写；当本期减征额大于第19栏"应纳税额"与第21栏"简易计税办法计算的应纳税额"之和时，按本期第19栏与第21栏之和填写。本期减征额不足抵减部分结转下期继续抵减。

（三十八）第24栏"应纳税额合计"：反映纳税人本期应缴增值税的合计数。按表中所列公式计算填写。

（三十九）第25栏"期初未缴税额（多缴为负数）"："本月数"按上一税款所属期申报表第32栏"期末未缴税额（多缴为负数）""本月数"填写。"本年累计"按上年度最后一个税款所属期申报表第32栏"期末未缴税额（多缴为负数）""本年累计"填写。

（四十）第26栏"实收出口开具专用缴款书退税额"：本栏不填写。

（四十一）第27栏"本期已缴税额"：反映纳税人本期实际缴纳的增值税额，但不包括本期入库的查补税款。按表中所列公式计算填写。

（四十二）第28栏"①分次预缴税额"：填写纳税人本期已缴纳的准予在本期增值税应纳

税额中抵减的税额。

营业税改征增值税的纳税人,分以下几种情况填写:

1. 服务、不动产和无形资产按规定汇总计算缴纳增值税的总机构,其可以从本期增值税应纳税额中抵减的分支机构已缴纳的税款,按当期实际可抵减数填入本栏,不足抵减部分结转下期继续抵减。

2. 销售建筑服务并按规定预缴增值税的纳税人,其可以从本期增值税应纳税额中抵减的已缴纳的税款,按当期实际可抵减数填入本栏,不足抵减部分结转下期继续抵减。

3. 销售不动产并按规定预缴增值税的纳税人,其可以从本期增值税应纳税额中抵减的已缴纳的税款,按当期实际可抵减数填入本栏,不足抵减部分结转下期继续抵减。

4. 出租不动产并按规定预缴增值税的纳税人,其可以从本期增值税应纳税额中抵减的已缴纳的税款,按当期实际可抵减数填入本栏,不足抵减部分结转下期继续抵减。

(四十三)第29栏"②出口开具专用缴款书预缴税额":本栏不填写。

(四十四)第30栏"③本期缴纳上期应纳税额":填写纳税人本期缴纳上一税款所属期应缴未缴的增值税额。

(四十五)第31栏"④本期缴纳欠缴税额":反映纳税人本期实际缴纳和留抵税额抵减的增值税欠税额,但不包括缴纳入库的查补增值税额。

(四十六)第32栏"期末未缴税额(多缴为负数)":"本月数"反映纳税人本期期末应缴未缴的增值税额,但不包括纳税检查应缴未缴的税额。按表中所列公式计算填写。"本年累计"与"本月数"相同。

(四十七)第33栏"其中:欠缴税额(≥0)":反映纳税人按照税法规定已形成欠税的增值税额。按表中所列公式计算填写。

(四十八)第34栏"本期应补(退)税额":反映纳税人本期应纳税额中应补缴或应退回的数额。按表中所列公式计算填写。

(四十九)第35栏"即征即退实际退税额":反映纳税人本期因符合增值税即征即退政策规定,而实际收到的税务机关退回的增值税额。

(五十)第36栏"期初未缴查补税额":"本月数"按上一税款所属期申报表第38栏"期末未缴查补税额""本月数"填写。"本年累计"按上年度最后一个税款所属期申报表第38栏"期末未缴查补税额""本年累计"填写。

(五十一)第37栏"本期入库查补税额":反映纳税人本期因税务、财政、审计部门检查而实际入库的增值税额,包括按一般计税方法计算并实际缴纳的查补增值税额和按简易计税方法计算并实际缴纳的查补增值税额。

(五十二)第38栏"期末未缴查补税额":"本月数"反映纳税人接受纳税检查后应在本期期末缴纳而未缴纳的查补增值税额。按表中所列公式计算填写,"本年累计"与"本月数"相同。

(五十三)第39栏"城市维护建设税本期应补(退)税额":填写纳税人按税法规定应当缴纳的城市维护建设税。本栏"一般项目"列"本月数"=《附列资料(五)》第1行第11列。

(五十四)第40栏"教育费附加本期应补(退)费额":填写纳税人按规定应当缴纳的教育费附加。本栏"一般项目"列"本月数"=《附列资料(五)》第2行第11列。

(五十五)第41栏"地方教育附加本期应补(退)费额":填写纳税人按规定应当缴纳的地方教育附加。本栏"一般项目"列"本月数"=《附列资料(五)》第3行第11列。

附录 2-1-1:现行适用的《增值税及附加税费申报表附列资料(一)(本期销售情况明细)》

增值税及附加税费申报表附列资料(一)
(本期销售情况明细)

税款所属时间: 年 月 日至 年 月 日

纳税人名称:(公章)　　　　　　　　　　　　　　　　　金额单位: 元至 角 分

项目及栏次		开具增值税专用发票		开具其他发票		未开具发票		纳税检查调整		合计		价税合计	服务、不动产和无形资产扣除项目本期实际扣除金额	扣除后	
		销售额	销项(应纳)税额	销售额	销项(应纳)税额	销售额	销项(应纳)税额	销售额	销项(应纳)税额	销售额	销项(应纳)税额			含税(免税)销售额	销项(应纳)税额
		1	2	3	4	5	6	7	8	9=1+3+5+7	10=2+4+6+8	11=9+10	12	13=11-12	14=13÷(100%+税率或征收率)×税率或征收率
一、一般计税方法计税	全部征税项目	13%税率的货物及加工修理修配劳务	1											—	—	—	—
		13%税率的服务、不动产和无形资产	2														
		9%税率的货物及加工修理修配劳务	3											—	—	—	—
		9%税率的服务、不动产和无形资产	4														
		6%税率	5														

（续表）

项目及栏次	开具增值税专用发票		开具其他发票		未开具发票		纳税检查调整		合计			服务、不动产和无形资产扣除项目本期实际扣除金额	扣除后	
	销售额	销项（应纳）税额	销售额	销项（应纳）税额	销售额	销项（应纳）税额	销售额	销项（应纳）税额	销售额	销项（应纳）税额	价税合计		含税（免税）销售额	销项（应纳）税额
	1	2	3	4	5	6	7	8	9=1+3+5+7	10=2+4+6+8	11=9+10	12	13=11−12	14=13÷(100%+税率或征收率)×税率或征收率
一、一般计税方法计税 其中：即征即退项目 即征即退货物及加工修理修配劳务	6	—	—	—	—	—	—	—	—			—	—	—
即征即退服务、不动产和无形资产	7													
二、简易计税方法计税 全部征税项目 6%征收率	8						—	—				—	—	—
5%征收率的货物及加工修理修配劳务	9a						—	—				—	—	—
5%征收率的服务、不动产和无形资产	9b						—	—						
4%征收率	10						—	—				—	—	—
3%征收率的货物及加工修理修配劳务	11						—	—				—	—	—

（续表）

项目及栏次			开具增值税专用发票	开具其他发票	未开具发票	纳税检查调整	合计		价税合计	服务、不动产和无形资产扣除项目本期实际扣除金额	扣除后	
			销售额	销项（应纳）税额	销售额	销项（应纳）税额	销售额	销项（应纳）税额	销售额	销项（应纳）税额		含税（免税）销售额	销项（应纳）税额
			1	2	3	4	5	6	7	8	9=1+3+5+7	10=2+4+6+8	11=9+10	12	13=11-12	14=13÷(100%+税率或征收率)×税率或征收率
二、简易计税方法计税	全部征税项目	3%征收率的服务、不动产和无形资产	12											
		预征率%	13a						—	—				
		预征率%	13b						—	—				
		预征率%	13c											
	其中：即征即退项目	即征即退货物及加工修理修配劳务	14	—	—	—	—	—	—			—	—	—
		即征即退服务、不动产和无形资产	15	—	—	—	—	—	—			—	—	—
三、免抵退税	货物及加工修理修配劳务		16	—	—	—	—	—	—			—	—	—
	服务、不动产和无形资产		17	—	—	—	—	—	—		—			—

（续表）

项目及栏次	开具增值税专用发票		开具其他发票		未开具发票		纳税检查调整		合计			服务、不动产和无形资产扣除项目本期实际扣除金额	扣除后	
	销售额	销项（应纳）税额	销售额	销项（应纳）税额	销售额	销项（应纳）税额	销售额	销项（应纳）税额	销售额	销项（应纳）税额	价税合计		含税（免税）销售额	销项（应纳）税额
	1	2	3	4	5	6	7	8	9＝1+3+5+7	10＝2+4+6+8	11＝9+10	12	13＝11-12	14＝13÷(100%+税率或征收率)×税率或征收率
四、免税 货物及加工修理修配劳务	18	—	—	—	—	—	—	—	—	—	—	—	—	—
服务、不动产和无形资产	19	—	—	—	—	—	—	—	—	—	—	—	—	—

[填写说明]：

（一）"税款所属时间""纳税人名称"的填写同《增值税及附加税费申报表（一般纳税人适用）》（以下简称主表）。

（二）各列说明

1. 第1至2列"开具增值税专用发票"：反映本期开具增值税专用发票（含税控机动车销售统一发票，下同）的情况。

2. 第3至4列"开具其他发票"：反映除增值税专用发票以外本期开具的其他发票的情况。

3. 第5至6列"未开具发票"：反映本期未开具发票的销售情况。

4. 第7至8列"纳税检查调整"：反映经税务、财政、审计部门检查并在本期调整的销售情况。

5. 第9至11列"合计"：按照表中所列公式填写。

营业税改征增值税的纳税人，服务、不动产和无形资产有扣除项目的，第1至11列应填写扣除之前的征（免）税销售额、销项（应纳）税额和价税合计额。

6. 第12列"服务、不动产和无形资产扣除项目本期实际扣除金额"：营业税改征增值税的纳税人，服务、不动产和无形资产有扣除项目的，按《附列资料（三）》第5列对应各行次数据填写，其中本列第5栏等于《附列资料（三）》第5列第3行与第4行之和；服务、不动产和无形资产无扣除项目的,本列填写"0"。其他纳税人不填写。

营业税改征增值税的纳税人,服务、不动产和无形资产按规定汇总计算缴纳增值税的分支机构,当期服务、不动产和无形资产有扣除项目的,填入本列第13行。

7. 第13列"扣除后""含税(免税)销售额":营业税改征增值税的纳税人,服务、不动产和无形资产有扣除项目的,本列各行次=第11列对应各行次-第12列对应各行次。其他纳税人不填写。

8. 第14列"扣除后""销项(应纳)税额":营业税改征增值税的纳税人,按以下要求填写本列,其他纳税人不填写。

(1)服务、不动产和无形资产按照一般计税方法计税

本列第2行、第4行:若本行第12列为0,则该行次第14列等于第10列。若本行第12列不为0,则仍按照第14列所列公式计算。计算后的结果与纳税人实际计提销项税额有差异的,按实际填写。

本列第5行=第13列÷(100%+对应行次税率)×对应行次税率。

本列第7行"按一般计税方法计税的即征即退服务、不动产和无形资产"具体填写要求见"各行说明"第2条第(2)项第③点的说明。

(2)服务、不动产和无形资产按照简易计税方法计税

本列各行次=第13列÷(100%+对应行次征收率)×对应行次征收率。

本列第13行"预征率 %"不按本列的说明填写。具体填写要求见"各行说明"第4条第(2)项。

(3)服务、不动产和无形资产实行免抵退税或免税的,本列不填写。

(三)各行说明

1. 第1至5行"一、一般计税方法计税""全部征税项目"各行:按不同税率和项目分别填写按一般计税方法计算增值税的全部征税项目。有即征即退征税项目的纳税人,本部分数据中既包括即征即退税项目,又包括不享受即征即退政策的一般征税项目。

2. 第6至7行"一、一般计税方法计税""其中:即征即退项目"各行:只反映按一般计税方法计算增值税的即征即退项目。按照税法规定不享受即征即退政策的纳税人,不填写本行。即征即退项目是全部征税项目的其中数。

(1)第6行"即征即退货物及加工修理修配劳务":反映按一般计税方法计算增值税且享受即征即退政策的货物和加工修理修配劳务。本行不包括服务、不动产和无形资产的内容。

①本行第9列"合计""销售额"栏:反映按一般计税方法计算增值税且享受即征即退政策的货物及加工修理修配劳务的不含税销售额。该栏不按第9列所列公式计算,应按照税法规定据实填写。

②本行第10列"合计""销项(应纳)税额"栏:反映按一般计税方法计算增值税且享受即征即退政策的货物及加工修理修配劳务的销项税额。该栏不按第10列所列公式计算,应按照税法规定据实填写。

(2)第7行"即征即退服务、不动产和无形资产":反映按一般计税方法计算增值税且享受即征即退政策的服务、不动产和无形资产。本行不包括货物及加工修理修配劳务的内容。

①本行第9列"合计""销售额"栏:反映按一般计税方法计算增值税且享受即征即退政策的服务、不动产和无形资产的不含税销售额。服务、不动产和无形资产有扣除项目的,按扣除

之前的不含税销售额填写。该栏不按第9列所列公式计算,应按照税法规定据实填写。

②本行第10列"合计""销项(应纳)税额"栏:反映按一般计税方法计算增值税且享受即征即退政策的服务、不动产和无形资产的销项税额。服务、不动产和无形资产有扣除项目的,按扣除之前的销项税额填写。该栏不按第10列所列公式计算,应按照税法规定据实填写。

③本行第14列"扣除后""销项(应纳)税额"栏:反映按一般计税方法征收增值税且享受即征即退政策的服务、不动产和无形资产实际应计提的销项税额。服务、不动产和无形资产有扣除项目的,按扣除之后的销项税额填写;服务、不动产和无形资产无扣除项目的,按本行第10列填写。该栏不按第14列所列公式计算,应按照税法规定据实填写。

3. 第8至12行"二、简易计税方法计税""全部征税项目"各行:按不同征收率和项目分别填写按简易计税方法计算增值税的全部征税项目。有即征即退税项目的纳税人,本部分数据中既包括即征即退项目,也包括不享受即征即退政策的一般征税项目。

4. 第13a至13c行"二、简易计税方法计税""预征率％":反映营业税改征增值税的纳税人,服务、不动产和无形资产按规定汇总计算缴纳增值税的分支机构,预征增值税销售额、预征增值税应纳税额。其中,第13a行"预征率％"适用于所有实行汇总计算缴纳增值税的分支机构纳税人;第13b、13c行"预征率％"适用于部分实行汇总计算缴纳增值税的铁路运输纳税人。

(1)第13a至13c行第1至6列按照销售额和销项税额的实际发生数填写。

(2)第13a至13c行第14列,纳税人按"应预缴纳的增值税＝应预征增值税销售额×预征率"公式计算后据实填写。

5. 第14至15行"二、简易计税方法计税""其中:即征即退项目"各行:只反映按简易计税方法计算增值税的即征即退项目。按照税法规定不享受即征即退政策的纳税人,不填写本行。即征即退项目是全部征税项目的其中数。

(1)第14行"即征即退货物及加工修理修配劳务":反映按简易计税方法计算增值税且享受即征即退政策的货物及加工修理修配劳务。本行不包括服务、不动产和无形资产的内容。

①本行第9列"合计""销售额"栏:反映按简易计税方法计算增值税且享受即征即退政策的货物及加工修理修配劳务的不含税销售额。该栏不按第9列所列公式计算,应按照税法规定据实填写。

②本行第10列"合计""销项(应纳)税额"栏:反映按简易计税方法计算增值税且享受即征即退政策的货物及加工修理修配劳务的应纳税额。该栏不按第10列所列公式计算,应按照税法规定据实填写。

(2)第15行"即征即退服务、不动产和无形资产":反映按简易计税方法计算增值税且享受即征即退政策的服务、不动产和无形资产。本行不包括货物及加工修理修配劳务的内容。

①本行第9列"合计""销售额"栏:反映按简易计税方法计算增值税且享受即征即退政策的服务、不动产和无形资产的不含税销售额。服务、不动产和无形资产有扣除项目的,按扣除之前的不含税销售额填写。该栏不按第9列所列公式计算,应按照税法规定据实填写。

②本行第10列"合计""销项(应纳)税额"栏:反映按简易计税方法计算增值税且享受即征即退政策的服务、不动产和无形资产的应纳税额。服务、不动产和无形资产有扣除项目的,按扣除之前的应纳税额填写。该栏不按第10列所列公式计算,应按照税法规定据实填写。

③本行第14列"扣除后""销项(应纳)税额"栏:反映按简易计税方法计算增值税且享受即征即退政策的服务、不动产和无形资产实际应计提的应纳税额。服务、不动产和无形资产有

扣除项目的,按扣除之后的应纳税额填写;服务、不动产和无形资产无扣除项目的,按本行第10列填写。

6. 第16行"三、免抵退税""货物及加工修理修配劳务":反映适用免、抵、退税政策的出口货物、加工修理修配劳务。

7. 第17行"三、免抵退税""服务、不动产和无形资产":反映适用免、抵、退税政策的服务、不动产和无形资产。

8. 第18行"四、免税""货物及加工修理修配劳务":反映按照税法规定免征增值税的货物及劳务和适用零税率的出口货物及劳务,但零税率的销售额中不包括适用免、抵、退税办法的出口货物及劳务。

9. 第19行"四、免税""服务、不动产和无形资产":反映按照税法规定免征增值税的服务、不动产、无形资产和适用零税率的服务、不动产、无形资产,但零税率的销售额中不包括适用免、抵、退税办法的服务、不动产和无形资产。

附录2-1-2:现行适用的《增值税及附加税费申报表附列资料(二)(本期进项税额明细)》

增值税及附加税费申报表附列资料(二)
(本期进项税额明细)

税款所属时间: 年 月 日至 年 月 日

纳税人名称:(公章)　　　　　金额单位:元至角分

一、申报抵扣的进项税额				
项目	栏次	份数	金额	税额
(一)认证相符的增值税专用发票	1=2+3			
其中:本期认证相符且本期申报抵扣	2			
前期认证相符且本期申报抵扣	3			
(二)其他扣税凭证	4=5+6+7+8a+8b			
其中:海关进口增值税专用缴款书	5			
农产品收购发票或者销售发票	6			
代扣代缴税收缴款凭证	7		—	
加计扣除农产品进项税额	8a	—	—	
其他	8b			
(三)本期用于购建不动产的扣税凭证	9			
(四)本期用于抵扣的旅客运输服务扣税凭证	10			
(五)外贸企业进项税额抵扣证明	11	—	—	
当期申报抵扣进项税额合计	12=1+4+11			

(续表)

二、进项税额转出额		
项目	栏次	税额
本期进项税额转出额	13 = 14 至 23 之和	
其中:免税项目用	14	
集体福利、个人消费	15	
非正常损失	16	
简易计税方法征税项目用	17	
免抵退税办法不得抵扣的进项税额	18	
纳税检查调减进项税额	19	
红字专用发票信息表注明的进项税额	20	
上期留抵税额抵减欠税	21	
上期留抵税额退税	22	
其他应作进项税额转出的情形	23	

三、待抵扣进项税额				
项目	栏次	份数	金额	税额
(一)认证相符的增值税专用发票	24	—	—	—
期初已认证相符但未申报抵扣	25			
本期认证相符且本期未申报抵扣	26			
期末已认证相符但未申报抵扣	27			
其中:按照税法规定不允许抵扣	28			
(二)其他扣税凭证	29 = 30 至 33 之和			
其中:海关进口增值税专用缴款书	30			
农产品收购发票或者销售发票	31			
代扣代缴税收缴款凭证	32		—	
其他	33			
	34			

四、其他				
项目	栏次	份数	金额	税额
本期认证相符的增值税专用发票	35			
代扣代缴税额	36	—	—	

[填表说明]：

（一）"税款所属时间""纳税人名称"的填写同主表。

（二）第1至12栏"一、申报抵扣的进项税额"：分别反映纳税人按税法规定符合抵扣条件，在本期申报抵扣的进项税额。

1. 第1栏"（一）认证相符的增值税专用发票"：反映纳税人取得的认证相符本期申报抵扣的增值税专用发票情况。该栏应等于第2栏"本期认证相符且本期申报抵扣"与第3栏"前期认证相符且本期申报抵扣"数据之和。适用取消增值税发票认证规定的纳税人，通过增值税发票选择确认平台选择用于抵扣的增值税专用发票，视为"认证相符"（下同）。

2. 第2栏"其中：本期认证相符且本期申报抵扣"：反映本期认证相符且本期申报抵扣的增值税专用发票的情况。本栏是第1栏的其中数，本栏只填写本期认证相符且本期申报抵扣的部分。

3. 第3栏"前期认证相符且本期申报抵扣"：反映前期认证相符且本期申报抵扣的增值税专用发票的情况。

辅导期纳税人依据税务机关告知的稽核比对结果通知书及明细清单注明的稽核相符的增值税专用发票填写本栏。本栏是第1栏的其中数。

纳税人本期申报抵扣的收费公路通行费增值税电子普通发票（以下简称通行费电子发票）应当填写在第1至3栏对应栏次中。

第1至3栏中涉及的增值税专用发票均不包含从小规模纳税人处购进农产品时取得的专用发票，但购进农产品未分别核算用于生产销售13%税率货物和其他货物服务的农产品进项税额情况除外。

4. 第4栏"（二）其他扣税凭证"：反映本期申报抵扣的除增值税专用发票之外的其他扣税凭证的情况。具体包括：海关进口增值税专用缴款书、农产品收购发票或者销售发票（含农产品核定扣除的进项税额）、代扣代缴税收完税凭证、加计扣除农产品进项税额和其他符合政策规定的扣税凭证。该栏应等于第5至8b栏之和。

5. 第5栏"海关进口增值税专用缴款书"：反映本期申报抵扣的海关进口增值税专用缴款书的情况。按规定执行海关进口增值税专用缴款书先比对后抵扣的，纳税人需依据税务机关告知的稽核比对结果通知书及明细清单注明的稽核相符的海关进口增值税专用缴款书填写本栏。

6. 第6栏"农产品收购发票或者销售发票"：反映纳税人本期购进农业生产者自产农产品取得（开具）的农产品收购发票或者销售发票情况。从小规模纳税人处购进农产品时取得增值税专用发票情况填写本栏，但购进农产品未分别核算用于生产销售13%税率货物和其他货物服务的农产品进项税额情况除外。

"税额"栏＝农产品销售发票或者收购发票上注明的农产品买价×9%＋增值税专用发票上注明的金额×9%。

上述公式中的"增值税专用发票"是指纳税人从小规模纳税人处购进农产品时取得的专用发票。

执行农产品增值税进项税额核定扣除办法的，填写当期允许抵扣的农产品增值税进项税额，不填写"份数""金额"。

7. 第7栏"代扣代缴税收缴款凭证"：填写本期按规定准予抵扣的完税凭证上注明的增值税额。

8. 第8a栏"加计扣除农产品进项税额"：填写纳税人将购进的农产品用于生产销售或委

托受托加工13%税率货物时加计扣除的农产品进项税额。该栏不填写"份数""金额"。

9. 第8b栏"其他":反映按规定本期可以申报抵扣的其他扣税凭证情况。

纳税人按照规定不得抵扣且未抵扣进项税额的固定资产、无形资产、不动产,发生用途改变,用于允许抵扣进项税额的应税项目,可在用途改变的次月将按公式计算出的可以抵扣的进项税额,填入本栏"税额"中。

10. 第9栏"(三)本期用于购建不动产的扣税凭证":反映按规定本期用于购建不动产的扣税凭证上注明的金额和税额。

购建不动产是指纳税人2016年5月1日后取得并在会计制度上按固定资产核算的不动产或者2016年5月1日后取得的不动产在建工程。

取得不动产,包括以直接购买、接受捐赠、接受投资入股、自建以及抵债等各种形式取得不动产,不包括房地产开发企业自行开发的房地产项目。

本栏次包括第1栏中本期用于购建不动产的增值税专用发票和第4栏中本期用于购建不动产的其他扣税凭证。

本栏"金额""税额"≥0。

11. 第10栏"(四)本期用于抵扣的旅客运输服务扣税凭证":反映按规定本期购进旅客运输服务,所取得的扣税凭证上注明或按规定计算的金额和税额。

本栏次包括第1栏中按规定本期允许抵扣的购进旅客运输服务取得的增值税专用发票和第4栏中按规定本期允许抵扣的购进旅客运输服务取得的其他扣税凭证。

本栏"金额""税额"≥0。

第9栏"(三)本期用于购建不动产的扣税凭证"+第10栏"(四)本期用于抵扣的旅客运输服务扣税凭证"税额≤第1栏"认证相符的增值税专用发票"+第4栏"其他扣税凭证"税额。

12. 第11栏"(五)外贸企业进项税额抵扣证明":填写本期申报抵扣的税务机关出口退税部门开具的《出口货物转内销证明》列明允许抵扣的进项税额。

13. 第12栏"当期申报抵扣进项税额合计":反映本期申报抵扣进项税额的合计数。按表中所列公式计算填写。

(三)第13至23栏"二、进项税额转出额"各栏:分别反映纳税人已经抵扣但按规定应在本期转出的进项税额明细情况。

1. 第13栏"本期进项税额转出额":反映已经抵扣但按规定应在本期转出的进项税额合计数。按表中所列公式计算填写。

2. 第14栏"免税项目用":反映用于免征增值税项目,按规定应在本期转出的进项税额。

3. 第15栏"集体福利、个人消费":反映用于集体福利或者个人消费,按规定应在本期转出的进项税额。

4. 第16栏"非正常损失":反映纳税人发生非正常损失,按规定应在本期转出的进项税额。

5. 第17栏"简易计税方法征税项目用":反映用于按简易计税方法征税项目,按规定应在本期转出的进项税额。

营业税改征增值税的纳税人,服务、不动产和无形资产按规定汇总计算缴纳增值税的分支机构,当期应由总机构汇总的进项税额也填入本栏。

6. 第18栏"免抵退税办法不得抵扣的进项税额":反映按照免、抵、退税办法的规定,由于征税税率与退税税率存在税率差,在本期应转出的进项税额。

7. 第19栏"纳税检查调减进项税额":反映税务、财政、审计部门检查后而调减的进项税额。

8. 第20栏"红字专用发票信息表注明的进项税额":填写增值税发票管理系统校验通过的《开具红字增值税专用发票信息表》注明的在本期应转出的进项税额。

9. 第21栏"上期留抵税额抵减欠税":填写本期经税务机关同意,使用上期留抵税额抵减欠税的数额。

10. 第22栏"上期留抵税额退税":填写本期经税务机关批准的上期留抵税额退税额。

11. 第23栏"其他应作进项税额转出的情形":反映除上述进项税额转出情形外,其他应在本期转出的进项税额。

(四)第24至34栏"三、待抵扣进项税额"各栏:分别反映纳税人已经取得,但按税法规定不符合抵扣条件,暂不予在本期申报抵扣的进项税额情况及按税法规定不允许抵扣的进项税额情况。

1. 第24至28栏涉及的增值税专用发票均不包括从小规模纳税人处购进农产品时取得的专用发票,但购进农产品未分别核算用于生产销售13%税率货物和其他货物服务的农产品进项税额情况除外。

2. 第25栏"期初已认证相符但未申报抵扣":反映前期认证相符,但按照税法规定暂不予抵扣及不允许抵扣,结存至本期的增值税专用发票情况。辅导期纳税人填写认证相符但未收到稽核比对结果的增值税专用发票期初情况。

3. 第26栏"本期认证相符且本期未申报抵扣":反映本期认证相符,但按税法规定暂不予抵扣及不允许抵扣,而未申报抵扣的增值税专用发票情况。辅导期纳税人填写本期认证相符但未收到稽核比对结果的增值税专用发票情况。

4. 第27栏"期末已认证相符但未申报抵扣":反映截至本期期末,按照税法规定仍暂不予抵扣及不允许抵扣且已认证相符的增值税专用发票情况。辅导期纳税人填写截至本期期末已认证相符但未收到稽核比对结果的增值税专用发票期末情况。

5. 第28栏"其中:按照税法规定不允许抵扣":反映截至本期期末已认证相符但未申报抵扣的增值税专用发票中,按照税法规定不允许抵扣的增值税专用发票情况。

纳税人本期期末已认证相符待抵扣的通行费电子发票应当填写在第24至28栏对应栏次中。

6. 第29栏"(二)其他扣税凭证":反映截至本期期末仍未申报抵扣的除增值税专用发票之外的其他扣税凭证情况。具体包括:海关进口增值税专用缴款书、农产品收购发票或者销售发票、代扣代缴税收完税凭证和其他符合政策规定的扣税凭证。该栏应等于第30至33栏之和。

7. 第30栏"海关进口增值税专用缴款书":反映已取得但截至本期期末仍未申报抵扣的海关进口增值税专用缴款书情况,包括纳税人未收到稽核比对结果的海关进口增值税专用缴款书情况。

8. 第31栏"农产品收购发票或者销售发票":反映已取得但截至本期期末仍未申报抵扣的农产品收购发票或者农产品销售发票情况。从小规模纳税人处购进农产品时取得增值税专用发票情况填写在本栏,但购进农产品未分别核算用于生产销售13%税率货物和其他货物服务的农产品进项税额情况除外。

9. 第32栏"代扣代缴税收缴款凭证":反映已取得但截至本期期末仍未申报抵扣的代扣

代缴税收完税凭证情况。

10. 第33栏"其他":反映已取得但截至本期期末仍未申报抵扣的其他扣税凭证的情况。

(五)第35至36栏"四、其他"各栏。

1. 第35栏"本期认证相符的增值税专用发票":反映本期认证相符的增值税专用发票的情况。纳税人本期认证相符的通行费电子发票应当填写在本栏次中。

2. 第36栏"代扣代缴税额":填写纳税人根据《中华人民共和国增值税暂行条例》第十八条扣缴的应税劳务增值税额与根据营业税改征增值税有关政策规定扣缴的服务、不动产和无形资产增值税额之和。

附录2-1-3:现行适用的《增值税及附加税费申报表附列资料(三)(服务、不动产和无形资产扣除项目明细)》

增值税及附加税费申报表附列资料(三)
(服务、不动产和无形资产扣除项目明细)

税款所属时间：　　年　月　日至　年　月　日

项目及栏次		本期服务、不动产和无形资产价税合计额(免税销售额)	服务、不动产和无形资产扣除项目				
			期初余额	本期发生额	本期应扣除金额	本期实际扣除金额	期末余额
		1	2	3	4=2+3	5(5≤1且5≤4)	6=4-5
13%税率的项目	1						
9%税率的项目	2						
6%税率的项目(不含金融商品转让)	3						
6%税率的金融商品转让项目	4						
5%征收率的项目	5						
3%征收率的项目	6						
免抵退税的项目	7						
免税的项目	8						

纳税人名称:(公章)　　　　　　　　　　　　　金额单位：元至角分

[填表说明]：

(一)本表由服务、不动产和无形资产有扣除项目的营业税改征增值税纳税人填写。其他纳税人不填写。

(二)"税款所属时间""纳税人名称"的填写同主表。

(三)第1列"本期服务、不动产和无形资产价税合计额(免税销售额)":营业税改征增值税的服务、不动产和无形资产属于征税项目的,填写扣除之前的本期服务、不动产和无形资产价税合计额;营业税改征增值税的服务、不动产和无形资产属于免抵退税或免税项目的,填写扣除之前的本期服务、不动产和无形资产免税销售额。本列各行次等于《附列资料(一)》第11列对应行次,其中本列第3行和第4行之和等于《附列资料(一)》第11列第5栏。

营业税改征增值税的纳税人,服务、不动产和无形资产按规定汇总计算缴纳增值税的分支机构,本列各行次之和等于《附列资料(一)》第11列第13a、13b行之和。

(四)第2列"服务、不动产和无形资产扣除项目""期初余额":填写服务、不动产和无形资产扣除项目上期期末结存的金额,试点实施之日的税款所属期填写"0"。本列各行次等于上期《附列资料(三)》第6列对应行次。

本列第4行"6%税率的金融商品转让项目""期初余额"年初首期填报时应填"0"。

(五)第3列"服务、不动产和无形资产扣除项目""本期发生额":填写本期取得的按税法规定准予扣除的服务、不动产和无形资产扣除项目金额。

(六)第4列"服务、不动产和无形资产扣除项目""本期应扣除金额":填写服务、不动产和无形资产扣除项目本期应扣除的金额。

本列各行次=第2列对应各行次+第3列对应各行次。

(七)第5列"服务、不动产和无形资产扣除项目""本期实际扣除金额":填写服务、不动产和无形资产扣除项目本期实际扣除的金额。

本列各行次≤第4列对应各行次,且本列各行次≤第1列对应各行次。

(八)第6列"服务、不动产和无形资产扣除项目""期末余额":填写服务、不动产和无形资产扣除项目本期期末结存的金额。

本列各行次=第4列对应各行次-第5列对应各行次。

附录2-1-4:现行适用的《增值税及附加税费申报表附列资料(四)(税额抵减情况表)》

增值税及附加税费申报表附列资料(四)
(税额抵减情况表)

税款所属时间: 年 月 日至 年 月 日

纳税人名称:(公章)　　　　　　　　　　　　　金额单位:元至角分

一、税额抵减情况						
序号	抵减项目	期初余额	本期发生额	本期应抵减税额	本期实际抵减税额	期末余额
		1	2	3=1+2	4≤3	5=3-4
1	增值税税控系统专用设备费及技术维护费					
2	分支机构预征缴纳税款					
3	建筑服务预征缴纳税款					
4	销售不动产预征缴纳税款					
5	出租不动产预征缴纳税款					

(续表)

金额单位：元至角分

序号	加计抵减项目	二、加计抵减情况					
		期初余额	本期发生额	本期调减额	本期可抵减额	本期实际抵减额	期末余额
		1	2	3	4=1+2-3	5	6=4-5
6	一般项目加计抵减额计算						
7	即征即退项目加计抵减额计算						
8	合计						

[填表说明]：

(一)税额抵减情况

1. 本表第1行由发生增值税税控系统专用设备费用和技术维护费的纳税人填写，反映纳税人增值税税控系统专用设备费用和技术维护费按规定抵减增值税应纳税额的情况。

2. 本表第2行由营业税改征增值税纳税人，服务、不动产和无形资产按规定汇总计算缴纳增值税的总机构填写，反映其分支机构预征缴纳税款抵减总机构应纳增值税税额的情况。

3. 本表第3行由销售建筑服务并按规定预缴增值税的纳税人填写，反映其销售建筑服务预征缴纳税款抵减应纳增值税税额的情况。

4. 本表第4行由销售不动产并按规定预缴增值税的纳税人填写，反映其销售不动产预征缴纳税款抵减应纳增值税税额的情况。

5. 本表第5行由出租不动产并按规定预缴增值税的纳税人填写，反映其出租不动产预征缴纳税款抵减应纳增值税税额的情况。

(二)加计抵减情况

本表第6至8行仅限适用加计抵减政策的纳税人填写，反映其加计抵减情况。其他纳税人不需填写。第8行"合计"等于第6行、第7行之和。各列说明如下：

1. 第1列"期初余额"：填写上期期末结余的加计抵减额。

2. 第2列"本期发生额"：填写按照规定本期计提的加计抵减额。

3. 第3列"本期调减额"：填写按照规定本期应调减的加计抵减额。

4. 第4列"本期可抵减额"：按表中所列公式填写。

5. 第5列"本期实际抵减额"：反映按照规定本期实际加计抵减额，按以下要求填写。

若第4列≥0,且第4列<主表第11栏-主表第18栏,则第5列=第4列；

若第4列≥主表第11栏-主表第18栏,则第5列=主表第11栏-主表第18栏；

若第4列<0,则第5列等于0。

计算本列"一般项目加计抵减额计算"行和"即征即退项目加计抵减额计算"行时，公式中主表各栏次数据分别取主表"一般项目""本月数"列、"即征即退项目""本月数"列对应数据。

6. 第6列"期末余额"：填写本期结余的加计抵减额，按表中所列公式填写。

附录 2-1-5:现行适用的《增值税及附加税费申报表附列资料(五)(附加税费情况表)》

增值税及附加税费申报表附列资料(五)
(附加税费情况表)

税(费)款所属时间: 年 月 日至 年 月 日
纳税人名称:(公章) 金额单位:元(列至角分)

税(费)种		计税(费)依据			税(费)率(%)	本期应纳税(费)额	本期减免税(费)额		试点建设培育产教融合型企业		本期已缴税(费)额	本期应补(退)税(费)额
		增值税税额	增值税免抵额	留抵退税本期扣除额			减免性质代码	减免税(费)额	减免性质代码	本期抵免金额		
		1	2	3	4	5=(1+2-3)×4	6	7	8	9	10	11=5-7-9-10
城市维护建设税	1								—	—		
教育费附加	2											
地方教育附加	3											
合计	4	—	—	—	—		—		—			
本期是否适用试点建设培育产教融合型企业抵免政策			□是 □否	当期新增投资额				5				
				上期留抵可抵免金额				6				
				结转下期可抵免金额				7				
可用于扣除的增值税留抵退税额使用情况				当期新增可用于扣除的留抵退税额				8				
				上期结存可用于扣除的留抵退税额				9				
				结转下期可用于扣除的留抵退税额				10				

[填表说明]:

1."税(费)款所属时间":指纳税人申报的附加税费应纳税(费)额的所属时间,应填写具体的起止年、月、日。

2."纳税人名称":填写纳税人名称全称。

3."本期是否适用试点建设培育产教融合型企业抵免政策":符合《财政部关于调整部分政府性基金有关政策的通知》(财税〔2019〕46号)规定的试点建设培育产教融合型企业,选择"是";否则,选择"否"。

4.第5行"当期新增投资额":填写试点建设培育产教融合型企业当期新增投资额减去股权转让、撤回投资等金额后的投资净额,该数值可为负数。

5.第6行"上期留抵可抵免金额":填写上期的"结转下期可抵免金额"。

6.第7行"结转下期可抵免金额":填写本期抵免应缴教育费附加、地方教育附加后允许结转下期抵免部分。

7.第8行"当期新增可用于扣除的留抵退税额":填写本期经税务机关批准的上期留抵税额退税额。本栏等于《附列资料二》第22栏"上期留抵税额退税"。

8.第9行"上期结存可用于扣除的留抵退税额":填写上期的"结转下期可用于扣除的留抵退税额"。

9.第10行"结转下期可用于扣除的留抵退税额":填写本期扣除后剩余的增值税留抵退税额,结转下期可用于扣除的留抵退税额=当期新增可用于扣除的留抵退税额+上期结存可用于扣除的留抵退税额−留抵退税本期扣除额。

10.第1列"增值税税额":填写主表增值税本期应补(退)税额。

11.第2列"增值税免抵税额":填写上期经税务机关核准的增值税免抵税额。

12.第3列"留抵退税本期扣除额":填写本期因增值税留抵退税扣除的计税依据。当第8行与第9行之和大于第1行第1列与第1行第2列之和时,第3列第1至3行分别按对应行第1列与第2列之和填写。当第8行与第9行之和(大于0)小于或等于第1行第1列与第1行第2列之和时,第3列第1至3行分别按第8行与第9行之和对应填写。当第8行与第9行之和(小于等于0)小于或等于第1行第1列与第1行第2列之和时,第3列第1至3行均填写0。

13.第4列"税(费)率":填写适用税(费)率。

14.第5列"本期应纳税(费)额":填写本期按适用的税(费)率计算缴纳的应纳税(费)额。计算公式为:本期应纳税(费)额=(增值税税额+增值税免抵税额−留抵退税本期扣除额)×税(费)率。

15.第6列"减免性质代码":按《减免税政策代码目录》中附加税费适用的减免性质代码填写,试点建设培育产教融合型企业抵免不填列此列。有减免税(费)情况的必填。

16.第7列"减免税(费)额":填写本期减免的税(费)额。

17.第8列"减免性质代码":符合《财政部关于调整部分政府性基金有关政策的通知》(财税〔2019〕46号)规定的试点建设培育产教融合型企业分别填写教育费附加产教融合试点减免性质代码61101402、地方教育附加产教融合试点减免性质代码99101401。不适用建设培育产教融合型企业抵免政策的则为空。

18.第9列"本期抵免金额":填写试点建设培育产教融合型企业本期抵免的教育费附加、地方教育附加金额。

19.第10列"本期已缴税(费)额":填写本期应纳税(费)额中已经缴纳的部分。该列不包括本期预缴应补(退)税费情况。

20.第11列"本期应补(退)税(费)额":该列次与主表第39至41栏对应相等。计算公式为:本期应补(退)税(费)额=本期应纳税(费)额−本期减免税(费)额−试点建设培育产教融合型企业本期抵免金额−本期已缴税(费)额。

附录 2-1-6：现行适用的《增值税减免税申报明细表》

增值税减免税申报明细表

税款所属时间：自　年　月　日至　年　月　日

纳税人名称（公章）：　　　　　　　　　　　　　　　　金额单位：元（列至角分）

减税性质代码及名称	栏次	期初余额	本期发生额	本期应抵减税额	本期实际抵减税额	期末余额
一、减税项目						
		1	2	3=1+2	4≤3	5=3-4
合计	1					
	2					
	3					
	4					
	5					
	6					

免税性质代码及名称	栏次	免征增值税项目销售额	免税销售额扣除项目本期实际扣除金额	扣除后免税销售额	免税销售额对应的进项税额	免税额
二、免税项目						
		1	2	3=1-2	4	5
合计	7					
出口免税	8		—	—	—	—
其中：跨境服务	9		—	—	—	—
	10					
	11					
	12					
	13					
	14					
	15					
	16					

［填表说明］：

（一）本表由享受增值税减免税优惠政策的增值税一般纳税人和小规模纳税人（以下简称增值税纳税人）填写。仅享受月销售额不超过 10 万元（按季纳税 30 万元）免征增值税政策或未达起征点的增值税小规模纳税人不需填报本表，即小规模纳税人当期《增值税及附加税费申报表（小规模纳税人适用）》第 12 栏"其他免税销售额""本期数"和第 16 栏"本期应纳税额减征额""本期数"均无数据时，不需填报本表。

（二）"税款所属时间""纳税人名称"的填写同申报表主表，申报表主表是指《增值税及附加税费申报表（一般纳税人适用）》或者《增值税及附加税费申报表（小规模纳税人适用）》（下同）。

（三）"一、减税项目"由本期按照税收法律、法规及国家有关税收规定享受减征（包含税额式减征、税率式减征）增值税优惠的增值税纳税人填写。

1. "减税性质代码及名称"：根据国家税务总局最新发布的《减免性质及分类表》所列减免性质代码、项目名称填写。同时有多个减征项目的，应分别填写。

2. 第1列"期初余额"：填写应纳税额减征项目上期"期末余额"，为对应项目上期应抵减而不足抵减的余额。

3. 第2列"本期发生额"：填写本期发生的按照规定准予抵减增值税应纳税额的金额。

4. 第3列"本期应抵减税额"：填写本期应抵减增值税应纳税额的金额。本列按表中所列公式填写。

5. 第4列"本期实际抵减税额"：填写本期实际抵减增值税应纳税额的金额。本列各行≤第3列对应各行。

一般纳税人填写时，第1行"合计"本列数＝申报表主表第23行"一般项目"列"本月数"。

小规模纳税人填写时，第1行"合计"本列数＝申报表主表第16行"本期应纳税额减征额""本期数"。

6. 第5列"期末余额"：按表中所列公式填写。

（四）"二、免税项目"由本期按照税收法律、法规及国家有关税收规定免征增值税的增值税纳税人填写。仅享受小微企业免征增值税政策或未达起征点的小规模纳税人不需填写，即小规模纳税人申报表主表第12栏"其他免税销售额""本期数"无数据时，不需填写本栏。

1. "免税性质代码及名称"：根据国家税务总局最新发布的《减免性质及分类表》所列减免性质代码、项目名称填写。同时有多个免税项目的，应分别填写。

2. "出口免税"填写增值税纳税人本期按照税法规定出口免征增值税的销售额，但不包括适用免、抵、退税办法出口的销售额。小规模纳税人不填写本栏。

3. 第1列"免征增值税项目销售额"：填写增值税纳税人免税项目的销售额。免税销售额按照有关规定允许从取得的全部价款和价外费用中扣除价款的，应填写扣除之前的销售额。

一般纳税人填写时，本列"合计"等于申报表主表第8行"一般项目"列"本月数"。

4. 第2列"免税销售额扣除项目本期实际扣除金额"：免税销售额按照有关规定允许从取得的全部价款和价外费用中扣除价款的，据实填写扣除金额；无扣除项目的，本列填写"0"。

5. 第3列"扣除后免税销售额"：按表中所列公式填写。

6. 第4列"免税销售额对应的进项税额"：本期用于增值税免税项目的进项税额。小规模纳税人不填写本列，一般纳税人按下列情况填写：

（1）一般纳税人兼营应税和免税项目的，按当期免税销售额对应的进项税额填写；

（2）一般纳税人本期销售收入全部为免税项目，且当期取得合法扣税凭证的，按当期取得的合法扣税凭证注明或计算的进项税额填写；

（3）当期未取得合法扣税凭证的，一般纳税人可根据实际情况自行计算免税项目对应的进项税额；无法计算的，本栏次填"0"。

7. 第5列"免税额"：一般纳税人和小规模纳税人分别按下列公式计算填写，且本列各行数应大于或等于0。

一般纳税人公式:第5列"免税额"≤第3列"扣除后免税销售额"×适用税率−第4列"免税销售额对应的进项税额"。

小规模纳税人公式:第5列"免税额"=第3列"扣除后免税销售额"×征收率。

附录2-2:现行适用的《增值税及附加税费申报表(小规模纳税人适用)》

增值税及附加税费申报表
(小规模纳税人适用)

纳税人识别号:□□□□□□□□□□□□□□□□□□□□

纳税人名称(公章):　　　　　　　　　　　　　金额单位:元至角分

税款所属期:　年　月　日至　年　月　日　　　　填表日期:　年　月　日

	项目	栏次	本期数		本年累计	
			货物及劳务	服务、不动产和无形资产	货物及劳务	服务、不动产和无形资产
一、计税依据	(一)应征增值税不含税销售额(3%征收率)	1				
	税务机关代开的增值税专用发票不含税销售额	2				
	税控器具开具的普通发票不含税销售额	3				
	(二)销售、出租不动产不含税销售额(5%征收率)	4	—		—	
	税务机关代开的增值税专用发票不含税销售额	5				
	税控器具开具的普通发票不含税销售额	6				
	(三)销售使用过的应税固定资产不含税销售额	7(7≥8)		—		—
	其中:税控器具开具的普通发票不含税销售额	8		—		—
	(四)免税销售额	9=10+11+12				
	其中:小微企业免税销售额	10				
	未达起征点销售额	11				
	其他免税销售额	12				
	(五)出口免税销售额	13(13≥14)				
	其中:税控器具开具的普通发票销售额	14				

(续表)

项目		栏次	本期数		本年累计	
			货物及劳务	服务、不动产和无形资产	货物及劳务	服务、不动产和无形资产
二、税款计算	本期应纳税额	15				
	本期应纳税额减征额	16				
	本期免税额	17				
	其中:小微企业免税额	18				
	未达起征点免税额	19				
	应纳税额合计	20=15-16				
	本期预缴税额	21			—	—
	本期应补(退)税额	22=20-21			—	—
三、附加税费	城市维护建设税本期应补(退)税额	23				
	教育费附加本期应补(退)费额	24				
	地方教育附加本期应补(退)费额	25				

声明:此表是根据国家税收法律法规及相关规定填写的,本人(单位)对填报内容(及附带资料)的真实性、可靠性、完整性负责。

纳税人(签章):　　　　　年　月　日

经办人: 经办人身份证号: 代理机构签章: 代理机构统一社会信用代码:	受理人: 受理税务机关(章): 受理日期:　　　年　月　日

[填表说明]

本纳税申报表及其附列资料填写说明(以下简称本表及填写说明)适用于增值税小规模纳税人(以下简称纳税人)。

一、名词解释

(一)本表及填写说明所称"货物",是指增值税的应税货物。

(二)本表及填写说明所称"劳务",是指增值税的应税加工、修理、修配劳务。

(三)本表及填写说明所称"服务、不动产和无形资产",是指销售服务、不动产和无形资产(以下简称应税行为)。

(四)本表及填写说明所称"扣除项目",是指纳税人发生应税行为,在确定销售额时,按照有关规定允许其从取得的全部价款和价外费用中扣除价款的项目。

二、《增值税及附加税费申报表(小规模纳税人适用)》填写说明

本表"货物及劳务"与"服务、不动产和无形资产"各项目应分别填写。

(一)"税款所属期"是指纳税人申报的增值税应纳税额的所属时间,应填写具体的起止年、月、日。

(二)"纳税人识别号"栏,填写纳税人的税务登记证件号码。

(三)"纳税人名称"栏,填写纳税人名称全称。

(四)第1栏"应征增值税不含税销售额(3%征收率)":填写本期销售货物及劳务、发生应

税行为适用3%征收率的不含税销售额,不包括应税行为适用5%征收率的不含税销售额、销售使用过的固定资产和销售旧货的不含税销售额、免税销售额、出口免税销售额、查补销售额。

纳税人发生适用3%征收率的应税行为且有扣除项目的,本栏填写扣除后的不含税销售额,与当期《增值税及附加税费申报表(小规模纳税人适用)附列资料》第8栏数据一致。

(五)第2栏"税务机关代开的增值税专用发票不含税销售额":填写税务机关代开的增值税专用发票销售额合计。

(六)第3栏"税控器具开具的普通发票不含税销售额":填写税控器具开具的货物及劳务、应税行为的普通发票金额换算的不含税销售额。

(七)第4栏"应征增值税不含税销售额(5%征收率)":填写本期发生应税行为适用5%征收率的不含税销售额。

纳税人发生适用5%征收率应税行为且有扣除项目的,本栏填写扣除后的不含税销售额,与当期《增值税及附加税费申报表(小规模纳税人适用)附列资料》第16栏数据一致。

(八)第5栏"税务机关代开的增值税专用发票不含税销售额":填写税务机关代开的增值税专用发票销售额合计。

(九)第6栏"税控器具开具的普通发票不含税销售额":填写税控器具开具的发生应税行为的普通发票金额换算的不含税销售额。

(十)第7栏"销售使用过的固定资产不含税销售额":填写销售自己使用过的固定资产(不含不动产,下同)和销售旧货的不含税销售额,销售额=含税销售额/(1+3%)。

(十一)第8栏"税控器具开具的普通发票不含税销售额":填写税控器具开具的销售自己使用过的固定资产和销售旧货的普通发票金额换算的不含税销售额。

(十二)第9栏"免税销售额":填写销售免征增值税的货物及劳务、应税行为的销售额,不包括出口免税销售额。

应税行为有扣除项目的纳税人,填写扣除之前的销售额。

(十三)第10栏"小微企业免税销售额":填写符合小微企业免征增值税政策的免税销售额,不包括符合其他增值税免税政策的销售额。个体工商户和其他个人不填写本栏次。

(十四)第11栏"未达起征点销售额":填写个体工商户和其他个人未达起征点(含支持小微企业免征增值税政策)的免税销售额,不包括符合其他增值税免税政策的销售额。本栏次由个体工商户和其他个人填写。

(十五)第12栏"其他免税销售额":填写销售免征增值税的货物及劳务、应税行为的销售额,不包括符合小微企业免征增值税和未达起征点政策的免税销售额。

(十六)第13栏"出口免税销售额":填写出口免征增值税货物及劳务、出口免征增值税应税行为的销售额。

应税行为有扣除项目的纳税人,填写扣除之前的销售额。

(十七)第14栏"税控器具开具的普通发票销售额":填写税控器具开具的出口免征增值税货物及劳务、出口免征增值税应税行为的普通发票销售额。

(十八)第15栏"本期应纳税额":填写本期按征收率计算缴纳的应纳税额。

(十九)第16栏"本期应纳税额减征额":填写纳税人本期按照税法规定减征的增值税应纳税额。包含可在增值税应纳税额中全额抵减的增值税税控系统专用设备费用以及技术维护费,可在增值税应纳税额中抵免的购置税控收款机的增值税税额。

当本期减征额小于或等于第15栏"本期应纳税额"时,按本期减征额实际填写;当本期减征额大于第15栏"本期应纳税额"时,按本期第15栏填写,本期减征额不足抵减部分结转下期继续抵减。

(二十)第17栏"本期免税额":填写纳税人本期增值税免税额,免税额根据第9栏"免税销售额"和征收率计算。

(二十一)第18栏"小微企业免税额":填写符合小微企业免征增值税政策的增值税免税额,免税额根据第10栏"小微企业免税销售额"和征收率计算。

(二十二)第 19 栏"未达起征点免税额":填写个体工商户和其他个人未达起征点(含支持小微企业免征增值税政策)的增值税免税额,免税额根据第 11 栏"未达起征点销售额"和征收率计算。

(二十三)第 21 栏"本期预缴税额":填写纳税人本期预缴的增值税额,但不包括查补缴纳的增值税额。

(二十四)第 23 栏"城市维护建设税本期应补(退)税额":填写《附列资料(二)》城市维护建设税对应第 9 栏本期应补(退)税(费)额。

(二十五)第 24 栏"教育费附加本期应补(退)费额":填写《附列资料(二)》教育费附加对应第 9 栏本期应补(退)税(费)额。

(二十六)第 25 栏"地方教育附加本期应补(退)费额":填写《附列资料(二)》地方教育附加对应第 9 栏本期应补(退)税(费)额。

三、《增值税及附加税费申报表(小规模纳税人适用)附列资料》填写说明

本附列资料由发生应税行为且有扣除项目的纳税人填写,各栏次均不包含免征增值税项目的金额。

(一)"税款所属期"是指纳税人申报的增值税应纳税额的所属时间,应填写具体的起止年、月、日。

(二)"纳税人名称"栏,填写纳税人名称全称。

(三)第 1 栏"期初余额":填写适用 3%征收率的应税行为扣除项目上期期末结存的金额,试点实施之日的税款所属期填写"0"。

(四)第 2 栏"本期发生额":填写本期取得的按税法规定准予扣除的适用 3%征收率的应税行为扣除项目金额。

(五)第 3 栏"本期扣除额":填写适用 3%征收率的应税行为扣除项目本期实际扣除的金额。

第 3 栏"本期扣除额"≤第 1 栏"期初余额"+第 2 栏"本期发生额"之和,且第 3 栏"本期扣除额"≤第 5 栏"全部含税收入(适用 3%征收率)"。

(六)第 4 栏"期末余额":填写适用 3%征收率的应税行为扣除项目本期期末结存的金额。

(七)第 5 栏"全部含税收入(适用 3%征收率)":填写纳税人适用 3%征收率的应税行为取得的全部价款和价外费用数额。

(八)第 6 栏"本期扣除额":填写本附列资料第 3 栏"本期扣除额"的数据。

第 6 栏"本期扣除额"=第 3 栏"本期扣除额"。

(九)第 7 栏"含税销售额":填写适用 3%征收率的应税行为的含税销售额。

第 7 栏"含税销售额"=第 5 栏"全部含税收入(适用 3%征收率)"-第 6 栏"本期扣除额"。

(十)第 8 栏"不含税销售额":填写适用 3%征收率的应税行为的不含税销售额。

第 8 栏"不含税销售额"=第 7 栏"含税销售额"÷1.03,与《增值税及附加税费申报表(小规模纳税人适用)》第 1 栏"应征增值税不含税销售额(3%征收率)""本期数""服务、不动产和无形资产"栏数据一致。

(十一)第 9 栏"期初余额":填写适用 5%征收率的应税行为扣除项目上期期末结存的金额,试点实施之日的税款所属期填写"0"。

(十二)第 10 栏"本期发生额":填写本期取得的按税法规定准予扣除的适用 5%征收率的应税行为扣除项目金额。

(十三)第 11 栏"本期扣除额":填写适用 5%征收率的应税行为扣除项目本期实际扣除的金额。

第 11 栏"本期扣除额"≤第 9 栏"期初余额"+第 10 栏"本期发生额"之和,且第 11 栏"本期扣除额"≤第 13 栏"全部含税收入(适用 5%征收率)"。

(十四)第 12 栏"期末余额":填写适用 5%征收率的应税行为扣除项目本期期末结存的金额。

（十五）第13栏"全部含税收入（适用5%征收率）"：填写纳税人适用5%征收率的应税行为取得的全部价款和价外费用数额。

（十六）第14栏"本期扣除额"：填写本附列资料第11栏"本期扣除额"的数据。

第14栏"本期扣除额" = 第11栏"本期扣除额"。

（十七）第15栏"含税销售额"：填写适用5%征收率的应税行为的含税销售额。

第15栏"含税销售额" = 第13栏"全部含税收入（适用5%征收率）" - 第14栏"本期扣除额"。

（十八）第16栏"不含税销售额"：填写适用5%征收率的应税行为的不含税销售额。

第16栏"不含税销售额" = 第15栏"含税销售额" ÷ 1.05，与《增值税及附加税费申报表（小规模纳税人适用）》第4栏"应征增值税不含税销售额（5%征收率）""本期数""服务、不动产和无形资产"栏数据一致。

附录2-2-1：现行适用的《增值税及附加税费申报表（小规模纳税人适用）》附列资料（一）

增值税及附加税费申报表（小规模纳税人适用）附列资料（一）
（服务、不动产和无形资产扣除项目明细）

税款所属期： 年 月 日至 年 月 日　　　　　　填表日期： 年 月 日
纳税人名称（公章）：　　　　　　　　　　　　　金额单位：元至 角 分

应税行为（3%征收率）扣除额计算			
期初余额	本期发生额	本期扣除额	期末余额
1	2	3（3≤1+2之和，且3≤5）	4=1+2-3
应税行为（3%征收率）计税销售额计算			
全部含税收入（适用3%征收率）	本期扣除额	含税销售额	不含税销售额
5	6=3	7=5-6	8=7÷1.03
应税行为（5%征收率）扣除额计算			
期初余额	本期发生额	本期扣除额	期末余额
9	10	11（11≤9+10之和，且11≤13）	12=9+10-11
应税行为（5%征收率）计税销售额计算			
全部含税收入（适用5%征收率）	本期扣除额	含税销售额	不含税销售额
13	14=11	15=13-14	16=15÷1.05

[填表说明]

本附列资料由发生应税行为且有扣除项目的纳税人填写,各栏次均不包含免征增值税项目的金额。

(一)"税款所属期"是指纳税人申报的增值税应纳税额的所属时间,应填写具体的起止年、月、日。

(二)"纳税人名称"栏,填写纳税人名称全称。

(三)第1栏"期初余额":填写适用3%征收率的应税行为扣除项目上期期末结存的金额,试点实施之日的税款所属期填写"0"。

(四)第2栏"本期发生额":填写本期取得的按税法规定准予扣除的适用3%征收率的应税行为扣除项目金额。

(五)第3栏"本期扣除额":填写适用3%征收率的应税行为扣除项目本期实际扣除的金额。

第3栏"本期扣除额"≤第1栏"期初余额"+第2栏"本期发生额"之和,且第3栏"本期扣除额"≤第5栏"全部含税收入(适用3%征收率)"。

(六)第4栏"期末余额":填写适用3%征收率的应税行为扣除项目本期期末结存的金额。

(七)第5栏"全部含税收入(适用3%征收率)":填写纳税人适用3%征收率的应税行为取得的全部价款和价外费用数额。

(八)第6栏"本期扣除额":填写本附列资料第3栏"本期扣除额"的数据。

第6栏"本期扣除额"=第3栏"本期扣除额"

(九)第7栏"含税销售额":填写适用3%征收率的应税行为的含税销售额。

第7栏"含税销售额"=第5栏"全部含税收入(适用3%征收率)"–第6栏"本期扣除额"

(十)第8栏"不含税销售额":填写适用3%征收率的应税行为的不含税销售额。

第8栏"不含税销售额"=第7栏"含税销售额"÷1.03,与《增值税及附加费申报表(小规模纳税人适用)》第1栏"应征增值税不含税销售额(3%征收率)""本期数""服务、不动产和无形资产"栏数据一致。

(十一)第9栏"期初余额":填写适用5%征收率的应税行为扣除项目上期期末结存的金额,试点实施之日的税款所属期填写"0"。

(十二)第10栏"本期发生额":填写本期取得的按税法规定准予扣除的适用5%征收率的应税行为扣除项目金额。

(十三)第11栏"本期扣除额":填写适用5%征收率的应税行为扣除项目本期实际扣除的金额。

第11栏"本期扣除额"≤第9栏"期初余额"+第10栏"本期发生额"之和,且第11栏"本期扣除额"≤第13栏"全部含税收入(适用5%征收率)"

(十四)第12栏"期末余额":填写适用5%征收率的应税行为扣除项目本期期末结存的金额。

(十五)第13栏"全部含税收入(适用5%征收率)":填写纳税人适用5%征收率的应税行为取得的全部价款和价外费用数额。

(十六)第14栏"本期扣除额":填写本附列资料第11栏"本期扣除额"的数据。

第14栏"本期扣除额"=第11栏"本期扣除额"

(十七)第15栏"含税销售额":填写适用5%征收率的应税行为的含税销售额。

第15栏"含税销售额"=第13栏"全部含税收入(适用5%征收率)"-第14栏"本期扣除额"。

(十八)第16栏"不含税销售额":填写适用5%征收率的应税行为的不含税销售额。

第16栏"不含税销售额"=第15栏"含税销售额"÷1.05,与《增值税及附加税费申报表(小规模纳税人适用)》第4栏"应征增值税不含税销售额(5%征收率)""本期数""服务、不动产和无形资产"栏数据一致。

附录2-2-2:现行适用的《增值税及附加税费申报表(小规模纳税人适用)》附列资料(二)

增值税及附加税费申报表(小规模纳税人适用)》附列资料(二)
(附加税费情况表)

税(费)款所属时间: 年 月 日至 年 月 日
纳税人名称:(公章)   金额单位:元(列至角分)

税(费)种	计税(费)依据 增值税税额	税(费)率(%)	本期应纳税(费)额	本期减免税(费)额		增值税小规模纳税人"六税两费"减征政策		本期已缴税(费)额	本期应补(退)税(费)额
				减免性质代码	减免税(费)额	减征比例(%)	减征额		
	1	2	3=1×2	4	5	6	7=(3-5)×6	8	9=3-5-7-8
城市维护建设税									
教育费附加									
地方教育附加									
合计		—		—		—			

[填表说明]

1."税(费)款所属时间":指纳税人申报的附加税费应纳税(费)额的所属时间,应填写具体的起止年、月、日。

2."纳税人名称":填写纳税人名称全称。

3.第1栏"增值税税额":填写主表增值税本期应补(退)税额。

4.第2栏"税(费)率":填写适用税(费)率。

5.第3栏"本期应纳税(费)额":填写本期按适用的税(费)率计算缴纳的应纳税(费)额。计算公式为:本期应纳税(费)额=增值税税额×税(费)率。

6.第4栏"减免性质代码":按《减免税政策代码目录》中附加税费适用的减免性质代码填写,增值税小规模纳税人"六税两费"减征政策优惠不在此栏填写。有减免税(费)情况的必填。

7.第5栏"减免税(费)额":填写本期减免的税(费)额。

8.第6栏"减征比例(%)":填写当地省级政府根据《财政部、税务总局关于增值税小规模纳税人减免增值税政策的公告》确定的减征比例填写。

9.第7栏"减征额":填写纳税人本期享受增值税小规模纳税人"六税两费"减征政策减征

额。计算公式为:增值税小规模纳税人"六税两费"减征额=[本期应纳税(费)额-本期减免税(费)额]×减征比例。

10. 第8栏"本期已缴税(费)额":填写本期应纳税(费)额中已经缴纳的部分。该栏不包括本期预缴应补(退)税费情况。

11. 第9栏"本期应补(退)税(费)额":该列次与主表第23至25栏对应相等。计算公式为:本期应补(退)税(费)额= 本期应纳税(费)额-本期减免税(费)额-增值税小规模纳税人"六税两费"减征额-本期已缴税(费)额。

第二章 个人所得税综合所得、除经营所得外其他所得申报纳税

2-2.1 纳税人、扣缴义务人

个人所得税法规定个人所得税以所得人为纳税人,以支付所得的单位或者个人为扣缴义务人。纳税人分为:

(1)在中国境内有住所,或者无住所而一个纳税年度内在中国境内居住累计满183天的个人,即居民个人。居民个人从中国境内和境外取得的综合所得、经营所得,应当分别合并计算应纳税额缴纳个人所得税;从中国境内和境外取得的其他所得,应当分别单独计算应纳税额缴纳个人所得税。

(2)在中国境内无住所又不居住,或者无住所而一个纳税年度内在中国境内居住累计不满183天的个人,为非居民个人。非居民个人从中国境内取得的所得,依照规定缴纳个人所得税。下列所得,不论支付地点是否在中国境内,均为来源于中国境内的所得:

①因任职、受雇、履约等在中国境内提供劳务取得的所得。
②将财产出租给承租人在中国境内使用而取得的所得。
③许可各种特许权在中国境内使用而取得的所得。
④转让中国境内的不动产等财产或者在中国境内转让其他财产取得的所得。
⑤从中国境内企业、事业单位、其他组织以及居民个人取得的利息、股息、红利所得。

纳税人有中国居民身份号码的,以中国居民身份号码为纳税人识别号;纳税人没有中国居民身份号码的,由税务机关赋予其纳税人识别号。扣缴义务人扣缴税款时,纳税人应当向扣缴义务人提供纳税人识别号。

律师事务所作为增值税纳税义务人,个人所得税的扣缴义务人,律师事务所从业人员的纳税人及应税科目分别为:

(1)律师个人出资兴办的独资和合伙性质的律师事务所的年度经营所得,从2000年1月1日起,停止征收企业所得税,作为在税务机关备案的合伙人(以下简称"合伙人"),按照有关规定,比照"个体工商户的生产、经营所得"应税项目征收个人所得税。

(2) 作为律师事务所雇员(包括聘用律师、行政人员、律师事务所聘用的律师助理人员及其他与律师事务所签订有劳动合同的人员)的所得,按"工资、薪金所得"应税项目征收个人所得税。

(3) 兼职律师从律师事务所取得工资、薪金性质的所得,律师事务所在代扣代缴其个人所得税时,不再减除税法规定的费用扣除标准,以收入全额(取得分成收入的为扣除办理案件支出费用后的余额)直接确定适用税率,计算扣缴个人所得税。

(4) 律师以个人名义再聘请/雇佣其他人员为其工作而支付的报酬,应由该律师按"劳务报酬"所得项目负责代扣代缴个人所得税,或委托律师事务所代扣代缴。

律师从接受法律事务服务的当事人处取得法律顾问费或其他酬金等收入,应并入其从律师事务所取得的其他收入,按照规定计算缴纳个人所得税,其中,合伙人的该类收入应并入"经营所得"计算缴纳个人所得税,聘用律师则应并入"工资、薪金所得"计算缴纳个人所得税。

2-2.2 征税对象

下列各项个人所得,应当缴纳个人所得税,个人取得的所得,难以界定应纳税所得项目的,由国务院税务主管部门确定。

2-2.2.1 综合所得

工资、薪金所得:是指个人因任职或者受雇取得的工资、薪金、奖金、年终加薪、劳动分红、津贴、补贴以及与任职或者受雇有关的其他所得。

劳务报酬所得:是指个人从事劳务取得的所得,包括从事设计、装潢、安装、制图、化验、测试、医疗、法律、会计、咨询、讲学、翻译、审稿、书画、雕刻、影视、录音、录像、演出、表演、广告、展览、技术服务、介绍服务、经纪服务、代办服务以及其他劳务取得的所得。

稿酬所得:是指个人因其作品以图书、报刊等形式出版、发表而取得的所得。

特许权使用费所得:是指个人提供专利权、商标权、著作权、非专利技术以及其他特许权的使用权取得的所得;提供著作权的使用权取得的所得,不包括稿酬所得。

2-2.2.2 经营所得

个体工商户从事生产、经营活动取得的所得,个人独资企业投资人、合伙企业的个人合伙人来源于境内注册的个人独资企业、合伙企业生产、经营的所得。

个人依法从事办学、医疗、咨询以及其他有偿服务活动取得的所得。

个人对企业、事业单位承包经营、承租经营以及转包、转租取得的所得。

个人从事其他生产、经营活动取得的所得。

2-2.2.3 其他分类所得

利息、股息、红利所得:是指个人拥有债权、股权等而取得的利息、股息、红利所得。

财产租赁所得:是指个人出租不动产、机器设备、车船以及其他财产取得的所得。

财产转让所得:是指个人转让有价证券、股权、合伙企业中的财产份额、不动产、机器设备、车船以及其他财产取得的所得。

偶然所得:是指个人得奖、中奖、中彩以及其他偶然性质的所得。

2-2.3 减免优惠

2-2.3.1 免征优惠

以下所得,免征个人所得税:

(1)省级人民政府、国务院部委和中国人民解放军军以上单位,以及外国组织、国际组织颁发的科学、教育、技术、文化、卫生、体育、环境保护等方面的奖金。

(2)国债和国家发行的金融债券利息:是指个人持有中华人民共和国财政部发行的债券而取得的利息;所称国家发行的金融债券利息,是指个人持有经国务院批准发行的金融债券而取得的利息。

(3)按照国家统一规定发给的补贴、津贴:是指按照国务院规定发给的政府特殊津贴、院士津贴,以及国务院规定免予缴纳个人所得税的其他补贴、津贴。

(4)福利费、抚恤金、救济金:福利费,是指根据国家有关规定,从企业、事业单位、国家机关、社会组织提留的福利费或者工会经费中支付给个人的生活补助费;所称救济金,是指各级人民政府民政部门支付给个人的生活困难补助费。

(5)保险赔款。

(6)军人的转业费、复员费、退役金。

(7)按照国家统一规定发给干部、职工的安家费、退职费、基本养老金或者退休费、离休费、离休生活补助费。

(8)依照有关法律规定应予免税的各国驻华使馆、领事馆的外交代表、领事官员和其他人员的所得,即指依照《中华人民共和国外交特权与豁免条例》和《中华人民共和国领事特权与豁免条例》规定免税的所得。

(9)中国政府参加的国际公约、签订的协议中规定免税的所得。

(10)国务院规定的其他免税所得。该免税规定,应由国务院报全国人民代表大会常务委员会备案。

(11)在中国境内无住所的个人,在中国境内居住累计满183天的年度连续不满6年的,经向主管税务机关备案,其来源于中国境外且由境外单位或者个人支付的所得,免予缴纳个人所得税;在中国境内居住累计满183天的任一年度中有一次离境超过30天的,其在中国境内居住累计满183天的年度的连续年限重新起算。

(12)在中国境内无住所的个人,在一个纳税年度内在中国境内居住累计不超过90天的,其来源于中国境内的所得,由境外雇主支付并且不由该雇主在中国境内的机构、场所负担的部分,免予缴纳个人所得税。

2-2.3.2 减征优惠

有下列情形之一的,可以减征个人所得税,具体幅度和期限,由省、自治区、直辖市人民政府规定,并报同级人民代表大会常务委员会备案。

(1)残疾、孤老人员和烈属的所得。
(2)因自然灾害遭受重大损失的。

国务院可以规定其他减税情形,报全国人民代表大会常务委员会备案。

2-2.4 综合所得、除经营所得外其他所得的应纳税所得额

居民个人的综合所得,以每一纳税年度的综合所得收入额减除费用6万元以及专项扣除、专项附加扣除和依法确定的其他扣除后的余额,为应纳税所得额。

综合所得收入额计算。

(1)工资薪金所得收入额=全部工资薪金税前收入
(2)劳务报酬所得收入额=全部劳务报酬税前收入×(1-20%)
(3)稿酬所得收入额=全部稿酬税前收入×(1-20%)×70%
(4)特许权使用费所得收入额=全部特许权使用费税前收入×(1-20%)

2-2.4.1 居民个人工资、薪金所得的应纳税所得额

居民个人取得工资、薪金所得时,可以向扣缴义务人提供专项附加扣除有关信息,由扣缴义务人扣缴税款时减除专项附加扣除。纳税人同时从两处以上取得工资、薪金所得,并由扣缴义务人减除专项附加扣除的,对同一专项附加扣除项目,在一个纳税年度内只能选择从一处取得的所得中减除。

减除费用:纳税人在2018年10月1日(含)后实际取得的工资、薪金所得,减除费用统一按照5000元/月执行,并按照个人所得税税率表计算应纳税额。对纳税人在2018年9月30日(含)前实际取得的工资、薪金所得,减除费用按照税法修改前规定执行。

专项扣除,包括居民个人按照国家规定的范围和标准缴纳的基本养老保险、基本医疗保险、失业保险等社会保险费和住房公积金等。

专项附加扣除,包括子女教育、继续教育、大病医疗、住房贷款利息或者住房租金、赡养老人、3岁以下婴幼儿照护等支出。专项附加扣除额一个纳税年度扣除不完的,不能结转以后年度扣除:

(1)子女教育

①纳税人的子女接受全日制学历教育的相关支出,按照每个子女每月2000元的标准定额扣除。

②学历教育包括义务教育(小学、初中教育)、高中阶段教育(普通高中、中等职

业、技工教育)、高等教育(大学专科、大学本科、硕士研究生、博士研究生教育)。年满3岁至小学入学前处于学前教育阶段。

③父母可以选择由其中一方按扣除标准的100%扣除,也可以选择由双方分别按扣除标准的50%扣除,具体扣除方式在一个纳税年度内不能变更。

④纳税人子女在中国境外接受教育的,纳税人应当留存境外学校录取通知书、留学签证等相关教育的证明资料备查。

(2)继续教育

①纳税人在中国境内接受学历(学位)继续教育的支出,在学历(学位)教育期间按照每月400元定额扣除。同一学历(学位)继续教育的扣除期限不能超过48个月。纳税人接受技能人员职业资格继续教育、专业技术人员职业资格继续教育的支出,在取得相关证书的当年,按照3600元定额扣除。

②个人接受本科及以下学历(学位)继续教育,符合本办法规定扣除条件的,可以选择由其父母扣除,也可以选择由本人扣除。

③纳税人接受技能人员职业资格继续教育、专业技术人员职业资格继续教育的,应当留存相关证书等资料备查。

(3)大病医疗

①在一个纳税年度内,纳税人发生的与基本医保相关的医药费用支出,扣除医保报销后个人负担(指医保目录范围内的自付部分)累计超15,000元的部分,由纳税人在办理年度汇算清缴时,在80,000元限额内据实扣除。纳税人及其配偶、未成年子女发生的医药费用支出,按本条规定分别计算扣除额。

②纳税人发生的医药费用支出可以选择由本人或者其配偶扣除;未成年子女发生的医药费用支出可以选择由其父母一方扣除。

③纳税人应当留存医药服务收费及医保报销相关票据原件(或者复印件)等资料备查。医疗保障部门应当向患者提供在医疗保障信息系统记录的本人年度医药费用信息查询服务。

(4)住房贷款利息

①纳税人本人或者配偶单独或者共同使用商业银行或者住房公积金个人住房贷款为本人或者其配偶购买中国境内住房,发生的首套住房贷款利息支出,在实际发生贷款利息的年度,按照每月1000元的标准定额扣除,扣除期限最长不超过240个月。纳税人只能享受一次首套住房贷款的利息扣除。首套住房贷款是指购买住房享受首套住房贷款利率的住房贷款。

②经夫妻双方约定,可以选择由其中一方扣除,具体扣除方式在一个纳税年度内不能变更。

③夫妻双方婚前分别购买住房发生的首套住房贷款,其贷款利息支出,婚后可以选择其中一套购买的住房,由购买方按扣除标准的100%扣除,也可以由夫妻双方对各自购买的住房分别按扣除标准50%扣除,具体扣除方式在一个纳税年度内不能

变更。

④纳税人应当留存住房贷款合同、贷款还款支出凭证备查。

(5)住房租金

①纳税人在主要工作城市没有自有住房而发生的住房租金支出,可以按照以下标准定额扣除:直辖市、省会(首府)城市、计划单列市以及国务院确定的其他城市,扣除标准为每月1500元;除上述所列城市以外,市辖区户籍人口超过100万的城市,扣除标准为每月1100元;市辖区户籍人口不超过100万的城市,扣除标准为每月800元。

②纳税人的配偶在纳税人的主要工作城市有自有住房的,视同纳税人在主要工作城市有自有住房。市辖区户籍人口,以国家统计局公布的数据为准。主要工作城市是指纳税人任职受雇的直辖市、计划单列市、副省级城市、地级市(地区、州、盟)全部行政区域范围;纳税人无任职受雇单位的,为受理其综合所得汇算清缴的税务机关所在城市。

③夫妻双方主要工作城市相同的,只能由一方扣除住房租金支出。

④住房租金支出由签订租赁住房合同的承租人扣除。

⑤纳税人及其配偶在一个纳税年度内不能同时分别享受住房贷款利息和住房租金专项附加扣除。

⑥纳税人应当留存住房租赁合同、协议等有关资料备查。

(6)赡养老人

①纳税人赡养一位及以上被赡养人的赡养支出,统一按照以下标准定额扣除:纳税人为独生子女的,按照每月3000元的标准定额扣除;纳税人为非独生子女的,由其与兄弟姐妹分摊每月3000元的扣除额度,每人分摊的额度不能超过每月1500元。可以由赡养人均摊或者约定分摊,也可以由被赡养人指定分摊。约定或者指定分摊的须签订书面分摊协议,指定分摊优先于约定分摊。具体分摊方式和额度在一个纳税年度内不能变更。

②被赡养人是指年满60岁的父母,以及子女均已去世的年满60岁的祖父母、外祖父母。父母,是指生父母、继父母、养父母。子女,是指婚生子女、非婚生子女、继子女、养子女。父母之外的其他人担任未成年人的监护人的,比照本规定执行。

(7)3岁以下婴幼儿照护

①纳税人照护3岁以下婴幼儿的相关支出,按照每个婴幼儿每月2000元的标准定额扣除。

②父母可以选择由其中一方按扣除标准的100%扣除,也可以选择由双方分别按扣除标准的50%扣除,具体扣除方式在一个纳税年度内不能变更。

纳税人首次享受专项附加扣除,应当将专项附加扣除相关信息提交扣缴义务人或者税务机关,扣缴义务人应当及时将相关信息报送税务机关,纳税人对所提交信息的真实性、准确性、完整性负责。专项附加扣除信息发生变化的,纳税人应当及时向扣缴义务人或者税务机关提供相关信息。

专项附加扣除相关信息,包括纳税人本人、配偶、子女、被赡养人等个人身份信息,以及国务院税务主管部门规定的其他与专项附加扣除相关的信息。纳税人需要留存备查的相关资料应当留存5年。扣缴义务人发现纳税人提供的信息与实际情况不符的,可以要求纳税人修改。纳税人拒绝修改的,扣缴义务人应当报告税务机关及时处理。

其他扣除,包括个人缴付符合国家规定的企业年金、职业年金,个人购买符合国家规定的商业健康保险、税收递延型商业养老保险的支出,以及国务院规定可以扣除的其他项目。

(1)根据国家有关政策规定的办法和标准,为在本单位任职或者受雇的全体职工缴付的企业年金或职业年金(以下统称年金)单位缴费部分,在计入个人账户时,个人暂不缴纳个人所得税。

(2)个人根据国家有关政策规定缴付的年金个人缴费部分,在不超过本人缴费工资计税基数的4%标准内的部分,暂从个人当期的应纳税所得额中扣除。

(3)超过上述两项规定的标准缴付的年金单位缴费和个人缴费部分,应并入个人当期的工资、薪金所得,依法计征个人所得税。税款由建立年金的律师事务所代扣代缴,并向主管税务机关申报解缴。

(4)企业年金个人缴费工资计税基数为本人上一年度月平均工资。月平均工资按国家统计局规定列入工资总额统计的项目计算。月平均工资超过职工工作地所在设区城市上一年度职工月平均工资300%以上的部分,不计入个人缴费工资计税基数。

(5)职业年金个人缴费工资计税基数为职工岗位工资和薪级工资之和。职工岗位工资和薪级工资之和超过职工工作地所在设区城市上一年度职工月平均工资300%以上的部分,不计入个人缴费工资计税基数。

个人将其所得对教育、扶贫、济困等公益慈善事业进行捐赠(是指个人将其所得通过中国境内的公益性社会组织、国家机关向教育、扶贫、济困等公益慈善事业的捐赠),捐赠额未超过纳税人申报的应纳税所得额(是指计算扣除捐赠额之前的应纳税所得额)30%的部分,可以从其应纳税所得额中扣除;国务院规定对公益慈善事业捐赠实行全额税前扣除的,从其规定。

专项扣除、专项附加扣除和依法确定的其他扣除,以居民个人一个纳税年度的应纳税所得额为限额;一个纳税年度扣除不完的,不结转以后年度扣除。

2-2.4.2 劳务报酬所得、稿酬所得、特许权使用费所得的应纳税所得额

居民个人取得劳务报酬所得、稿酬所得、特许权使用费所得,应当在汇算清缴时向税务机关提供有关信息,减除专项附加扣除。劳务报酬所得、稿酬所得、特许权使用费所得以收入减除20%的费用后的余额为收入额。稿酬所得的收入额减按70%计算。

2-2.4.3 财产租赁所得、财产转让所得、利息股息红利所得、偶然所得的应纳税所得额

财产租赁所得,每次收入不超过 4000 元的,减除费用 800 元;4000 元以上的,减除 20%的费用,其余额为应纳税所得额。

财产转让所得,以转让财产的收入额减除财产原值和合理费用后的余额,为应纳税所得额。

利息、股息、红利所得和偶然所得,以每次收入额为应纳税所得额。

2-2.4.4 非居民个人的工资薪金所得、劳务报酬所得、稿酬所得、特许权使用费所得的应纳税所得额

非居民个人的工资、薪金所得,以每月收入额减除费用 5000 元后的余额为应纳税所得额;劳务报酬所得、稿酬所得、特许权使用费所得,以每次收入额为应纳税所得额。

2-2.5 税率

(1)"工资、薪金所得"预扣预缴个人所得税适用税率表。

表 2-1-1 居民个人工资、薪金所得预扣预缴适用

级数	累计预扣预缴应纳税所得额	预扣率(%)	速算扣除数
1	不超过 36,000 元	3	0
2	超过 36,000 元至 144,000 元的部分	10	2520
3	超过 144,000 元至 300,000 元的部分	20	16,920
4	超过 300,000 元至 420,000 元的部分	25	31,920
5	超过 420,000 元至 660,000 元的部分	30	52,920
6	超过 660,000 元至 960,000 元的部分	35	85,920
7	超过 960,000 元的部分	45	181,920

(2)"劳务报酬"预扣预缴个人所得税适用税率表。

表 2-2-2 居民个人劳务报酬所得预扣预缴适用

级数	预扣预缴应纳税所得额	预扣率(%)	速算扣除数
1	不超过 20,000 元	20	0
2	超过 20,000 元至 50,000 元的部分	30	2000
3	超过 50,000 元的部分	40	7000

(3)稿酬所得,特许权使用费所得,利息、股息、红利所得,财产转让所得,财产租赁所得,偶然所得适用税率表。

表 2-2-3　居民个人稿酬所得,特许权使用费所得,利息、股息、红利所得,财产转让所得,财产租赁所得,偶然所得适用

序号	征税对象	税率	减征和加征
1	稿酬所得	20%	应纳税额减征 30%
2	特许权使用费所得		无
3	利息、股息、红利所得		无
4	财产转让所得		无
5	财产租赁所得		个人出租住房减按 10% 的税率
6	偶然所得		无

(4)居民个人综合所得汇算清缴个人所得税率表。

表 2-2-4　居民个人综合所得汇算清缴个人所得适用

级数	全年应纳税所得额	税率(%)	速算扣除数
1	不超过 36,000 元的	3	0
2	超过 36,000 元至 144,000 元的	10	2520
3	超过 144,000 元至 300,000 元的	20	16,920
4	超过 300,000 元至 420,000 元的	25	31,920
5	超过 420,000 元至 660,000 元的	30	52,920
6	超过 660,000 元至 960,000 元的	35	85,920
7	超过 960,000 元的	45	181,920

(5)非居民个人工资、薪金所得,劳务报酬所得,稿酬所得,特许权使用费所得适用税率表。

表 2-2-5　非居民个人工资、薪金所得,劳务报酬所得,稿酬所得,特许权使用费所得适用

级数	应纳税所得额	税率(%)	速算扣除数
1	不超过 3000 元	3	0
2	超过 3000 元至 12,000 元的部分	10	210
3	超过 12,000 元至 25,000 元的部分	20	1410
4	超过 25,000 元至 35,000 元的部分	25	2660
5	超过 35,000 元至 55,000 元的部分	30	4410
6	超过 55,000 元至 80,000 元的部分	35	7160
7	超过 80,000 元的部分	45	15,160

2-2.6 律师事务所综合所得预扣预缴、其他分类所得的代扣代缴纳税申报

律师事务所向聘用律师、兼职律师、行政人员、律所聘用律师助理人员、雇佣人员等取得综合所得的个人支付应税款项时，不论其是否属于本律师事务所人员、支付的应税所得是否达到纳税标准，应当办理全员全额扣缴申报，在代扣税款的次月15日内，报送其支付所得的所有个人的有关信息、支付所得数额、扣除事项和数额、扣缴税款的具体数额和总额以及其他相关涉税信息资料，并专项记载备查。所扣税款为外币的，应当按照缴款上一月最后一日中国人民银行公布的人民币汇率中间价折算成人民币，以人民币缴入国库。所称支付，包括现金支付、汇拨支付、转账支付和以有价证券、实物以及其他形式的支付。

(1)扣缴义务人使用扣缴端软件报税的，扣缴端软件将根据录入、导入或者从税务端系统下载的员工专项附加扣除信息，自动计算截至当前月份员工可在本单位享受的专项附加扣除累计金额，并在单位为员工计算税款时自动填入申报表"累计专项附加扣除"相应栏次。

(2)扣缴义务人到办税服务厅窗口纸质申报的，需要自行根据从业人员提供的专项附加扣除信息，计算税款并办理纳税申报。

律师事务所作为扣缴义务人，首次向纳税人支付所得时，应当按照纳税人提供的纳税人识别号等基础信息，填写《个人所得税扣缴申报表》(见附录2-3)、《个人所得税基础信息表(A表)》(见附录1-4)、《商业健康保险税前扣除情况明细表》(见附录2-4)、《个人税收递延型商业养老保险税前扣除情况明细表》(见附录2-5)、《个人所得税减免税事项报告表》(见附录2-6)等表格，并于次月扣缴申报时向税务机关报送。扣缴义务人对纳税人向其报告的相关基础信息变化情况，应当于次月扣缴申报时向税务机关报送。

聘用律师、兼职律师、行政人员、律所聘用律师助理人员及其他与律师事务所签订有劳动合同的从业人员(以下简称"其他人员")向律师事务所提供有关信息并依法要求办理专项附加扣除的，律师事务所应当按照规定在工资、薪金所得按月预扣预缴税款时予以扣除。

(1)作为律师事务所雇员的律师与律师事务所按规定的比例对收入分成，律师事务所不负担该律师办理案件支出的费用(如交通费、资料费、通信费及聘请人员等费用)，该律师当月的分成收入按规定扣除办理案件支出的费用后，余额与律师事务所发给其的工资合并，按"工资薪金所得"应税项目计征个人所得税。

(2)律师从其分成收入中扣除办理案件支出费用的标准，由各省级地方税务局根据当地律师办理案件费用支出的一般情况、律师与律师事务所之间的收入分成比例及其他相关参考因素，在律师当月分成收入的30%比例内确定。对作为律师事务所

雇员的律师,其办案费用或其他个人费用在律师事务所报销的,在计算其收入时不得再扣除上述规定的其收入 30% 以内的办理案件支出费用。

(3)兼职律师应于次月 7 日内自行向主管税务机关申报两处或两处以上取得的工资、薪金所得,合并计算缴纳个人所得税。兼职律师或其他人员同时从两处以上取得工资、薪金所得,并由扣缴义务人减除专项附加扣除的,对同一专项附加扣除项目,在一个纳税年度内只能选择从一处取得的所得中减除。

(4)聘用律师、行政人员、律所聘用律师助理人员及其他人员将其所得对教育、扶贫、济困等公益慈善事业进行捐赠,捐赠额未超过其申报的应纳税所得额 30% 的部分,可以从其应纳税所得额中扣除;国务院规定对公益慈善事业捐赠实行全额税前扣除的,从其规定。

当律师事务所支付应税所得的聘用律师、兼职律师、行政人员、律所聘用律师助理人员、其他人员、雇佣人员等及非居民个人需要享受税收协定待遇的,应当在取得应税所得时主动向律师事务所提出,并提交相关信息、资料,律师事务所代扣代缴税款时按照享受税收协定待遇有关办法办理。

当取得应税所得的聘用律师、兼职律师、行政人员、律所聘用律师助理人员、其他人员、雇佣人员等及非居民个人既存在优惠减免,又存在非居民享受税收协定待遇减免时,扣缴义务人可以根据取得应税所得的聘用律师、兼职律师、行政人员、律所聘用律师助理人员、其他人员、雇佣人员及非居民个人选择优惠度最高的享受减免进行申报。

扣缴义务人应当于年度终了后 2 个月内,向聘用律师、兼职律师、行政人员、律所聘用律师助理人员、其他人员、雇佣人员及非居民个人提供其个人所得和已扣缴税款等信息。聘用律师、兼职律师、行政人员、律所聘用律师助理人员、其他人员、雇佣人员等及非居民个人年度中间需要提供上述信息的,扣缴义务人应当提供。聘用律师、兼职律师、行政人员、律所聘用律师助理人员、其他人员、雇佣人员等及非居民个人取得除工资、薪金所得以外的其他所得,扣缴义务人应当在扣缴税款后,及时向纳税人提供其个人所得和已扣缴税款等信息。

聘用律师、兼职律师、行政人员、律所聘用律师助理人员、其他人员等及非居民个人年度中间更换工作单位的,在原单位任职、受雇期间已享受的专项附加扣除金额,不得在新任职、受雇单位扣除。原扣缴义务人应当自聘用律师、兼职律师、行政人员、律所聘用律师助理人员、其他人员等及非居民个人离职不再发放工资薪金所得的当月起,停止为其办理专项附加扣除。

纳税人可以通过远程办税端、电子或者纸质报表等方式,向扣缴义务人报送个人专项附加扣除信息。

(1)以纸质表方式报送的,律师事务所应当将纳税人报送信息如实录入扣缴端软件,在发薪次月办理扣缴申报时通过扣缴端软件提交给税务机关,同时将纸质表留存备查。

(2)以电子模板方式报送的,律师事务所应当将电子模板信息导入扣缴端软件,在次月办理扣缴申报时通过扣缴端软件提交给税务机关,同时将电子模板内容打印,经纳税人签字、单位盖章后留存备查。

(3)通过税务部门提供的网络渠道(手机APP或各省电子税务局等)填报专项附加扣除信息并选择扣缴单位办理扣除的,税务机关将根据纳税人的选择把专项附加扣除相关信息全部推送至律师事务所,律师事务所在使用扣缴端软件下载后,即可为纳税人办理扣除;该方式下,纳税人和扣缴律师事务所无须留存纸质扣除信息表。

扣缴义务人应当按照聘用律师、兼职律师、行政人员、律所聘用律师助理人员、其他人员、雇佣人员等及非居民个人提供的信息计算税款、办理扣缴申报,不得擅自更改其提供的信息。扣缴义务人发现其提供的信息与实际情况不符,并拒绝修改的,扣缴义务人应当报告税务机关。拒绝扣缴义务人依法履行代扣代缴义务的,扣缴义务人应当及时报告税务机关。

扣缴义务人对聘用律师、兼职律师、行政人员、律所聘用律师助理人员、其他人员等及非居民个人提供的《个人所得税专项附加扣除信息表》,应当按照规定妥善保存备查,并依法对其报送的专项附加扣除等相关涉税信息和资料保密,并应当自预扣预缴年度的次年起留存5年。

律师事务所作为扣缴义务人每月或者每次预扣、代扣的税款,应当在次月15日内缴入国库,并向税务机关报送扣缴个人所得税申报表。

扣缴义务人有未按照规定向税务机关报送资料和信息、未按照纳税人提供信息虚报虚扣专项附加扣除、应扣未扣税款、不缴或少缴已扣税款、借用或冒用他人身份等行为的,依照《中华人民共和国税收征收管理法》等相关法律、行政法规处理。

2-2.7 聘用律师、兼职律师、行政人员、律所聘用律师助理人员、其他人员、雇佣人员等取得综合所得个人所得税的预扣预缴申报

综合所得个人所得税预扣预缴申报的应税所得包括工资、薪金所得,劳务报酬所得,稿酬所得,特许权使用费所得。

扣缴义务人向聘用律师、行政人员、律所聘用律师助理人员、其他人员等支付工资、薪金所得时。

(1)应当按照累计预扣法计算预扣税款,并按月办理扣缴申报。累计预扣法,是指扣缴义务人在一个纳税年度内预扣预缴税款时,以聘用律师、行政人员、律所聘用律师助理人员、其他人员在本律师事务所截至当前月份工资、薪金所得累计收入减除累计免税收入、累计减除费用、累计专项扣除、累计专项附加扣除和累计依法确定的其他扣除后的余额为累计预扣预缴应纳税所得额,适用个人所得税预扣率表,计算累计应预扣预缴税额,再减除累计减免税额和累计已预扣预缴税额,其余额为本期应预扣预缴税额。余额为负值时,暂不退税。纳税年度终了后余额仍为负值时,由纳税人通过办理综合所得年度汇算清缴,税款多退少补。具体计算公式如下。

本期应预扣预缴税额=(累计预扣预缴应纳税所得额×预扣率-速算扣除数)-累计减免税额-累计已预扣预缴税额

累计预扣预缴应纳税所得额=累计收入-累计免税收入-累计减除费用-累计专项扣除-累计专项附加扣除-累计依法确定的其他扣除

其中：累计减除费用，按照 5000 元/月乘以纳税人当年截至本月在本律师事务所的任职受雇月份数计算。

(2)聘用律师、行政人员、律所聘用律师助理人员、其他人员取得全年一次性奖金，符合《国家税务总局关于调整个人取得全年一次性奖金等计算征收个人所得税方法问题的通知》(国税发〔2005〕9 号)规定的，在 2027 年 12 月 31 日前，不并入当年综合所得，以全年一次性奖金收入除以 12 个月得到的数额，按照按月换算后的综合所得税率表，确定适用税率和速算扣除数，单独计算纳税。聘用律师、行政人员、律所聘用律师助理人员、其他人员也可以选择并入当年综合所得计算纳税。具体计算公式如下：

①按月换算后的综合所得税率表

表 2-2-6　按月换算后的综合所得适用

级数	全月应纳税所得额	税率	速算扣除数
1	不超过 3000 元的	3%	0
2	超过 3000 元至 12,000 元的部分	10%	210
3	超过 12,000 元至 25,000 元的部分	20%	1410
4	超过 25,000 元至 35,000 元的部分	25%	2660
5	超过 35,000 元至 55,000 元的部分	30%	4410
6	超过 55,000 元至 80,000 元的部分	35%	7160
7	超过 80,000 元的部分	45%	15,160

②应纳税额=全年一次性奖金收入×适用税率-速算扣除数

③全年一次性奖金，也可以选择并入当年综合所得计算纳税。自 2022 年 1 月 1 日起，聘用律师、行政人员、律所聘用律师助理、其他人员取得全年一次性奖金，应并入当年综合所得计算缴纳个人所得税。

④取得除全年一次性奖金以外的其他各种名目奖金，如半年奖、季度奖、加班奖、先进奖、考勤奖等，一律与当月工资、薪金收入合并，按税法规定缴纳个人所得税。

(3)聘用律师、兼职律师、行政人员、律所聘用律师助理人员、其他人员与律师事务所解除劳动关系取得一次性补偿收入(包括用人律师事务所发放的经济补偿金、生活补助费和其他补助费)，在当地上年职工平均工资 3 倍数额以内的部分，免征个人所得税；超过 3 倍数额的部分，不并入当年综合所得，单独适用综合所得税率表，计算纳税。

(4)聘用律师、行政人员、律所聘用律师助理人员、其他人员办理提前退休手续而取得的一次性补贴收入,应按照办理提前退休手续至法定离退休年龄之间实际年度数平均分摊,确定适用税率和速算扣除数,单独适用综合所得税率表计算纳税。

①实行内部退养的聘用律师、行政人员、律所聘用律师助理人员、其他人员在其办理内部退养手续后至法定离退休年龄之间从律师事务所取得的工资、薪金,不属于离退休金,应按"工资、薪金所得"项目计征个人所得税。

②聘用律师、行政人员、律所聘用律师助理人员、其他人员在办理内部退养手续后从原任职单位取得的一次性收入,应按办理内部退养手续后至法定离退休年龄之间的所属月份进行平均,并与领取当月的"工资、薪金所得"合并后减除当月费用扣除标准,以余额为基数确定适用税率,再将当月工资、薪金加上取得的一次性收入,减去费用扣除标准,按适用税率计征个人所得税。

(5)律师事务所按低于购置或建造成本价格出售住房给聘用律师、行政人员、律所聘用律师助理人员、其他人员,聘用律师、行政人员、律所聘用律师助理人员、其他人员因此而少支出的差价部分。

①根据住房制度改革政策的有关规定,国家机关、企事业单位及其他组织(以下简称单位)在住房制度改革期间,按照所在地县级以上人民政府规定的房改成本价格向职工出售公有住房,因支付的房改成本价格低于房屋建造成本价格或市场价格而取得的差价收益,免征个人所得税。

②除上述情形外,因此而少支出的差价部分,属于个人所得税应税所得,不并入当年综合所得,以差价收入除以 12 个月得到的数额,按照"工资、薪金所得"项目月度税率表确定适用税率和速算扣除数,单独计算纳税。

③所称差价部分,是指实际支付的购房价款低于该房屋的购置或建造成本价格的差额。

(6)聘用律师、行政人员、律所聘用律师助理人员、其他人员达到国家规定的退休年龄,领取的企业年金、职业年金,符合《财政部人力资源社会保障部国家税务总局关于企业年金职业年金个人所得税有关问题的通知》(财税〔2013〕103 号)规定的,不并入综合所得,全额单独计算应纳税款。其中按月领取的,适用月度税率表计算纳税;按季领取的,平均分摊计入各月,按每月领取额适用月度税率表计算纳税;按年领取的,适用综合所得税率表计算纳税。

(7)2019 年 1 月 1 日至 2027 年 12 月 31 日期间,外籍个人符合居民个人条件的,可以选择享受个人所得税专项附加扣除,也可以选择按照《财政部、国家税务总局关于个人所得税若干政策问题的通知》(财税字〔1994〕20 号)、《国家税务总局关于外籍个人取得有关补贴征免个人所得税执行问题的通知》(国税发〔1997〕54 号)和《财政部国家税务总局关于外籍个人取得港澳地区住房等补贴征免个人所得税的通知》(财税〔2004〕29 号)规定,享受住房补贴、语言训练费、子女教育费等津补贴免税优惠政策,但不得同时享受。外籍个人一经选择,在一个纳税年度内不得变更。自 2022 年 1 月 1 日起,外籍个人不再享受住房补贴、语言训练费、子女教育费津补贴免税优惠政策,应按规定享受专项附加扣除。

律师事务所向聘用律师、兼职律师、行政人员、律所聘用律师助理人员、其他人员等支付劳务报酬所得、稿酬所得、特许权使用费所得,应当按照以下方法按次或者按月预扣预缴税款。

(1)稿酬所得的收入额减按70%计算;

(2)劳务报酬所得、稿酬所得、特许权使用费所得每次收入不超过4000元的,减除费用按800元计算;每次收入4000元以上的,减除费用按收入的20%计算。

(3)劳务报酬所得、稿酬所得、特许权使用费所得,属于一次性收入的,以取得该项收入为一次;属于同一项目连续性收入的,以一个月内取得的收入为一次。

劳务报酬所得、稿酬所得、特许权使用费所得,以每次收入减除费用后的余额为收入额,为预扣预缴应纳税所得额,劳务报酬所得适用劳务报酬个人所得税预扣率表,稿酬所得、特许权使用费所得适用20%的比例预扣率计算应预扣预缴税额。

2-2.8 聘用律师、兼职律师、行政人员、律所聘用律师助理人员、其他人员等取得分类所得的纳税申报

律师事务所向聘用律师、兼职律师、行政人员、律所聘用律师助理、其他人员等支付财产租赁所得、财产转让所得或者偶然所得时,应当按月或按次代扣代缴个人所得税,并于次月15日内,向主管税务机关报送《个人所得税扣缴申报表》:

(1)财产租赁所得,每次收入不超过4000元的,减除费用800元;4000元以上的,减除20%的费用,其余额为应纳税所得额。

(2)财产转让所得,以转让财产的收入额减除财产原值和合理费用后的余额,为应纳税所得额。偶然所得,以每次收入额为应纳税所得额。

财产租赁所得,以一个月内取得的收入为一次。财产转让所得和偶然所得,以每次取得该项收入为一次。

2-2.9 非居民个人所得税的代扣代缴申报

非居民个人所得税代扣代缴申报是指扣缴义务人向非居民个人支付应税所得时,扣缴义务人应当履行代扣代缴应税所得个人所得税的义务,并在次月15日内向主管税务机关报送《个人所得税扣缴申报表》和主管税务机关要求报送的其他有关资料。

扣缴义务人为非居民个人首次办理扣缴申报时或被扣缴义务人信息变更后,扣缴个人所得税申报同时报送《个人所得税基础信息表(A表)》。

实行非居民个人所得税代扣代缴申报的应税所得包括:工资薪金所得,劳务报酬所得,稿酬所得,特许权使用费所得,财产租赁所得,财产转让所得,利息、股息、红利

所得,偶然所得。

(1)非居民个人的工资、薪金所得,以每月收入额减除费用5000元后的余额为应纳税所得额。

(2)劳务报酬所得、稿酬所得、特许权使用费所得,以每次收入额为应纳税所得额,适用本书第二篇第二章2-2.5条第(5)项税率表计算应纳税额。劳务报酬所得、稿酬所得、特许权使用费所得以收入减除20%的费用后的余额为收入额,其中,稿酬所得的收入额减按70%计算;

(3)非居民个人的财产租赁所得,每次收入不超过4000元的,减除费用800元;4000元以上的,减除20%的费用,其余额为应纳税所得额。

(4)财产转让所得,以转让财产的收入额减除财产原值和合理费用后的余额,为应纳税所得额;偶然所得,以每次收入额为应纳税所得额。

财产原值,按照下列方法确定。

(1)有价证券,为买入价以及买入时按照规定交纳的有关费用。

(2)建筑物,为建造费或者购进价格以及其他有关费用。

(3)土地使用权,为取得土地使用权所支付的金额、开发土地的费用以及其他有关费用。

(4)机器设备、车船,为购进价格、运输费、安装费以及其他有关费用。

未提供完整、准确的财产原值凭证,不能确定财产原值的,由主管税务机关核定。其他财产,参照上述规定的方法确定财产原值。

非居民个人在一个纳税年度内税款扣缴方法保持不变,达到居民个人条件时,应当告知扣缴义务人基础信息变化情况,年度终了后按照居民个人有关规定办理汇算清缴。

源泉扣缴和指定扣缴情况下,非居民纳税人认为自身符合享受协定待遇条件,需要享受协定待遇的,应当主动向扣缴义务人提出,并向扣缴义务人提供国家税务总局公告2015年第60号第7条规定的报告表和资料。扣缴义务人在代扣代缴申报时,应先在扣缴端完成"非居民享受税收协定待遇"报告,并将纳税人提供的资料留存备查。

2-2.10 聘用律师、兼职律师、律所聘用律师助理、行政人员及其他人员等个人所得税的年度汇算清缴

居民个人取得工资、薪金所得、劳务报酬所得、稿酬所得、特许权使用费所得等综合所得且符合下列情形之一的纳税人,在取得所得的次年3月1日至6月30日内,办理汇算清缴或者随汇算清缴一并办理纳税申报。

(1)从两处以上取得综合所得,且综合所得年收入额减除专项扣除后的余额超过6万元。

(2)取得劳务报酬所得、稿酬所得、特许权使用费所得中一项或者多项所得,且综

合所得年收入额减除专项扣除的余额超过6万元。

（3）纳税年度内预缴税额低于应纳税额。

（4）申请退税。

（5）取得综合所得，扣缴义务人未扣缴税款的。

综合所得收入额=年工资薪金收入+年劳务报酬收入×80%+年稿酬×（1-20%）×70%+年特许权使用费×80%

年度汇算应退或应补税额=[（综合所得收入额-6万元-"三险一金"等专项扣除-子女教育等专项附加扣除-依法确定的其他扣除-公益慈善事业捐赠）×适用税率-速算扣除数]-年已预缴税额

其中，综合所得收入额、"三险一金"等专项扣除、依法确定的其他扣除、公益慈善事业捐赠，均为纳税年度内发生的收入和支出。子女教育等专项附加扣除，纳税年度内符合条件的扣除。

应该填报申报表种类。

（1）选择网络方式申报的，不需要再填写纸质申报表。可以通过手机个人所得税APP、自然人电子税务局直接填报相关信息，生成申报数据。

（2）选择非网络申报方式的（办税服务厅、邮寄申报），需要填写《个人所得税年度自行纳税申报表》（见附录2-8）。该表分为A表、B表、简易版和问答版三种，纳税人或扣缴义务人可以根据实际情况选择其一填报。

①如果纳税人掌握一定的个人所得税知识，且无境外所得的，则可以选用《个人所得税年度自行纳税申报表（A表）》（见附录2-8-1）填报。

②如果办理年度汇算时，还有需要申报的境外所得，则需填报《个人所得税年度自行纳税申报表（B表）》（见附录2-8-2）、《境外所得个人所得税抵免明细表》（见附录2-8-3），并至主管税务机关办理申报。

③如确定本人汇算年度综合所得全年收入额不超过6万元且需要申请退税，可填报《个人所得税年度自行纳税申报表（简易版）》（见附录2-8-4），只需确认已预缴税额、填写本人银行账户信息，即可快捷申请退税。

④如纳税人不符合填报简易版申报表的条件，也不太了解个人所得税有关政策规定，则可选用《个人所得税年度自行纳税申报表（问答版）》（见附录2-8-5）。

除填报申报表外，如存在以下情形，需同时附报相关信息。

（1）自然人重要基础信息（手机等有效联系方式、银行卡）发生变化的，需要报送《个人所得税基础信息表（B表）》（见附录1-2），提供最新的基础信息。

（2）新增申报享受专项附加扣除或者相关信息发生变化的，需要补充或者更新相关信息。

（3）新增申报商业健康保险扣除的，需要报送《商业健康保险税前扣除情况明细表》（见附录2-4），提供税优识别码、保单生效日期、保费、扣除金额等信息。

（4）新增申报税收递延型商业养老保险扣除的，需要报送《个人税收递延型商业养老保险税前扣除情况明细表》(见附录2-5),提供税延养老账户编号、报税校验码、保费、扣除金额等信息。

(5)申报减免个人所得税的,需要提供《个人所得税减免税事项报告表》(见附录2-6),说明减免类型和金额等。

(6)申报准予扣除的公益慈善捐赠的,需要报送《个人所得税公益慈善事业捐赠扣除明细表》(见附录2-7),提供受赠单位名称、捐赠金额、凭证号等信息。

(7)如有境外所得,申报境外所得税收抵免的,除另有规定外,应当提供境外征税主体出具的税款所属年度的完税证明、税收缴款书或者纳税记录等纳税凭证。

享受子女教育、继续教育、住房贷款利息或者住房租金、赡养老人专项附加扣除的纳税人,自符合条件开始,可以向支付工资、薪金所得的扣缴义务人提供上述专项附加扣除有关信息办理扣除;也可以向汇缴地主管税务机关办理汇算清缴申报时扣除。

纳税人未取得工资、薪金所得,仅取得劳务报酬所得、稿酬所得、特许权使用费所得需要享受专项附加扣除的,应当自行向汇缴地主管税务机关报送《个人所得税专项附加扣除信息表》,并在办理汇算清缴申报时扣除。享受大病医疗专项附加扣除的纳税人,由其自行向汇缴地主管税务机关办理汇算清缴申报时扣除。

符合以下条件之一的,可以不办理年度汇算。

(1)纳税年度取得的综合所得年收入合计不超过12万元的。

(2)纳税年度应补缴税额不超过400元的。

(3)纳税年已预缴个人所得税与年度应纳个人所得税一致的。

(4)不申请退税的。

有下列情形可以通过综合所得年度汇算申请退税。

(1)纳税年度综合所得年收入额不足6万元,但平时预缴过个人所得税的。

(2)纳税年度有符合条件的专项附加扣除,但预缴税款时没有申报扣除的。

(3)因年中就业、退职或者部分月份没有收入等原因,减除费用6万元、"三险一金"等专项扣除、子女教育等专项附加扣除、企业(职业)年金以及商业健康保险、税收递延型养老保险等扣除不充分的。

(4)没有任职受雇单位,仅取得劳务报酬、稿酬、特许权使用费所得,需要通过年度汇算办理各种税前扣除的。

(5)纳税人取得劳务报酬、稿酬、特许权使用费所得,年度中间适用的预扣率高于全年综合所得年适用税率的。

(6)预缴税款时,未申报享受或者未足额享受综合所得税收优惠的,如残疾人减征个人所得税优惠等。

(7)有符合条件的公益慈善捐赠支出,但预缴税款时未办理扣除的等。

如果纳税人年度预缴税额低于应纳税额的,且不符合国务院规定豁免汇算义务情形的(综合所得年度不超过12万元或者补税金额不超过400元的),均应当办理年度汇算补税。常见情形有以下几种。

(1)在两个以上单位任职受雇并领取工资薪金,预缴税款时重复扣除了基本减除费用(5000元/月)。

(2)除工资薪金外,还有劳务报酬、稿酬、特许权使用费,各项综合所得的收入加总后,导致适用综合所得年税率高于预扣率。

(3)预扣预缴时扣除了不该扣除的项目,或者扣除金额超过规定标准,年度合并计税时因调减扣除额导致应纳税所得额增加。

(4)纳税人取得综合所得,因扣缴义务人未依法申报收入并预扣预缴税款,需补充申报收入等。

如果需要补税,可以通过网上银行、办税服务厅POS机刷卡、银行柜台、非银行支付机构(第三方支付)等方式在汇算年度6月30日前补缴税款,否则将面临每日5‰加收滞纳金。

办理年度汇算主要有三种方式。

(1)纳税人自行办理。纳税人可以通过手机个人所得税APP、自然人电子税务局等渠道自行办理年度汇算。

(2)由任职受雇律师事务所办理。但需要在纳税年度次年4月30日前与律师事务所进行书面确认;同时,如有律师事务所以外的收入,或者律师事务所不掌握的扣除项目,需一并提交律师事务所,并对其真实性、准确性、完整性负责。如申请退税,需准确提供本人有效且符合条件的银行账户;如需补缴税款,及时将税款交付扣缴义务人。且,不得同时选择多个扣缴义务人代为办理汇算清缴。

(3)委托涉税专业服务机构或其他单位及个人办理。选择这种方式,需要与受托人签订委托授权书。

年度汇算办理时间。

应当在取得综合所得的次年3月1日至6月30日内办理年度汇算,但如有下列情形,需要注意以下三个时间点。

(1)如由所在律师事务所代办纳税年度的综合所得年度汇算,则需在纳税年度次年4月30日前与所在单位进行书面确认;逾期未确认的,则需在纳税年度次年6月30日前自行办理年度汇算。

(2)如果纳税年综合所得全年收入额在6万元以下但被预扣过税款,则可在纳税年度次年3月1日至5月31日期间通过网络以简易方式申请退税;此时,则只需简单填写或确认已预缴税额、本人银行账户信息,即可快捷申请退税。

(3)如果纳税人是无住所居民个人,并在取得综合所得的次年6月30日之前离境的,也可在离境前办理年度汇算。

纳税申报地点。

(1)选择自行办理年度汇算申报或者委托第三方(涉税专业服务机构或其他单位及个人)办理申报的,应当向任职受雇律师事务所所在地主管税务机关进行申报。

(2)如纳税人有两处及以上任职受雇单位的,可选择其中一处进行申报。

(3)如没有任职受雇单位,则向户籍所在地或者经常居住地主管税务机关申报。

无论是选择网络申报还是至税务机关办税服务厅进行申报,年度汇算申报地点均按上述规则确定。

申报渠道。

(1)手机个人所得税 APP。

(2)自然人电子税务局。

(3)主管税务机关办税服务厅办理。

(4)将填写好的申报表及相关资料邮寄至指定的税务机关。

纳税人通过手机个人所得税 APP 或者自然人电子税务局查询本人的收入纳税记录时,如对相关数据有疑问,可就该笔收入纳税记录咨询支付单位。

(1)如果确定本人从未取得过记录中的某一项,可直接通过手机个人所得税 APP 或者自然人电子税务局就该笔记录发起申诉并进行承诺;申诉后该笔收入将不纳入纳税人年度汇算。

(2)如果仅是对相关金额有异议,则不需要通过上述渠道申诉,可联系支付单位要求其更正。

2-2.11 合伙人、聘用律师、兼职律师、律所聘用律师助理、其他人员、行政人员、雇佣人员等(以下简称"纳税人")分类所得个人所得税的自行申报

纳税人取得利息、股息、红利所得,财产租赁所得,财产转让所得,偶然所得但没有扣缴义务人的,或者有扣缴义务人但未扣缴税款的,以及国务院规定的其他情形,应依照税收法律、法规、规章及其他有关规定,在规定的纳税期限内就其个人该项所得向主管税务机关申报并缴纳税款。

纳税人取得上述所得扣缴义务人未扣缴税款的,应当在取得所得的次年6月30日前,按相关规定向主管税务机关办理纳税申报,并报送《个人所得税自行纳税申报表》。税务机关通知限期缴纳的,纳税人应当按照期限缴纳税款。

财产租赁所得,每次收入不超过 4000 元的,减除费用 800 元;4000 元以上的,减除20%的费用,其余额为应纳税所得额。财产转让所得,以转让财产的收入额减除财产原值和合理费用后的余额,为应纳税所得额。利息、股息、红利所得和偶然所得,以每次收入额为应纳税所得额。

个人将其所得对教育、扶贫、济困等公益慈善事业进行捐赠,捐赠额未超过纳税人申报的应纳税所得额30%的部分,可以从其应纳税所得额中扣除;国务院规定对公益慈善事业捐赠实行全额税前扣除的,从其规定。

当纳税人既存在优惠减免,又存在非居民享受税收协定待遇减免时,纳税人可以选择优惠度最高的享受减免进行申报。

个人股权转让所得个人所得税以被投资企业所在地税务机关为主管税务机关。具有下列情形之一的,纳税人应当依法在次月15日内向主管税务机关申报纳税。

(1)受让方已支付或部分支付股权转让价款的。

(2)股权转让协议已签订生效的。

(3)受让方已经实际履行股东职责或者享受股东权益的。

(4)国家有关部门判决、登记或公告生效的。

(5)股权被司法或行政机关强制过户、以股权对外投资或进行其他非货币性交易、以股权抵偿债务及其他股权转移行为;对个人多次取得同一被投资企业股权的,转让部分股权时,采用"加权平均法"确定其股权原值。

(6)税务机关认定的其他有证据表明股权已发生转移的情形。

办理股权转让纳税申报,还需要提交《股权转让合同或协议》,按规定需要进行资产评估的,需提供具有法定资质的中介机构出具的净资产或土地房产等资产价值评估报告,计税依据明显偏低但有正当理由的证明材料。

营业税改征增值税后,个人转让房屋的个人所得税应税收入不含增值税,其取得房屋时所支付价款中包含的增值税计入财产原值,计算转让所得时可扣除的税费不包括转让缴纳的增值税。个人出租房屋的个人所得税应税收入不含增值税,计算房屋出租所得可扣除的税费不包括本次出租缴纳的增值税。个人转租房屋的,其向房屋出租方支付的租金及增值税额,在计算转租所得时予以扣除。免征增值税的,确定计税依据时,成交价格、租金收入、转让房地产取得的收入不扣减增值税额。税务机关核定的计税价格或收入不含增值税。

2-2.12 非居民个人所得税的自行申报

非居民个人所得税自行申报是指非居民纳税人按照税收法律法规和税收协定的有关规定,就其取得的境内个人所得向主管税务机关书面报送相关申报表的行为。非居民个人所得税自行申报的情形包括:

(1)从中国境内取得应税所得没有扣缴义务人的。

(2)从中国境内取得应税所得,扣缴义务人未扣缴税款的。

(3)从中国境内两处或两处以上取得工资、薪金所得的。

(4)国务院规定的其他情形。

非居民个人取得的下列各项个人所得,应当缴纳个人所得税,非居民个人取得下列第(1)项至第(4)项所得,按月或者按次分项计算个人所得税。

(1)工资、薪金所得。

(2)劳务报酬所得。

(3)稿酬所得。

(4)特许权使用费所得。

(5)经营所得。

(6)利息、股息、红利所得。

(7)财产租赁所得。

(8)财产转让所得。

(9)偶然所得。

非居民个人取得应税所得,扣缴义务人未扣缴税款的,应当在取得所得的次年6月30日前,向扣缴义务人所在地主管税务机关办理纳税申报,并报送《个人所得税自行纳税申报表(A表)》。纳税人首次申报或者个人基础信息发生变化的应报送《个人所得税基础信息表(B表)》。有两个以上扣缴义务人均未扣缴税款的,选择向其中一处扣缴义务人所在地主管税务机关办理纳税申报。非居民个人在次年6月30日前离境(临时离境除外)的,应当在离境前办理纳税申报。

非居民个人在中国境内从两处以上取得工资、薪金所得的,应当在取得所得的次月15日内,向其中一处任职、受雇单位所在地主管税务机关办理纳税申报,并报送《个人所得税自行纳税申报表(A表)》。

自行申报情况下,非居民个人应当自行判断能否享受协定待遇。如需享受税收协定待遇的,应将国家税务总局公告2015年第60号第7条规定的报告表和资料报送至主管税务机关。当纳税人存在享受减免税优惠事项的(包括享受税收协定待遇情形的),可填报《个人所得税减免税事项报告表》。

附录2-3:现行适用的《个人所得税扣缴申报表》

个人所得税扣缴申报表

税款所属期: 年 月 日至 年 月 日

扣缴义务人名称:

扣缴义务人纳税人识别号(统一社会信用代码):□□□□□□□□□□□□□□□□□□

金额单位:人民币元(列至角分)

序号	姓名	身份证件类型	身份证件号码	纳税人识别号	是否为非居民个人	所得项目	本月(次)情况													累计情况								税款计算							备注
							收入额计算			专项扣除					其他扣除					累计收入额	累计减除费用	累计专项扣除	累计专项附加扣除						累计其他扣除	准予扣除的捐赠额	应纳税所得额	税率/预扣率	速算扣除数	应纳税额	减免税额	已缴税额	应补/退税额	
							收入	费用	免税收入	基本养老保险费	基本医疗保险费	失业保险费	住房公积金	商业健康保险	税延养老保险	财产原值	允许扣除的税费	其他				子女教育	赡养老人	住房贷款利息	住房租金	继续教育	3岁以下婴幼儿照护										
1	2	3	4	5	6	7	8	9	10	11	12	13	14	15	16	17	18	19	20	21	22	23	24	25	26	27	28	29	30	31	32	33	34	35	36	37	38	39	40

(续表)

序号	姓名	身份证件类型	身份证件号码	纳税人识别号	是否为非居民个人	所得项目	本月(次)情况														累计情况										减按计税比例	准予扣除的捐赠额	税款计算						备注
							收入额计算			专项扣除				其他扣除							累计收入额	累计减除费用	累计专项扣除	累计专项附加扣除						累计其他扣除			应纳税所得额	税率/预扣率	速算扣除数	应纳税额	减免税额	已缴税额	应补/退税额	
							收入	减除费用	免税收入	基本养老保险费	基本医疗保险费	失业保险费	住房公积金	年金	商业健康保险	税延养老保险	财产原值	允许扣除的税费	其他				子女教育	赡养老人	住房贷款利息	住房租金	继续教育	3岁以下婴幼儿照护											
1	2	3	4	5	6	7	8	9	10	11	12	13	14	15	16	17	18	19	20	21	22	23	24	25	26	27	28	29	30	31	32	33	34	35	36	37	38	39	40
合计																																							

谨声明:本表是根据国家税收法律法规及相关规定填报的,是真实的、可靠的、完整的。

扣缴义务人(签章):　　　　　　　　　　　　　　　　　　　　　年　月　日

经办人签字: 经办人身份证件号码: 代理机构签章: 代理机构统一社会信用代码:	受理人: 受理税务机关(章): 受理日期:　年　月　日

国家税务总局监制

[表单说明]:

一、适用范围

本表适用于扣缴义务人向居民个人支付工资、薪金所得,劳务报酬所得,稿酬所得和特许权使用费所得的个人所得税全员全额预扣预缴申报;向非居民个人支付工资、薪金所得,劳务报酬所得,稿酬所得和特许权使用费所得的个人所得税全员全额扣缴申报;以及向纳税人(居民个人和非居民个人)支付利息、股息、红利所得,财产租赁所得,财产转让所得和偶然所得的个人所得税全员全额扣缴申报。

二、报送期限

扣缴义务人应当在每月或者每次预扣、代扣税款的次月15日内,将已扣税款缴入国库,并向税务机关报送本表。

三、本表各栏填写

(一)表头项目

1. 税款所属期:填写扣缴义务人预扣、代扣税款当月的第1日至最后1日。如2019年3月20日发放工资时代扣的税款,税款所属期填写"2019年3月1日至2019年3月31日"。

2. 扣缴义务人名称:填写扣缴义务人的法定名称全称。

3. 扣缴义务人纳税人识别号(统一社会信用代码):填写扣缴义务人的纳税人识别号或者统一社会信用代码。

(二)表内各栏

1. 第 2 列"姓名":填写纳税人姓名。

2. 第 3 列"身份证件类型":填写纳税人有效的身份证件名称。中国公民有中华人民共和国居民身份证的,填写居民身份证;没有居民身份证的,填写中华人民共和国护照、港澳居民来往内地通行证或者港澳居民居住证、台湾地区居民通行证或者台湾地区居民居住证、外国人永久居留身份证、外国人工作许可证或者护照等。

3. 第 4 列"身份证件号码":填写纳税人有效身份证件上载明的证件号码。

4. 第 5 列"纳税人识别号":有中国居民身份号码的,填写中华人民共和国居民身份证上载明的"居民身份号码";没有中国居民身份号码的,填写税务机关赋予的纳税人识别号。

5. 第 6 列"是否为非居民个人":纳税人为居民个人的填"否"。为非居民个人的,根据合同、任职期限、预期工作时间等不同情况,填写"是,且不超过 90 天"或者"是,且超过 90 天不超过 183 天"。不填默认为"否"。

其中,纳税人为非居民个人的,填写"是,且不超过 90 天"的,当年在境内实际居住超过 90 天的次月 15 日内,填写"是,且超过 90 天不超过 183 天"。

6. 第 7 列"所得项目":填写纳税人取得的《个人所得税法》第 2 条规定的应税所得项目名称。同一纳税人取得多项或者多次所得的,应分行填写。

7. 第 8~21 列"本月(次)情况":填写扣缴义务人当月(次)支付给纳税人的所得,以及按规定各所得项目当月(次)可扣除的减除费用、专项扣除、其他扣除等。其中,工资、薪金所得预扣预缴个人所得税时扣除的专项附加扣除,按照纳税年度内纳税人在该任职受雇单位截至当月可享受的各专项附加扣除项目的扣除总额,填写至"累计情况"中第 25~29 列相应栏,本月情况中则无须填写。

(1)"收入额计算":包含"收入""费用""免税收入"。收入额=第 8 列−第 9 列−第 10 列。

①第 8 列"收入":填写当月(次)扣缴义务人支付给纳税人所得的总额。

②第 9 列"费用":取得劳务报酬所得、稿酬所得、特许权使用费所得时填写,取得其他各项所得时无须填写本列。居民个人取得上述所得,每次收入不超过 4000 元的,费用填写"800"元;每次收入 4000 元以上的,费用按收入的 20%填写。非居民个人取得劳务报酬所得、稿酬所得、特许权使用费所得,费用按收入的 20%填写。

③第 10 列"免税收入":填写纳税人各所得项目收入总额中,包含的税法规定的免税收入金额。其中,税法规定"稿酬所得的收入额减按 70%计算",对稿酬所得的收入额减计的 30%部分,填入本列。

(2)第 11 列"减除费用":按税法规定的减除费用标准填写。如 2019 年纳税人取得工资、薪金所得按月申报时,填写 5000 元。纳税人取得财产租赁所得,每次收入不超过 4000 元的,填写 800 元;每次收入 4000 元以上的,按收入的 20%填写。

(3)第 12~15 列"专项扣除":分别填写按规定允许扣除的基本养老保险费、基本医疗保险费、失业保险费、住房公积金(以下简称"三险一金")的金额。

(4)第 16~21 列"其他扣除":分别填写按规定允许扣除的项目金额。

8. 第 22~30 列"累计情况":本栏适用于居民个人取得工资、薪金所得,保险营销员、证券经纪人取得佣金收入等按规定采取累计预扣法预扣预缴税款时填报。

(1)第 22 列"累计收入额":填写本纳税年度截至当前月份,扣缴义务人支付给纳税人的工资、薪金所得,或者支付给保险营销员、证券经纪人的劳务报酬所得的累计收入额。

(2)第23列"累计减除费用":按照5000元/月乘以纳税人当年在本单位的任职受雇或者从业的月份数计算。

(3)第24列"累计专项扣除":填写本年度截至当前月份,按规定允许扣除的"三险一金"的累计金额。

(4)第25~30列"累计专项附加扣除":分别填写截至当前月份,纳税人按规定可享受的子女教育、继续教育、住房贷款利息或者住房租金、赡养老人、3岁以下婴幼儿照护扣除的累计金额。大病医疗扣除由纳税人在年度汇算清缴时办理,此处无须填报。

(5)第31列"累计其他扣除":填写本年度截至当前月份,按规定允许扣除的年金(包括企业年金、职业年金)、商业健康保险、税延养老保险及其他扣除项目的累计金额。

9. 第32列"减按计税比例":填写按规定实行应纳税所得额减计税收优惠的减计比例。无减计规定的,可不填,系统默认为100%。如某项税收政策实行减按60%计入应纳税所得额,则本列填60%。

10. 第33列"准予扣除的捐赠额":是指按照税法及相关法规、政策规定,可以在税前扣除的捐赠额。

11. 第34~40列"税款计算":填写扣缴义务人当月扣缴个人所得税款的计算情况。

(1)第34列"应纳税所得额":根据相关列次计算填报。

①居民个人取得工资、薪金所得,填写累计收入额减除累计减除费用、累计专项扣除、累计专项附加扣除、累计其他扣除后的余额。

②非居民个人取得工资、薪金所得,填写收入额减去减除费用后的余额。

③居民个人或者非居民个人取得劳务报酬所得、稿酬所得、特许权使用费所得,填写本月(次)收入额减除其他扣除后的余额。

保险营销员、证券经纪人取得的佣金收入,填写累计收入额减除累计减除费用、累计其他扣除后的余额。

④居民个人或者非居民个人取得利息、股息、红利所得和偶然所得,填写本月(次)收入额。

⑤居民个人或者非居民个人取得财产租赁所得,填写本月(次)收入额减去减除费用、其他扣除后的余额。

⑥居民个人或者非居民个人取得财产转让所得,填写本月(次)收入额减除财产原值、允许扣除的税费后的余额。

其中,适用"减按计税比例"的所得项目,其应纳税所得额按上述方法计算后乘以减按计税比例的金额填报。

按照税法及相关法规、政策规定,可以在税前扣除的捐赠额,可以按上述方法计算后从应纳税所得额中扣除。

(2)第35~36列"税率/预扣率""速算扣除数":填写各所得项目按规定适用的税率(或预扣率)和速算扣除数。没有速算扣除数的,则不填。

(3)第37列"应纳税额":根据相关列次计算填报。第37列=第34列×第35列-第36列

(4)第38列"减免税额":填写符合税法规定可减免的税额,并附报《个人所得税减免税事项报告表》。居民个人工资、薪金所得,以及保险营销员、证券经纪人取得佣金收入,填写本年度累计减免税额;居民个人取得工资、薪金以外的所得或非居民个人取得各项所得,填写本月

(次)减免税额。

(5)第39列"已缴税额":填写本年或本月(次)纳税人同一所得项目,已由扣缴义务人实际扣缴的税款金额。

(6)第40列"应补/退税额":根据相关列次计算填报。第40列=第37列-第38列-第39列

四、其他事项说明

以纸质方式报送本表的,应当一式两份,扣缴义务人、税务机关各留存一份。

附录2-4:现行适用的《商业健康保险税前扣除情况明细表》

商业健康保险税前扣除情况明细表

所属期: 年 月 日至 年 月 日　　　　　　金额单位:人民币元(列至角分)

扣缴义务人(被投资单位)情况									
名称				纳税人识别号					
商业健康保险税前扣除情况									
序号	姓名	身份证件类型	身份证件号码	税优识别码	保单生效日期	年度保费	月度保费	本期扣除金额	
谨声明:此表是根据《中华人民共和国个人所得税法》及有关法律法规规定填写的,是真实的、完整的、可靠的。 纳税人或扣缴义务人负责人签字: 年 月 日									
代理申报机构(人)签章: 经办人: 经办人执业证件号码: 代理申报日期: 年 月 日					主管税务机关受理章: 受理人: 受理日期: 年 月 日				

[表单说明]：

本表适用于个人购买符合规定的商业健康保险支出税前扣除申报。本表随《个人所得税扣缴申报表》《个人所得税经营所得纳税申报表（B表）》《个人所得税自行纳税申报表（A表）》等申报表一并报送。

一、所属期：应与《个人所得税扣缴申报表》等申报表上注明的"税款所属期"一致。

二、扣缴义务人（被投资单位）情况

填写涉及商业健康保险扣除政策的扣缴义务人、个体工商户、承包承租的企事业单位、个人独资企业、合伙企业信息。

三、商业健康保险税前扣除情况

1. 姓名、身份证件类型、身份证件号码：填写购买商业健康保险的个人的信息，相关信息应与《个人所得税扣缴申报表》等申报表上载明的明细信息保持一致；个体工商户业主、企事业单位承包承租经营者、个人独资和合伙企业投资者和其他自行纳税申报个人按照本人实际情况填写。

2. 税优识别码：是指为确保税收优惠商业健康保险保单的唯一性、真实性和有效性，由商业健康保险信息平台按照"一人一单一码"的原则对投保人进行校验后，下发给保险公司，并在保单上打印的数字识别码。

3. 保单生效日期：填写商业健康保险生效日期。

4. 年度保费：填写保单载明的年度总保费的金额。

5. 月度保费：按月缴费的保单填写每月所缴保费，按年一次性缴费的保单填写年度保费除以12后的金额。

6. 本期扣除金额：扣缴申报和按月自行申报时，月度保费大于200元的，填写200元；月度保费小于200元的，按月度保费填写；个体工商户业主、企事业单位承包承租经营者、个人独资和合伙企业投资者申报时，年度保费金额大于2400元的，填写2400元；年度保费小于2400元的，按实际年度保费填写。

附录2-5：《个人税收递延型商业养老保险税前扣除情况明细表》

个人税收递延型商业养老保险税前扣除情况明细表

所属期： 年 月 日至 年 月 日　　　　　　　　金额单位：人民币元（列至角分）

单位或个人情况		
填表人身份	□扣缴义务人　□个体工商户和承包承租经营者 □个人独资企业投资者　□合伙企业自然人合伙人　□其他	
单位名称		纳税人识别号 （统一社会信用代码）
税收递延型商业养老保险税前扣除情况									
序号	姓名	身份证件类型	身份证件号码	税延养老账户编号	申报扣除期	报税校验码	年度保费	月度保费	本期扣除金额

(续表)

序号	姓名	身份证件类型	身份证件号码	税延养老账户编号	申报扣除期	报税校验码	年度保费	月度保费	本期扣除金额

谨声明:此表是根据《中华人民共和国个人所得税法》及有关法律法规规定填写的,是真实的、完整的、可靠的。

纳税人或扣缴义务人负责人签字:　　　　年　月　日

代理申报机构(人)签章: 经办人: 经办人身份证件类型: 经办人身份证件号码: 经办人执业证件号码: 代理申报日期:　年　月　日	主管税务机关受理章: 受理人: 受理日期:　年　月　日

国家税务总局监制

[表单说明]:

本表适用于个人购买符合规定的税收递延型商业养老保险支出税前扣除申报。本表随《扣缴个人所得税报告表》《特定行业个人所得税年度申报表》《个人所得税生产经营所得纳税申报表(B表)》等申报表一并报送;实行核定征收的,可单独报送。

一、所属期:应与《扣缴个人所得税报告表》等申报表上注明的"税款所属期"一致。

二、单位和个人情况

1. 单位名称:填写涉及商业养老保险扣除政策的扣缴义务人、个体工商户、承包承租的企事业单位、个人独资企业、合伙企业的单位名称。

2. 纳税人识别号(统一社会信用代码):填写上述单位的相应号码。

三、税收递延型商业养老保险税前扣除情况

1. 姓名、身份证件类型、身份证件号码:填写购买税延养老保险的个人信息,相关信息应与《扣缴个人所得税报告表》等申报表上载明的明细信息保持一致;个体工商户业主、个人独资企业投资者、合伙企业自然人合伙人、承包承租经营者和其他自行纳税申报个人按照本人实际情况填写。

2. 税延养老账户编号、报税校验码:按照中国保险信息技术管理有限责任公司相关信息平台出具的《个人税收递延型商业养老保险扣除凭证》载明的对应项目填写。

3. 申报扣除期:取得工资薪金所得、连续性劳务报酬所得(特定行业除外)的个人,填写申报扣除的月份;取得个体工商户的生产经营所得、对企事业单位的承包承租经营所得的个人及特定行业取得工资薪金的个人,填写申报扣除的年份。

4. 年度保费:取得个体工商户的生产经营所得、对企事业单位的承包承租经营所得的个人及特定行业取得工资薪金的个人,填写《个人税收递延型商业养老保险扣除凭证》载明的年度保费金额。

5. 月度保费:取得工资薪金所得、连续性劳务报酬所得(特定行业除外)的个人,填写《个人税收递延型商业养老保险扣除凭证》载明的月度保费金额,一次性缴费的保单填写月平均保费金额。

6. 本期扣除金额:

(1)取得工资薪金所得、连续性劳务报酬所得(特定行业除外)的个人,应按税延养老保险扣除凭证记载的当月金额和扣除限额孰低的方法计算可扣除额。扣除限额按照申报扣除当月的工资薪金、连续性劳务报酬收入的6%和1000元孰低的办法确定。

(2)取得个体工商户的生产经营所得、对企事业单位的承包承租经营所得的个人及特定行业取得工资薪金的个人,按税延养老保险扣除凭证记载的当年金额和扣除限额孰低的方法计算可扣除额。扣除限额按照不超过当年应税收入的6%和12,000元孰低的办法确定。

附录2-6:现行适用的《个人所得税减免税事项报告表》

个人所得税减免税事项报告表

税款所属期: 　年　　月　　日至　　年　　月　　日

纳税人姓名:

纳税人识别号:□□□□□□□□□□□□□□□□-□□

扣缴义务人名称:

扣缴义务人纳税人识别号:□□□□□□□□□□□□□□□□□

金额单位:人民币元(列至角分)

减免税情况						
编号	勾选	减免税事项	减免人数	免税收入	减免税额	备注
1	□	残疾、孤老、烈属减征个人所得税				
2	□	个人转让5年以上唯一住房免征个人所得税		-		
3	□	随军家属从事个体经营免征个人所得税		-		
4	□	军转干部从事个体经营免征个人所得税		-		
5	□	退役士兵从事个体经营免征个人所得税		-		
6	□	建档立卡贫困人口从事个体经营扣减个人所得税		-		
7	□	登记失业半年以上人员,零就业家庭、享受城市低保登记失业人员,毕业年度内高校毕业生从事个体经营扣减个人所得税		-		
8	□	取消农业税从事"四业"所得暂免征收个人所得税		-		
9	□	符合条件的房屋赠与免征个人所得税		-		

(续表)

		减免税情况				
10	☐	科技人员取得职务科技成果转化现金奖励			—	
11	☐	外籍个人出差补贴、探亲费、语言训练费、子女教育费等津补贴			—	
12	☐	税收协定	股息	税收协定名称及条款：	—	
13	☐		利息	税收协定名称及条款：	—	
14	☐		特许权使用费	税收协定名称及条款：	—	
15	☐		财产收益	税收协定名称及条款：	—	
16	☐		受雇所得	税收协定名称及条款：	—	
17	☐		其他	税收协定名称及条款：	—	
18		其他	减免税事项名称及减免性质代码：			
19	☐		减免税事项名称及减免性质代码：			
20			减免税事项名称及减免性质代码：			
		合计				

			减免税人员名单			
序号	姓名	纳税人识别号	减免税事项（编号或减免性质代码）	所得项目	免税收入	减免税额	备注

谨声明：本表是根据国家税收法律法规及相关规定填报的，本人（单位）对填报内容（附带资料）的真实性、可靠性、完整性负责。

纳税人或扣缴单位负责人签字：　　　　年　月　日

经办人签字： 经办人身份证件类型： 经办人身份证件号码： 代理机构签章： 代理机构统一社会信用代码：	受理人： 受理税务机关（章）： 受理日期：　　年　月　日

国家税务总局监制

［表单说明］：
一、适用范围
本表适用于个人纳税年度内发生减免税事项，需要在纳税申报时享受的，向税务机关报送。
二、报送期限
1. 个人需要享受减免税事项的，应当及时向扣缴义务人提交本表做信息采集。
2. 扣缴义务人扣缴申报时，个人需要享受减免税事项的，扣缴义务人应当一并报送本表。
3. 个人需要享受减免税事项并采取自行纳税申报方式的，应按照税法规定的自行纳税申报时间，在自行纳税申报时一并报送本表。
三、本表各栏填写
(一)表头项目
1. 税款所属期：填写个人发生减免税事项的所属期间，应填写具体的起止年月日。
2. 纳税人姓名：个人自行申报并报送本表或向扣缴义务人提交本表做信息采集的，由个人填写纳税人姓名。
3. 纳税人识别号：个人自行申报并报送本表或向扣缴义务人提交本表做信息采集的，由个人填写纳税人识别号。纳税人识别号为个人有中国公民身份号码的，填写中华人民共和国居民身份证上载明的"公民身份号码"；没有中国公民身份号码的，填写税务机关赋予的纳税人识别号。
4. 扣缴义务人名称：扣缴义务人扣缴申报并报送本表的，由扣缴义务人填写扣缴义务人名称。
5. 扣缴义务人纳税人识别号：扣缴义务人扣缴申报并报送本表的，由扣缴义务人填写扣缴义务人统一社会信用代码。
(二)减免税情况
1. "减免税事项"：个人或扣缴义务人勾选享受的减免税事项。
个人享受税收协定待遇的，应勾选"税收协定"项目，并填写具体税收协定名称及条款。
个人享受列示项目以外的减免税事项的，应勾选"其他"项目，并填写减免税事项名称及减免性质代码。
2. "减免人数"：填写享受该行次减免税政策的人数。
3. "免税收入"：填写享受该行次减免税政策的免税收入合计金额。
4. "减免税额"：填写享受该行次减免税政策的减免税额合计金额。
5. "备注"：填写个人或扣缴义务人需要特别说明的或者税务机关要求说明的事项。
(三)减免税人员名单栏
1. "姓名"：填写个人姓名。
2. "纳税人识别号"：填写个人的纳税人识别号。
3. "减免税事项(编号或减免性质代码)"：填写"减免税情况"栏列示的减免税事项对应的编号或税务机关要求填报的其他信息。
4. "所得项目"：填写适用减免税事项的所得项目名称，例如工资、薪金所得。
5. "免税收入"：填写个人享受减免税政策的免税收入金额。
6. "减免税额"：填写个人享受减免税政策的减免税额金额。
7. "备注"：填写个人或扣缴义务人需要特别说明的或者税务机关要求说明的事项。
四、其他事项说明
以纸质方式报送本表的，建议通过计算机填写打印，一式两份，纳税人(扣缴义务人)、税务机关各留存一份。

附录2-7：现行适用的《个人所得税公益慈善事业捐赠扣除明细表》

个人所得税公益慈善事业捐赠扣除明细表

捐赠年度：　年
纳税人姓名：
纳税人识别号：□□□□□□□□□□□□□□□□□□-□□
扣缴义务人名称：
扣缴义务人纳税人识别号：□□□□□□□□□□□□□□□□□□

金额单位：人民币元（列至角分）

序号	捐赠信息							扣除信息				备注
	纳税人姓名	纳税人识别号	受赠单位名称	受赠单位纳税人识别号（统一社会信用代码）	捐赠凭证号	捐赠日期	捐赠金额	扣除比例	扣除所得项目	税款所属期	扣除金额	
1	2	3	4	5	6	7	8	9	10	11	12	13

谨承诺：此表是根据国家税收法律法规及相关规定填报的，是真实的、可靠的、完整的。
纳税人或扣缴义务人负责人签字：　年　月　日

经办人签字： 经办人身份证件号码： 代理机构签章： 代理机构统一社会信用代码：	受理人： 受理税务机关（章）： 受理日期：年　月　日

国家税务总局监制

[填表说明]：
一、适用范围
本表适用于个人发生符合条件的公益慈善事业捐赠，进行个人所得税前扣除时填报。
二、报送期限
扣缴义务人办理扣缴申报、纳税人办理自行申报时一并报送。
三、本表各栏填写
（一）表头项目
1. 捐赠年度：填写个人发生公益慈善事业捐赠支出的所属年度。
2. 纳税人姓名和纳税人识别号：填写个人姓名及其纳税人识别号。有中国居民身份号码的，填写中华人民共和国居民身份证上载明的"居民身份号码"；没有中国居民身份号码的，填写税务机关赋予的纳税人识别号。

个人通过自行申报进行公益慈善事业捐赠扣除的,填写上述两项。扣缴义务人填报时,无须填写。

3. 扣缴义务人名称及扣缴义务人纳税人识别号:填写扣缴义务人的法定名称全称,以及其纳税人识别号或者统一社会信用代码。

扣缴义务人在扣缴申报时为个人办理公益慈善事业捐赠扣除的,填写本项。纳税人自行申报无须填报本项。

(二)表内各列

1. 第2列"纳税人姓名"和第3列"纳税人识别号":扣缴单位为纳税人办理捐赠扣除时,填写本栏。个人自行申报的,无须填写本项。

2. 第4列"受赠单位名称":填写受赠单位的法定名称全称。

3. 第5列"受赠单位纳税人识别号(统一社会信用代码)":填写受赠单位的纳税人识别号或者统一社会信用代码。

4. 第6列"捐赠凭证号":填写捐赠票据的凭证号。

5. 第7列"捐赠日期":填写个人发生的公益慈善事业捐赠的具体日期。

6. 第8列"捐赠金额":填写个人发生的公益慈善事业捐赠的具体金额。

7. 第9列"扣除比例":填写公益慈善事业捐赠支出税前扣除比例。如30%或者100%。

8. 第10列"扣除所得项目":填写公益慈善事业捐赠的所得项目。

9. 第11列"税款所属期":填写"扣除所得项目"对应的税款所属期。

10. 第12列"扣除金额":填写个人取得"扣除所得项目"对应收入办理扣缴申报或者自行申报时,实际扣除的公益慈善事业捐赠支出金额。

11. 第13列"备注":填写个人认为需要特别说明的或者税务机关要求说明的事项。

四、其他事项说明

以纸质方式报送本表的,应当一式两份,纳税人或者扣缴义务人、税务机关各留存一份。

附录2-8:《个人所得税年度自行纳税申报表》

附录2-8-1:现行适用的《个人所得税年度自行纳税申报表(A表)》

个人所得税年度自行纳税申报表(A表)
(仅取得境内综合所得年度汇算适用)

税款所属期: 年 月 日至 年 月 日
纳税人姓名:
纳税人识别号:□□□□□□□□□□□□□□□□□-□□

金额单位:人民币元(列至角分)

基本情况			
手机号码		电子邮箱	邮政编码 □□□□□□
联系地址	省(区、市) 市 区(县)街道(乡、镇)		

(续表)

基本情况			
纳税地点(单选)			
1. 有任职受雇单位的,需选本项并填写"任职受雇单位信息":		□任职受雇单位所在地	
任职受雇单位信息	名称		
	纳税人识别号	□□□□□□□□□□□□□□□□□□	
2. 没有任职受雇单位的,可以从本栏次选择一地:		□户籍所在地　□经常居住地 □主要收入来源地	
户籍所在地/经常居住地		省(区、市)　市　区(县)街道(乡、镇)	
申报类型(单选)			
□首次申报　□更正申报			
综合所得个人所得税计算			
项目		行次	金额
一、收入合计(第1行=第2行+第3行+第4行+第5行)		1	
(一)工资、薪金		2	
(二)劳务报酬		3	
(三)稿酬		4	
(四)特许权使用费		5	
二、费用合计[第6行=(第3行+第4行+第5行)×20%]		6	
三、免税收入合计(第7行=第8行+第9行)		7	
(一)稿酬所得免税部分[第8行=第4行×(1-20%)×30%]		8	
(二)其他免税收入(附报《个人所得税减免税事项报告表》)		9	
四、减除费用		10	
五、专项扣除合计(第11行=第12行+第13行+第14行+第15行)		11	
(一)基本养老保险费		12	
(二)基本医疗保险费		13	
(三)失业保险费		14	
(四)住房公积金		15	
六、专项附加扣除合计(附报《个人所得税专项附加扣除信息表》) (第16行=第17行+第18行+第19行+第20行+第21行+第22行+第23行)		16	

(续表)

综合所得个人所得税计算		
项目	行次	金额
(一)子女教育	17	
(二)继续教育	18	
(三)大病医疗	19	
(四)住房贷款利息	20	
(五)住房租金	21	
(六)赡养老人	22	
(七)3岁以下婴幼儿照护	23	
七、其他扣除合计(第24行=第25行+第26行+第27行+第28行+第29行+第30行)	24	
(一)年金	25	
(二)商业健康保险(附报《商业健康保险税前扣除情况明细表》)	26	
(三)税延养老保险(附报《个人税收递延型商业养老保险税前扣除情况明细表》)	27	
(四)允许扣除的税费	28	
(五)个人养老金	29	
(六)其他	30	
八、准予扣除的捐赠额(附报《个人所得税公益慈善事业捐赠扣除明细表》)	31	
九、应纳税所得额(第32行=第1行-第6行-第7行-第10行-第11行-第16行-第24行-第31行)	32	
十、税率(%)	33	
十一、速算扣除数	34	
十二、应纳税额(第35行=第32行×第33行-第34行)	35	
全年一次性奖金个人所得税计算		
(无住所居民个人预判为非居民个人取得的数月奖金,选择按全年一次性奖金计税的填写本部分)		
一、全年一次性奖金收入	36	
二、准予扣除的捐赠额(附报《个人所得税公益慈善事业捐赠扣除明细表》)	37	
三、税率(%)	38	
四、速算扣除数	39	
五、应纳税额[第40行=(第36行-第37行)×第38行-第39行]	40	

(续表)

税额调整		
一、综合所得收入调整额(需在"备注"栏说明调整具体原因、计算方式等)	41	
二、应纳税额调整额	42	
应补/退个人所得税计算		
一、应纳税额合计(第43行=第35行+第40行+第42行)	43	
二、减免税额(附报《个人所得税减免税事项报告表》)	44	
三、已缴税额	45	
四、应补/退税额(第46行=第43行-第44行-第45行)	46	

无住所个人附报信息			
纳税年度内在中国境内居住天数		已在中国境内居住年数	

退税申请
(应补/退税额小于0的填写本部分)

□申请退税(需填写"开户银行名称""开户银行省份""银行账号") □放弃退税			
开户银行名称		开户银行省份	
银行账号			

备注

谨声明:本表是根据国家税收法律法规及相关规定填报的,本人对填报内容(附带资料)的真实性、可靠性、完整性负责。
纳税人签字:　年　月　日

经办人签字: 经办人身份证件类型: 经办人身份证件号码: 代理机构签章: 代理机构统一社会信用代码:	受理人: 受理税务机关(章): 受理日期:年　月　日

国家税务总局监制

[填表说明]:
(仅取得境内综合所得年度汇算适用)
一、适用范围

本表适用于居民个人纳税年度内仅从中国境内取得工资薪金所得、劳务报酬所得、稿酬所得、特许权使用费所得(以下称"综合所得"),按照税法规定进行个人所得税综合所得汇算清缴。居民个人纳税年度内取得境外所得的,不适用本表。

二、报送期限

居民个人取得综合所得需要办理汇算清缴的,应当在取得所得的次年3月1日至6月30日内,向主管税务机关办理个人所得税综合所得汇算清缴申报,并报送本表。

三、本表各栏填写

(一)表头项目

1. 税款所属期:填写居民个人取得综合所得当年的第1日至最后1日。如2019年1月1日至2019年12月31日。

2. 纳税人姓名:填写居民个人姓名。

3. 纳税人识别号:有中国居民身份号码的,填写中华人民共和国居民身份证上载明的"居民身份号码";没有中国居民身份号码的,填写税务机关赋予的纳税人识别号。

(二)基本情况

1. 手机号码:填写居民个人中国境内的有效手机号码。

2. 电子邮箱:填写居民个人有效电子邮箱地址。

3. 联系地址:填写居民个人能够接收信件的有效地址。

4. 邮政编码:填写居民个人"联系地址"对应的邮政编码。

(三)纳税地点

居民个人根据任职受雇情况,在选项1和选项2之间选择其一,并填写相应信息。若居民个人逾期办理汇算清缴申报被指定主管税务机关的,无须填写本部分。

1. 任职受雇单位信息:勾选"任职受雇单位所在地"并填写相关信息。

(1)名称:填写任职受雇单位的法定名称全称。

(2)纳税人识别号:填写任职受雇单位的纳税人识别号或者统一社会信用代码。

2. 户籍所在地/经常居住地:勾选"户籍所在地"的,填写居民户口簿中登记的住址。勾选"经常居住地"的,填写居民个人申领居住证上登载的居住地址;没有申领居住证的,填写居民个人实际居住地;实际居住地不在中国境内的,填写支付或者实际负担综合所得的境内单位或个人所在地。

(四)申报类型

未曾办理过年度汇算申报,勾选"首次申报";已办理过年度汇算申报,但有误需要更正的,勾选"更正申报"。

(五)综合所得个人所得税计算

1. 第1行"收入合计":填写居民个人取得的综合所得收入合计金额。

第1行=第2行+第3行+第4行+第5行

2. 第2~5行"工资、薪金""劳务报酬""稿酬""特许权使用费":填写居民个人取得的需要并入综合所得计税的"工资、薪金""劳务报酬""稿酬""特许权使用费"所得收入金额。

3. 第6行"费用合计":根据相关行次计算填报。

第6行=(第3行+第4行+第5行)×20%

4. 第7行"免税收入合计":填写居民个人取得的符合税法规定的免税收入合计金额。

第7行=第8行+第9行

5. 第8行"稿酬所得免税部分":根据相关行次计算填报。

第8行=第4行×(1-20%)×30%

6. 第9行"其他免税收入":填写居民个人取得的除第8行以外的符合税法规定的免税收入合计,并按规定附报《个人所得税减免税事项报告表》。

7. 第10行"减除费用":填写税法规定的减除费用。

8. 第11行"专项扣除合计":根据相关行次计算填报。

第11行=第12行+第13行+第14行+第15行

9. 第12~15行"基本养老保险费""基本医疗保险费""失业保险费""住房公积金":填写居民个人按规定可以在税前扣除的基本养老保险费、基本医疗保险费、失业保险费、住房公积金金额。

10. 第16行"专项附加扣除合计":根据相关行次计算填报,并按规定附报《个人所得税专项附加扣除信息表》。

第16行=第17行+第18行+第19行+第20行+第21行+第22行+第23行。

11. 第17~23行"子女教育""继续教育""大病医疗""住房贷款利息""住房租金""赡养老人""3岁以下婴幼儿照护":填写居民个人按规定可以在税前扣除的子女教育、继续教育、大病医疗、住房贷款利息、住房租金、赡养老人、3岁以下婴幼儿照护等专项附加扣除的金额。

12. 第24行"其他扣除合计":根据相关行次计算填报。

第24行=第25行+第26行+第27行+第28行+第29行+第30行。

13. 第25~30行"年金""商业健康保险""税延养老保险""允许扣除的税费""个人养老金""其他":填写居民个人按规定可在税前扣除的年金、商业健康保险、税延养老保险、允许扣除的税费、个人养老金和其他扣除项目的金额。其中,填写商业健康保险的,应当按规定附报《商业健康保险税前扣除情况明细表》;填写税延养老保险的,应当按规定附报《个人税收递延型商业养老保险税前扣除情况明细表》。

14. 第31行"准予扣除的捐赠额":填写居民个人按规定准予在税前扣除的公益慈善事业捐赠金额,并按规定附报《个人所得税公益慈善事业捐赠扣除明细表》。

15. 第32行"应纳税所得额":根据相关行次计算填报。

第32行=第1行-第6行-第7行-第10行-第11行-第16行-第24行-第31行。

16. 第33、34行"税率""速算扣除数":填写按规定适用的税率和速算扣除数。

17. 第35行"应纳税额":按照相关行次计算填报。

第35行=第32行×第33行-第34行。

(六)全年一次性奖金个人所得税计算

无住所居民个人预缴时因预判为非居民个人而按取得数月奖金计算缴税的,汇缴时可以根据自身情况,将一笔数月奖金按照全年一次性奖金单独计算。

1. 第36行"全年一次性奖金收入":填写无住所的居民个人纳税年度内预判为非居民个人时取得的一笔数月奖金收入金额。

2. 第37行"准予扣除的捐赠额":填写无住所的居民个人按规定准予在税前扣除的公益慈善事业捐赠金额,并按规定附报《个人所得税公益慈善事业捐赠扣除明细表》。

3. 第38、39行"税率""速算扣除数":填写按照全年一次性奖金政策规定适用的税率和速算扣除数。

4. 第40行"应纳税额":按照相关行次计算填报。

第40行=(第36行-第37行)×第38行-第39行。

(七)税额调整

1. 第41行"综合所得收入调整额":填写居民个人按照税法规定可以办理的除第41行之前所填报内容之外的其他可以进行调整的综合所得收入的调整金额,并在"备注"栏说明调整的具体原因、计算方式等信息。

2. 第42行"应纳税额调整额":填写居民个人按照税法规定调整综合所得收入后所应调整的应纳税额。

(八)应补/退个人所得税计算

1. 第43行"应纳税额合计":根据相关行次计算填报。

第43行=第35行+第40行+第42行。

2. 第44行"减免税额":填写符合税法规定的可以减免的税额,并按规定附报《个人所得税减免税事项报告表》。

3. 第45行"已缴税额":填写居民个人取得在本表中已填报的收入对应的已经缴纳或者被扣缴的个人所得税。

4. 第46行"应补/退税额":根据相关行次计算填报。

第46行=第43行-第44行-第45行。

(九)无住所个人附报信息

本部分由无住所居民个人填写。不是,则不填。

1. 纳税年度内在中国境内居住天数:填写纳税年度内,无住所居民个人在中国境内居住的天数。

2. 已在中国境内居住年数:填写无住所居民个人已在中国境内连续居住的年份数。其中,年份数自2019年(含)开始计算且不包含本纳税年度。

(十)退税申请

本部分由应补/退税额小于0且勾选"申请退税"的居民个人填写。

1. "开户银行名称":填写居民个人在中国境内开立银行账户的银行名称。

2. "开户银行省份":填写居民个人在中国境内开立的银行账户的开户银行所在省、自治区、直辖市或者计划单列市。

3. "银行账号":填写居民个人在中国境内开立的银行账户的银行账号。

(十一)备注

填写居民个人认为需要特别说明的或者按照有关规定需要说明的事项。

四、其他事项说明

以纸质方式报送本表的,建议通过计算机填写打印,一式两份,纳税人、税务机关各留存一份。

附录 2-8-2：现行适用的《个人所得税年度自行纳税申报表(B 表)》

个人所得税年度自行纳税申报表(B 表)
(居民个人取得境外所得适用)

税款所属期：　年　月　日至　年　月　日

纳税人姓名：

纳税人识别号：□□□□□□□□□□□□□□□□□-□□　金额单位：人民币元(列至角分)

基本情况					
手机号码		电子邮箱		邮政编码	□□□□□□
联系地址		省(区、市)　市　区(县)街道(乡、镇)			
纳税地点(单选)					
1. 有任职受雇单位的,需选本项并填写"任职受雇单位信息"：			□任职受雇单位所在地		
任职受雇单位信息	名称				
	纳税人识别号				
2. 没有任职受雇单位的,可以从本栏次选择一地：			□户籍所在地　□经常居住地 □主要收入来源地		
户籍所在地/经常居住地		省(区、市)　市　区(县)街道(乡、镇)			
申报类型(单选)					
□首次申报　□更正申报					
综合所得个人所得税计算					

项目	行次	金额
一、境内收入合计(第 1 行=第 2 行+第 3 行+第 4 行+第 5 行)	1	
(一)工资、薪金	2	
(二)劳务报酬	3	
(三)稿酬	4	
(四)特许权使用费	5	
二、境外收入合计(附报《境外所得个人所得税抵免明细表》) 　(第 6 行=第 7 行+第 8 行+第 9 行+第 10 行)	6	
(一)工资、薪金	7	
(二)劳务报酬	8	
(三)稿酬	9	

(续表)

综合所得个人所得税计算		
项目	行次	金额
(四)特许权使用费	10	
三、费用合计[第11行=(第3行+第4行+第5行+第8行+第9行+第10行)×20%]	11	
四、免税收入合计(第12行=第13行+第14行)	12	
(一)稿酬所得免税部分[第13行=(第4行+第9行)×(1−20%)×30%]	13	
(二)其他免税收入(附报《个人所得税减免税事项报告表》)	14	
五、减除费用	15	
六、专项扣除合计(第16行=第17行+第18行+第19行+第20行)	16	
(一)基本养老保险费	17	
(二)基本医疗保险费	18	
(三)失业保险费	19	
(四)住房公积金	20	
七、专项附加扣除合计(附报《个人所得税专项附加扣除信息表》)(第21行=第22行+第23行+第24行+第25行+第26行+第27行+第28行)	21	
(一)子女教育	22	
(二)继续教育	23	
(三)大病医疗	24	
(四)住房贷款利息	25	
(五)住房租金	26	
(六)赡养老人	27	
(七)3岁以下婴幼儿照护	28	
八、其他扣除合计(第29行=第30行+第31行+第32行+第33行+第34行+第35行)	29	
(一)年金	30	
(二)商业健康保险(附报《商业健康保险税前扣除情况明细表》)	31	
(三)税延养老保险(附报《个人税收递延型商业养老保险税前扣除情况明细表》)	32	
(四)允许扣除的税费	33	
(五)个人养老金	34	
(六)其他	35	

(续表)

综合所得个人所得税计算		
项目	行次	金额
九、准予扣除的捐赠额(附报《个人所得税公益慈善事业捐赠扣除明细表》)	36	
十、应纳税所得额 (第37行=第1行+第6行-第11行-第12行-第15行-第16行-第21行-第29行-第36行)	37	
十一、税率(%)	38	
十二、速算扣除数	39	
十三、应纳税额(第40行=第37行×第38行-第39行)	40	
除综合所得外其他境外所得个人所得税计算 (无相应所得不填本部分,有相应所得另需附报《境外所得个人所得税抵免明细表》)		
一、经营所得	(一)经营所得应纳税所得额(第41行=第42行+第43行)	41	
	其中:境内经营所得应纳税所得额	42	
	境外经营所得应纳税所得额	43	
	(二)税率(%)	44	
	(三)速算扣除数	45	
	(四)应纳税额(第46行=第41行×第44行-第45行)	46	
二、利息、股息、红利所得	(一)境外利息、股息、红利所得应纳税所得额	47	
	(二)税率(%)	48	
	(三)应纳税额(第49行=第47行×第48行)	49	
三、财产租赁所得	(一)境外财产租赁所得应纳税所得额	50	
	(二)税率(%)	51	
	(三)应纳税额(第52行=第50行×第51行)	52	
四、财产转让所得	(一)境外财产转让所得应纳税所得额	53	
	(二)税率(%)	54	
	(三)应纳税额(第55行=第53行×第54行)	55	
五、偶然所得	(一)境外偶然所得应纳税所得额	56	
	(二)税率(%)	57	
	(三)应纳税额(第58行=第56行×第57行)	58	

（续表）

除综合所得外其他境外所得个人所得税计算 （无相应所得不填本部分，有相应所得另需附报《境外所得个人所得税抵免明细表》）			
六、其他所得	（一）其他境内、境外所得应纳税所得额合计（需在"备注"栏说明具体项目）	59	
	（二）应纳税额	60	
股权激励个人所得税计算 （无境外股权激励所得不填本部分，有相应所得另需附报《境外所得个人所得税抵免明细表》）			
一、境内、境外单独计税的股权激励收入合计		61	
二、税率(%)		62	
三、速算扣除数		63	
四、应纳税额（第64行＝第61行×第62行－第63行）		64	
全年一次性奖金个人所得税计算 （无住所个人预判为非居民个人取得的数月奖金，选择按全年一次性奖金计税的填写本部分）			
一、全年一次性奖金收入		65	
二、准予扣除的捐赠额（附报《个人所得税公益慈善事业捐赠扣除明细表》）		66	
三、税率(%)		65	
四、速算扣除数		67	
五、应纳税额［第69行＝（第65行－第66行）×第67行－第68行］		69	
税额调整			
一、综合所得收入调整额（需在"备注"栏说明调整具体原因、计算方法等）		70	
二、应纳税额调整额		71	
应补/退个人所得税计算			
一、应纳税额合计 （第72行＝第40行＋第46行＋第49行＋第52行＋第55行＋第58行＋第60行＋第64行＋第69行＋第71行）		72	
二、减免税额（附报《个人所得税减免税事项报告表》）		73	
三、已缴税额（境内）		74	
其中：境外所得境内支付部分已缴税额		75	
境外所得境外支付部分预缴税额		76	
四、境外所得已纳所得税抵免额（附报《境外所得个人所得税抵免明细表》）		77	
五、应补/退税额（第78行＝第72行－第73行－第74行－第77行）		78	

(续表)

无住所个人附报信息			
纳税年度内在中国境内居住天数		已在中国境内居住年数	
退税申请 (应补/退税额小于0的填写本部分)			
□申请退税(需填写"开户银行名称""开户银行省份""银行账号") □放弃退税			
开户银行名称		开户银行省份	
银行账号			
备注			
谨声明:本表是根据国家税收法律法规及相关规定填报的,本人对填报内容(附带资料)的真实性、可靠性、完整性负责。 纳税人签字: 年 月 日			
经办人签字: 经办人身份证件类型: 经办人身份证件号码: 代理机构签章: 代理机构统一社会信用代码:		受理人: 受理税务机关(章): 受理日期: 年 月 日	

国家税务总局监制

[填表说明]:

一、适用范围

本表适用于居民个人纳税年度内取得境外所得,按照税法规定办理取得境外所得个人所得税自行申报。申报本表时应当一并附报《境外所得个人所得税抵免明细表》。

二、报送期限

居民个人取得境外所得需要办理自行申报的,应当在取得所得的次年3月1日至6月30日内,向主管税务机关办理纳税申报,并报送本表。

三、本表各栏填写

(一)表头项目

1. 税款所属期:填写居民个人取得所得当年的第1日至最后1日。如2019年1月1日至2019年12月31日。

2. 纳税人姓名:填写居民个人姓名。

3. 纳税人识别号:有中国居民身份号码的,填写中华人民共和国居民身份证上载明的"居民身份号码";没有中国居民身份号码的,填写税务机关赋予的纳税人识别号。

(二)基本情况

1. 手机号码:填写居民个人中国境内的有效手机号码。
2. 电子邮箱:填写居民个人有效电子邮箱地址。
3. 联系地址:填写居民个人能够接收信件的有效地址。
4. 邮政编码:填写居民个人"联系地址"所对应的邮政编码。

(三)纳税地点

居民个人根据任职受雇情况,在选项1和选项2之间选择其一,并填写相应信息。若居民个人逾期办理汇算清缴申报被指定主管税务机关的,无须填写本部分。

1. 任职受雇单位信息:勾选"任职受雇单位所在地"并填写相关信息。
(1)名称:填写任职受雇单位的法定名称全称。
(2)纳税人识别号:填写任职受雇单位的纳税人识别号或者统一社会信用代码。
2. 户籍所在地/经常居住地:勾选"户籍所在地"的,填写居民户口簿中登记的住址。勾选"经常居住地"的,填写居民个人申领居住证上登载的居住地址;没有申领居住证的,填写居民个人实际居住地;实际居住地不在中国境内的,填写支付或者实际负担综合所得的境内单位或个人所在地。

(四)申报类型

未曾办理过年度汇算申报,勾选"首次申报";已办理过年度汇算申报,但有误需要更正的,勾选"更正申报"。

(五)综合所得个人所得税计算

1. 第1行"境内收入合计":填写居民个人取得的境内综合所得收入合计金额。

第1行=第2行+第3行+第4行+第5行

2. 第2~5行"工资、薪金""劳务报酬""稿酬""特许权使用费":填写居民个人取得的需要并入境内综合所得计税的"工资、薪金""劳务报酬""稿酬""特许权使用费"所得收入金额。
3. 第6行"境外收入合计":填写居民个人取得的境外综合所得收入合计金额,并按规定附报《境外所得个人所得税抵免明细表》。

第6行=第7行+第8行+第9行+第10行

4. 第7~10行"工资、薪金""劳务报酬""稿酬""特许权使用费":填写居民个人取得的需要并入境外综合所得计税的"工资、薪金""劳务报酬""稿酬""特许权使用费"所得收入金额。
5. 第11行"费用合计":根据相关行次计算填报。

第11行=(第3行+第4行+第5行+第8行+第9行+第10行)×20%

6. 第12行"免税收入合计":填写居民个人取得的符合税法规定的免税收入合计金额。

第12行=第13行+第14行。

7. 第13行"稿酬所得免税部分":根据相关行次计算填报。

第13行=(第4行+第9行)×(1-20%)×30%

8. 第14行"其他免税收入":填写居民个人取得的除第13行以外的符合税法规定的免税收入合计,并按规定附报《个人所得税减免税事项报告表》。
9. 第15行"减除费用":填写税法规定的减除费用。
10. 第16行"专项扣除合计":根据相关行次计算填报。

第16行=第17行+第18行+第19行+第20行

11. 第17~20行"基本养老保险费""基本医疗保险费""失业保险费""住房公积金":填写居民个人按规定可以在税前扣除的基本养老保险费、基本医疗保险费、失业保险费、住房公积金金额。

12. 第21行"专项附加扣除合计":根据相关行次计算填报,并按规定附报《个人所得税专项附加扣除信息表》。

第21行=第22行+第23行+第24行+第25行+第26行+第27行+28行。

13. 第22~28行"子女教育""继续教育""大病医疗""住房贷款利息""住房租金""赡养老人""3岁以下婴幼儿照护":填写居民个人按规定可以在税前扣除的子女教育、继续教育、大病医疗、住房贷款利息、住房租金、赡养老人、3岁以下婴幼儿照护等专项附加扣除的金额。

14. 第29行"其他扣除合计":根据相关行次计算填报。

第29行=第30行+第31行+第32行+第33行+第34行+第35行。

15. 第30~35行"年金""商业健康保险""税延养老保险""允许扣除的税费""个人养老金""其他":填写居民个人按规定可在税前扣除的年金、商业健康保险、税延养老保险、允许扣除的税费、个人养老金和其他扣除项目的金额。其中,填写商业健康保险的,应当按规定附报《商业健康保险税前扣除情况明细表》;填写税延养老保险的,应当按规定附报《个人税收递延型商业养老保险税前扣除情况明细表》。

16. 第36行"准予扣除的捐赠额":填写居民个人按规定准予在税前扣除的公益慈善事业捐赠金额,并按规定附报《个人所得税公益慈善事业捐赠扣除明细表》。

17. 第37行"应纳税所得额":根据相应行次计算填报。

第37行=第1行+第6行−第11行−第12行−第15行−第16行−第21行−第29行−第36行。

18. 第38、39行"税率""速算扣除数":填写按规定适用的税率和速算扣除数。

19. 第40行"应纳税额":按照相关行次计算填报。

第40行=第37行×第38行−第39行。

(六)除综合所得外其他境外所得个人所得税计算

居民个人取得除综合所得外其他境外所得的,填写本部分,并按规定附报《境外所得个人所得税抵免明细表》。

1. 第41行"经营所得应纳税所得额":根据相应行次计算填报。

第41行=第42行+第43行。

2. 第42行"境内经营所得应纳税所得额":填写居民个人取得的境内经营所得应纳税所得额合计金额。

3. 第43行"境外经营所得应纳税所得额":填写居民个人取得的境外经营所得应纳税所得额合计金额。

4. 第44、45行"税率""速算扣除数":填写按规定适用的税率和速算扣除数。

5. 第46行"应纳税额":按照相关行次计算填报。

第46行=第41行×第44行−第45行。

6. 第47行"境外利息、股息、红利所得应纳税所得额":填写居民个人取得的境外利息、股息、红利所得应纳税所得额合计金额。

7. 第48行"税率":填写按规定适用的税率。

8. 第 49 行"应纳税额":按照相关行次计算填报。

第 49 行=第 47 行×第 48 行。

9. 第 50 行"境外财产租赁所得应纳税所得额":填写居民个人取得的境外财产租赁所得应纳税所得额合计金额。

10. 第 51 行"税率":填写按规定适用的税率。

11. 第 52 行"应纳税额":按照相关行次计算填报。

第 52 行=第 50 行×第 51 行。

12. 第 53 行"境外财产转让所得应纳税所得额":填写居民个人取得的境外财产转让所得应纳税所得额合计金额。

13. 第 54 行"税率":填写按规定适用的税率。

14. 第 55 行"应纳税额":按照相关行次计算填报。

第 55 行=第 53 行×第 54 行。

15. 第 56 行"境外偶然所得应纳税所得额":填写居民个人取得的境外偶然所得应纳税所得额合计金额。

16. 第 57 行"税率":填写按规定适用的税率。

17. 第 58 行"应纳税额":按照相关行次计算填报。

第 58 行=第 56 行×第 57 行。

18. 第 59 行"其他境内、境外所得应纳税所得额合计":填写居民个人取得的其他境内、境外所得应纳税所得额合计金额,并在"备注"栏说明具体项目、计算方法等信息。

19. 第 60 行"应纳税额":根据适用的税率计算填报。

(七)境外股权激励个人所得税计算

居民个人取得境外股权激励,填写本部分,并按规定附报《境外所得个人所得税抵免明细表》。

1. 第 61 行"境内、境外单独计税的股权激励收入合计":填写居民个人取得的境内、境外单独计税的股权激励收入合计金额。

2. 第 62、63 行"税率""速算扣除数":根据单独计税的股权激励政策规定适用的税率和速算扣除数。

3. 第 64 行"应纳税额":按照相关行次计算填报。

第 64 行=第 61 行×第 62 行-第 63 行。

(八)全年一次性奖金个人所得税计算

无住所居民个人预缴时因预判为非居民个人而按取得数月奖金计算缴税的,汇缴时可以根据自身情况,将一笔数月奖金按照全年一次性奖金单独计算。

1. 第 65 行"全年一次性奖金收入":填写无住所的居民个人纳税年度内预判为非居民个人时取得的一笔数月奖金收入金额。

2. 第 66 行"准予扣除的捐赠额":填写无住所的居民个人按规定准予在税前扣除的公益慈善事业捐赠金额,并按规定附报《个人所得税公益慈善事业捐赠扣除明细表》。

3. 第 67、68 行"税率""速算扣除数":填写按照全年一次性奖金政策规定适用的税率和速算扣除数。

4. 第 69 行"应纳税额":按照相关行次计算填报。

第 69 行=(第 65 行-第 66 行)×第 67 行-第 68 行。

(九)税额调整

1. 第 70 行"综合所得收入调整额":填写居民个人按照税法规定可以办理的除第 70 行之前所填报内容之外的其他可以进行调整的综合所得收入的调整金额,并在"备注"栏说明调整的具体原因、计算方式等信息。

2. 第 71 行"应纳税额调整额":填写居民个人按照税法规定调整综合所得收入后所应调整的应纳税额。

(十)应补/退个人所得税计算

1. 第 72 行"应纳税额合计":根据相关行次计算填报。

第 72 行=第 40 行+第 46 行+第 49 行+第 52 行+第 55 行+第 58 行+第 60 行+第 64 行+第 69 行+第 71 行。

2. 第 73 行"减免税额":填写符合税法规定的可以减免的税额,并按规定附报《个人所得税减免税事项报告表》。

3. 第 74 行"已缴税额(境内)":填写居民个人取得在本表中已填报的收入对应的在境内已经缴纳或者被扣缴的个人所得税。

4. 第 75 行"境外所得已纳所得税抵免额":根据《境外所得个人所得税抵免明细表》计算填写居民个人符合税法规定的个人所得税本年抵免额。

5. 第 78 行"应补/退税额":根据相关行次计算填报。

第 78 行=第 72 行-第 73 行-第 74 行-第 77 行。

(十一)无住所个人附报信息

本部分由无住所个人填写。不是,则不填。

1. 纳税年度内在中国境内居住天数:填写本纳税年度内,无住所居民个人在中国境内居住的天数。

2. 已在中国境内居住年数:填写无住所个人已在中国境内连续居住的年份数。其中,年份数自 2019 年(含)开始计算且不包含本纳税年度。

(十二)退税申请

本部分由应补/退税额小于 0 且勾选"申请退税"的居民个人填写。

1. "开户银行名称":填写居民个人在中国境内开立银行账户的银行名称。

2. "开户银行省份":填写居民个人在中国境内开立的银行账户的开户银行所在省、自治区、直辖市或者计划单列市。

3. "银行账号":填写居民个人在中国境内开立的银行账户的银行账号。

(十三)备注

填写居民个人认为需要特别说明的或者按照有关规定需要说明的事项。

四、其他事项说明

以纸质方式报送本表的,建议通过计算机填写打印,一式两份,纳税人、税务机关各留存一份。

附录 2-8-3：现行适用的《境外所得个人所得税抵免明细表》

境外所得个人所得税抵免明细表

税款所属期： 年 月 日至 年 月 日

纳税人姓名：

纳税人识别号：□□□□□□□□□□□□□□□□□□-□□ 金额单位：人民币元（列至角分）

本期境外所得抵免限额计算							
列次			A	B	C	D	E
项目		行次	金额				
国家(地区)		1	境内	境外			合计
一、综合所得	(一)收入	2					
	其中:工资、薪金	3					
	劳务报酬	4					
	稿酬	5					
	特许权使用费	6					
	(二)费用	7					
	(三)收入额	8					
	(四)应纳税额	9		—	—	—	—
	(五)减免税额	10		—	—	—	—
	(六)抵免限额	11					
二、经营所得	(一)收入总额	12	—				
	(二)成本费用	13	—				
	(三)应纳税所得额	14					
	(四)应纳税额	15		—	—	—	—
	(五)减免税额	16		—	—	—	—
	(六)抵免限额	17					
三、利息、股息、红利所得	(一)应纳税所得额	18	—				
	(二)应纳税额	19	—				
	(三)减免税额	20	—				
	(四)抵免限额	21	—				
四、财产租赁所得	(一)应纳税所得额	22	—				
	(二)应纳税额	23	—				
	(三)减免税额	24	—				
	(四)抵免限额	25	—				

（续表）

本期境外所得抵免限额计算							
列次			A	B	C	D	E
项目			行次	金额			
五、财产转让所得	（一）收入	26	—				
	（二）财产原值	27	—				
	（三）合理税费	28	—				
	（四）应纳税所得额	29					
	（五）应纳税额	30					
	（六）减免税额	31					
	（七）抵免限额	32					
六、偶然所得	（一）应纳税所得额	33					
	（二）应纳税额	34					
	（三）减免税额	35					
	（四）抵免限额	36					
七、股权激励	（一）应纳税所得额	37					
	（二）应纳税额	38		—	—	—	
	（三）减免税额	39		—	—	—	
	（四）抵免限额	40					
八、其他境内、境外所得	（一）应纳税所得额	41					
	（二）应纳税额	42					
	（三）减免税额	43					
	（四）抵免限额	44	—				
九、本年可抵免限额合计 (第45行=第11行+第17行+第21行+第25行+第32行+第36行+第40行+第44行)		45	—				
本期实际可抵免额计算							
一、以前年度结转抵免额 (第46行=第47行+第48行+第49行+第50行+第51行)		46	—				
其中：前5年		47	—				
前4年		48	—				
前3年		49	—				
前2年		50	—				
前1年		51	—				

续表

本期实际可抵免额计算				
二、本年境外已纳税额	52	—		
其中:享受税收饶让抵免税额(视同境外已纳)	53	—		
三、本年抵免额(境外所得已纳所得税抵免额)	54	—		
四、可结转以后年度抵免额 (第55行=第56行+第57行+第58行+第59行+第60行)	55	—		—
其中:前4年	56	—		—
前3年	57	—		—
前2年	58	—		—
前1年	59	—		—
本年	60	—		—
备注				
谨声明:本表是根据国家税收法律法规及相关规定填报的,本人对填报内容(附带资料)的真实性、可靠性、完整性负责。 纳税人签字: 年 月 日				
经办人签字: 经办人身份证件类型: 经办人身份证件号码: 代理机构签章: 代理机构统一社会信用代码:	受理人: 受理税务机关(章): 受理日期:年 月 日			

国家税务总局监制

[填表说明]:

一、适用范围

本表适用于居民个人纳税年度内取得境外所得,并按税法规定进行年度自行纳税申报时,应填报本表,计算其本年抵免额。

二、报送期限

本表随《个人所得税年度自行纳税申报表(B表)》一并报送。

三、本表各栏填写

(一)表头项目

1. 税款所属期:填写居民个人取得境外所得当年的第1日至最后1日。如2019年1月1日至2019年12月31日。

2. 纳税人姓名:填写居民个人姓名。

3. 纳税人识别号:有中国居民身份号码的,填写中华人民共和国居民身份证上载明的"居民身份号码";没有中国居民身份号码的,填写税务机关赋予的纳税人识别号。

（二）第 A、B、C、D、E 列次

1. 第 A 列"境内"：填写个人取得境内所得相关内容。
2. 第 B~D 列"境外"：填写个人取得境外所得相关内容。
3. 第 E 列"合计"：按照相关列次计算填报。

第 E 列 = 第 A 列 + 第 B 列 + 第 C 列 + 第 D 列

（三）本期境外所得抵免限额计算

1. 第 1 行"国家（地区）"：按"境外"列分别填写居民个人取得的境外收入来源国家（地区）名称。
2. 第 2 行"收入"：按列分别填写居民个人取得的综合所得收入合计金额。
3. 第 3~6 行"工资、薪金""劳务报酬""稿酬""特许权使用费"：按列分别填写居民个人取得的需要并入综合所得计税的"工资、薪金""劳务报酬""稿酬""特许权使用费"所得收入金额。
4. 第 7 行"费用"：根据相关行次计算填报。

第 7 行 =（第 4 行 + 第 5 行 + 第 6 行）×20%

5. 第 8 行"收入额"：根据相关行次计算填报。

第 8 行 = 第 2 行 − 第 7 行 − 第 5 行 × 80% × 30%

6. 第 9 行"应纳税额"：按我国法律法规计算应纳税额，并填报本行"合计"列。
7. 第 10 行"减免税额"：填写符合税法规定的可以减免的税额，并按规定附报《个人所得税减免税事项报告表》。
8. 第 11 行"抵免限额"：根据相应行次按列分别计算填报。

第 11 行"境外"列 =（第 9 行"合计"列 − 第 10 行"合计"列）× 第 8 行"境外"列 ÷ 第 8 行"合计"列

第 11 行"合计列" = ∑第 11 行"境外"列。

9. 第 12、13、14 行"收入总额""成本费用""应纳税所得额"：按列分别填写居民个人取得的经营所得收入、成本费用及应纳税所得额合计金额。
10. 第 15 行"应纳税额"：根据相关行次计算填报"合计"列。

第 15 行 = 第 14 行 × 适用税率 − 速算扣除数

11. 第 16 行"减免税额"：填写符合税法规定的可以减免的税额，并按规定附报《个人所得税减免税事项报告表》。
12. 第 17 行"抵免限额"：根据相应行次按列分别计算填报。

第 17 行"境外"列 =（第 15 行"合计"列 − 第 16 行"合计"列）× 第 14 行"境外"列 ÷ 第 14 行"合计"列。

第 17 行"合计列" = ∑第 17 行"境外"列。

13. 第 18、22、33、41 行"应纳税所得额"：按列分别填写居民个人取得的利息、股息、红利所得，财产租赁所得，偶然所得，其他境内、境外所得应纳税所得额合计金额。
14. 第 19、23、34、42 行"应纳税额"：按列分别计算填报。

第 19 行 = 第 18 行 × 适用税率

第 23 行 = 第 22 行 × 适用税率

第 34 行 = 第 33 行 × 适用税率

第 42 行=第 41 行×适用税率

15. 第 20、24、35、43 行"减免税额":填写符合税法规定的可以减免的税额,并附报《个人所得税减免税事项报告表》。

16. 第 21、25、36、44 行"抵免限额":根据相应行次按列分别计算填报。

第 21 行=第 19 行-第 20 行

第 25 行=第 23 行-第 24 行

第 36 行=第 34 行-第 35 行

第 44 行=第 42 行-第 43 行

17. 第 26 行"收入":按列分别填写居民个人取得的财产转让所得收入合计金额。

18. 第 27 行"财产原值":按列分别填写居民个人取得的财产转让所得对应的财产原值合计金额。

19. 第 28 行"合理税费":按列分别填写居民个人取得财产转让所得对应的合理税费合计金额。

20. 第 29 行"应纳税所得额":按列分别填写居民个人取得的财产转让所得应纳税所得额合计金额。

第 29 行=第 26 行-第 27 行-第 28 行

21. 第 30 行"应纳税额":根据相应行按列分别计算填报。

第 30 行=第 29 行×适用税率

22. 第 31 行"减免税额":填写符合税法规定的可以减免的税额,并按规定附报《个人所得税减免税事项报告表》。

23. 第 32 行"抵免限额":根据相应行次按列分别计算填报。

第 32 行=第 30 行-第 31 行

24. 第 37 行"应纳税所得额":按列分别填写居民个人取得的股权激励应纳税所得额合计金额。

25. 第 38 行"应纳税额":按我国法律法规计算应纳税额填报本行"合计"列。

第 38 行=第 37 行×适用税率-速算扣除数

26. 第 39 行"减免税额":填写符合税法规定的可以减免的税额,并附报《个人所得税减免税事项报告表》。

27. 第 40 行"抵免限额":根据相应行次按列分别计算填报。

第 40 行"境外"列=(第 38 行"合计"列-第 39 行"合计"列)×第 37 行"境外"列÷第 37 行"合计"列

28. 第 45 行"本年可抵免限额合计":根据相应行次按列分别计算填报。

第 45 行=第 11 行+第 17 行+第 21 行+第 25 行+第 32 行+第 36 行+第 40 行+第 44 行

(四)本期实际可抵免额计算

1. 第 46 行"以前年度结转抵免额":根据相应行次按列分别计算填报。

第 46 行=第 47 列+第 48 列+第 49 列+第 50 列+第 51 列

2. 第 52 行"本年境外已纳税额":按列分别填写居民个人在境外已经缴纳或者被扣缴的税款合计金额,包括第 53 行"享受税收饶让抵免税额"。

3. 第 53 行"享受税收饶让抵免税额":按列分别填写居民个人享受税收饶让政策而视同

境外已缴纳而实际未缴纳的税款合计金额。

4. 第54行"本年抵免额"：按"境外"列分别计算填写可抵免税额。

第54行"合计"列＝∑第54行"境外"列。

5. 第55行"可结转以后年度抵免额"：根据相应行次按列分别计算填报。

第55行＝第56列＋第57列＋第58列＋第59列＋第60列

(五)备注

填写居民个人认为需要特别说明的或者税务机关要求说明的事项。

四、其他事项说明

以纸质方式报送本表的，建议通过计算机填写打印，一式两份，纳税人、税务机关各留存一份。

附录2-8-4：现行适用的《个人所得税年度自行纳税申报表(简易版)》

个人所得税年度自行纳税申报表(简易版)

(纳税年度：20   )

一、填表须知

填写本表前，请仔细阅读以下内容： 1. 如果您年综合所得收入额不超过6万元且在纳税年度内未取得境外所得的，可以填写本表； 2. 您可以在纳税年度的次年3月1日至5月31日使用本表办理汇算清缴申报，并在该期限内申请退税； 3. 建议您下载并登录个人所得税APP，或者直接登录税务机关官方网站在线办理汇算清缴申报，体验更加便捷的申报方式； 4. 如果您对于申报填写的内容有疑问，您可以参考相关办税指引，咨询您的扣缴单位、专业人士，或者拨打12366纳税服务热线。 5. 以纸质方式报送本表的，建议通过计算机填写打印，一式两份，纳税人、税务机关各留存一份。

二、个人基本情况

1. 姓名	
2. 居民身份号码/纳税人识别号	□□□□□□□□□□□□□□□□□－□□(无校验码不填后两位)
说明：有中国居民身份号码的，填写中华人民共和国居民身份证上载明的"居民身份号码"；没有中国居民身份号码的，填写税务机关赋予的纳税人识别号。	
3. 手机号码	□□□□□□□□□□□
提示：中国境内有效手机号码，请准确填写，以方便与您联系。	
4. 电子邮箱	
5. 联系地址	省(区、市) 市 区(县)街道(乡、镇)
提示：能够接收信件的有效通信地址。	
6. 邮政编码	□□□□□□

(续表)

三、纳税地点(单选)

1.有任职受雇单位的,需选本项并填写"任职受雇单位信息":		☐任职受雇单位所在地
任职受雇单位信息	名称	
	纳税人识别号	☐☐☐☐☐☐☐☐☐☐☐☐☐☐☐☐☐☐
2.没有任职受雇单位的,可以从本栏次选择一地:		☐户籍所在地　☐经常居住地
户籍所在地/经常居住地		省(区、市)　市　区(县)街道(乡、镇)

四、申报类型

请您选择本次申报类型,未曾办理过年度汇算申报,勾选"首次申报";已办理过年度汇算申报,但有误需要更正的,勾选"更正申报":
☐首次申报　☐更正申报

五、纳税情况

已缴税额	☐☐,☐☐☐.☐☐(元)
纳税年度内取得综合所得时,扣缴义务人预扣预缴以及个人自行申报缴纳的个人所得税。	

六、退税申请

1.是否申请退税?	☐申请退税【选择此项的,填写个人账户信息】　☐放弃退税
2.个人账户信息	开户银行名称:　开户银行省份: 银行账号:
说明:开户银行名称填写居民个人在中国境内开立银行账户的银行名称。	

七、备注

如果您有需要特别说明或者税务机关要求说明的事项,请在本栏填写:

八、承诺及申报受理

谨声明: 　　1.本人纳税年度内取得的综合所得收入额合计不超过6万元。 　　2.本表是根据国家税收法律法规及相关规定填报的,本人对填报内容(附带资料)的真实性、可靠性、完整性负责。
纳税人签名:　　年　月　日

（续表）

经办人签字： 经办人身份证件类型： 经办人身份证件号码： 代理机构签章： 代理机构统一社会信用代码：	受理人： 受理税务机关(章)： 受理日期：　年　月　日

国家税务总局监制

附录2-8-5：现行适用的《个人所得税年度自行纳税申报表(问答版)》

个人所得税年度自行纳税申报表(问答版)
(纳税年度：20　)

一、填表须知

> 填写本表前，请仔细阅读以下内容：
> 　1. 如果您需要办理个人所得税综合所得汇算清缴，并且未在纳税年度内取得境外所得的，可以填写本表；
> 　2. 您需要在纳税年度的次年3月1日至6月30日办理汇算清缴申报，并在该期限内补缴税款或者申请退税；
> 　3. 建议您下载并登录个人所得税APP，或者直接登录税务机关官方网站在线办理汇算清缴申报，体验更加便捷的申报方式；
> 　4. 如果您对于申报填写的内容有疑问，您可以参考相关办税指引，咨询您的扣缴单位、专业人士，或者拨打12366纳税服务热线。
> 　5. 以纸质方式报送本表的，建议通过计算机填写打印，一式两份，纳税人、税务机关各留存一份。

二、基本情况

1. 姓名	
2. 居民身份号码/纳税人识别号	□□□□□□□□□□□□□□□□□-□□(无校验码不填后两位)
说明：有中国居民身份号码的，填写中华人民共和国居民身份证上载明的"居民身份号码"；没有中国居民身份号码的，填写税务机关赋予的纳税人识别号。	
3. 手机号码	□□□□□□□□□□□
提示：中国境内有效手机号码，请准确填写，以方便与您联系。	
4. 电子邮箱	
5. 联系地址	省(区、市)　市　区(县)街道(乡、镇)
提示：能够接收信件的有效通信地址。	
6. 邮政编码	□□□□□□

三、纳税地点

7. 您是否有任职受雇单位，并取得工资薪金？(单选)	

(续表)

□有任职受雇单位(需要回答问题8)　□没有任职受雇单位(需要回答问题9)
8. 如果您有任职受雇单位,您可以选择一处任职受雇单位所在地办理汇算清缴,请提供该任职受雇单位的具体情况:
任职受雇单位名称(全称):
任职受雇单位纳税人识别号:□□□□□□□□□□□□□□□□□□
9. 如果您没有任职受雇单位,您可以选择在以下地点办理汇算清缴:(单选)
□户籍所在地　□经常居住地 具体地址: 省(区、市)　市　区(县)街道(乡、镇)
说明:1. 户籍所在地是指居民户口簿中登记的地址。 　　　2. 经常居住地是指居民个人申领居住证上登载的居住地址,若没有申领居住证,指居民个人当前实际居住的地址;若居民个人不在中国境内的,指支付或者实际负担综合所得的境内单位或个人所在地。

四、申报类型

10. 未曾办理过年度汇算申报,勾选"首次申报";已办理过年度汇算申报,但有误需要更正的,勾选"更正申报":
□首次申报　□更正申报

五、收入-A(工资薪金)

11. 您在纳税年度内取得的工资薪金收入有多少?
(A1)工资薪金收入(包括并入综合所得计算的全年一次性奖金):□□,□□□,□□□,□□□.□□(元)　□无此类收入
说明: (1)工资薪金是指,个人因任职或者受雇,取得的工资薪金收入。包括工资、薪金、奖金、年终加薪、劳动分红、津贴、补贴以及与任职或者受雇有关的其他收入。全年一次性奖金是指,行政机关、企事业单位等扣缴义务人根据其全年经济效益和对雇员全年工作业绩的综合考核情况,向雇员发放的一次性奖金。包括年终加薪、实行年薪制和绩效工资办法的单位根据考核情况兑现的年薪和绩效工资。 (2)全年一次性奖金可以单独计税,也可以并入综合所得计税。具体方法请查阅财税〔2018〕164号文件规定。选择何种方式计税对您更为有利,可以咨询专业人士。 (3)工资薪金收入不包括单独计税的全年一次性奖金。

六、收入-A(劳务报酬)

12. 您在纳税年度内取得的劳务报酬收入有多少?
(A2)劳务报酬收入:□□,□□□,□□□,□□□.□□(元)　□无此类收入
说明:劳务报酬收入是指,个人从事设计、装潢、安装、制图、化验、测试、医疗、法律、会计、咨询、讲学、翻译、审稿、书画、雕刻、影视、录音、录像、演出、表演、广告、展览、技术服务、介绍服务、经纪服务、代办服务以及其他劳务取得的收入。

（续表）

七、收入-A(稿酬)

13. 您在纳税年度内取得的稿酬收入有多少？

（A3）稿酬收入：□□,□□□,□□□,□□□.□□（元）　□无此类收入

说明：稿酬收入是指，个人作品以图书、报刊等形式出版、发表而取得的收入。

八、收入-A(特许权使用费)

14. 您在纳税年度内取得的特许权使用费收入有多少？

（A4）特许权使用费收入：□□,□□□,□□□,□□□.□□（元）　□无此类收入

说明：特许权使用费收入是指，个人提供专利权、商标权、著作权、非专利技术以及其他特许权的使用权取得的收入。

九、免税收入-B

15. 您在纳税年度内取得的综合所得收入中，免税收入有多少？（需附报《个人所得税减免税事项报告表》）

（B1）免税收入：□□,□□□,□□□,□□□.□□（元）　□无此类收入

提示：免税收入是指按照税法规定免征个人所得税的收入。其中，税法规定"稿酬所得的收入额减按70%计算"，对稿酬所得的收入额减计30%的部分无须填入本项，将在后续计算中扣减该部分。

十、专项扣除-C

16. 您在纳税年度内个人负担的，按规定可以在税前扣除的基本养老保险费、基本医疗保险费、失业保险费、住房公积金是多少？

（C1）基本养老保险费：□□□,□□□.□□（元）　□无此类扣除
（C2）基本医疗保险费：□□□,□□□.□□（元）　□无此类扣除
（C3）失业保险费：□□□,□□□.□□（元）　□无此类扣除
（C4）住房公积金：□□□,□□□.□□（元）　□无此类扣除

说明：个人实际负担的三险一金可以扣除。

十一、专项附加扣除-D

17. 您在纳税年度内可以扣除的子女教育支出是多少？（需附报《个人所得税专项附加扣除信息表》）

（D1）子女教育：□□□,□□□.□□（元）　□无此类扣除

说明：
子女教育支出可扣除金额（D1）= 每一子女可扣除金额合计；
每一子女可扣除金额 = 纳税年度内符合条件的扣除月份数×2000元×扣除比例。
纳税年度内符合条件的扣除月份数包括子女年满3周岁当月起至受教育前一月、实际受教育月份以及寒暑假假月份等。
扣除比例：由夫妻双方协商确定，每一子女可以在本人或配偶处按照100%扣除，也可由双方分别按照50%扣除。

(续表)

18. 您在纳税年度内可以扣除的继续教育支出是多少？（需附报《个人所得税专项附加扣除信息表》）

(D2)继续教育：□□□,□□□.□□（元）　□无此类扣除

说明：

继续教育支出可扣除金额(D2)＝学历(学位)继续教育可扣除金额＋职业资格继续教育可扣除金额；

学历(学位)继续教育可扣除金额＝纳税年度内符合条件的扣除月份数×400元；

纳税年度内符合条件的扣除月份数包括受教育月份、寒暑假休假月份等，但同一学历(学位)教育扣除期限不能超过48个月。

纳税年度内，个人取得符合条件的技能人员、专业技术人员相关职业资格证书的，职业资格继续教育可扣除金额＝3600元。

19. 您在纳税年度内可以扣除的大病医疗支出是多少？（需附报《个人所得税专项附加扣除信息表》）

(D3)大病医疗：□,□□□,□□□.□□（元）　□无此类扣除

说明：

　　大病医疗支出可扣除金额(D3)＝选择由您扣除的每一家庭成员的大病医疗可扣除金额合计；

　　某一家庭成员的大病医疗可扣除金额(不超过80,000元)＝纳税年度内医保目录范围内的自付部分-15,000元；

　　家庭成员包括个人本人、配偶、未成年子女。

20. 您在纳税年度内可以扣除的住房贷款利息支出是多少？（需附报《个人所得税专项附加扣除信息表》）

(D4)住房贷款利息：□□,□□□.□□（元）　□无此类扣除

说明：

住房贷款利息支出可扣除金额(D4)＝符合条件的扣除月份数×扣除定额。

符合条件的扣除月份数为纳税年度内实际贷款月份数。

扣除定额：正常情况下，由夫妻双方协商确定，由其中1人扣除1000元/月；婚前各自购房，均符合扣除条件的，婚后可选择由其中1人扣除1000元/月，也可以选择各自扣除500元/月。

21. 您在纳税年度内可以扣除的住房租金支出是多少？（需附报《个人所得税专项附加扣除信息表》）

(D5)住房租金：□□,□□□.□□（元）　□无此类扣除

说明：

住房租金支出可扣除金额(D5)＝纳税年度内租房月份的月扣除定额之和

月扣除定额：直辖市、省会(首府)城市、计划单列市以及国务院确定的其他城市，扣除标准为1500元/月；市辖区户籍人口超过100万的城市，扣除标准为1100元/月；市辖区户籍人口不超过100万的城市，扣除标准为800元/月。

(续表)

22. 您在纳税年度内可以扣除的赡养老人支出是多少?(需附报《个人所得税专项附加扣除信息表》)
(D6)赡养老人:□□,□□□.□□(元)　□无此类扣除
说明: 赡养老人支出可扣除金额(D6)=纳税年度内符合条件的月份数×月扣除定额 符合条件的月份数:纳税年度内满60岁的老人,自满60岁当月起至12月份计算;纳税年度前满60岁的老人,按照12个月计算。 月扣除定额:独生子女,月扣除定额3000元/月;非独生子女,月扣除定额由被赡养人指定分摊,也可由赡养人均摊或约定分摊,但每月不超过1500元/月。
23. 您在纳税年度内可以扣除的3岁以下婴幼儿照护支出是多少?(需附报《个人所得税专项附加扣除信息表》)
(D7)3岁以下婴幼儿照护:□□,□□□.□□(元)　□无此类扣除
说明: 3岁以下婴幼儿照护支出可扣除金额(D7)=每一3岁以下婴幼儿照护可扣除金额合计; 每一3岁以下婴幼儿照护可扣除金额=纳税年度内符合条件的扣除月份数×2000元×扣除比例。 纳税年度内符合条件的扣除月份数为婴幼儿出生的当月至年满3周岁的前一个月。 扣除比例:由夫妻双方协商确定,每一婴幼儿子女可以在本人或配偶处按照100%扣除,也可由双方分别按照50%扣除。

十二、其他扣除-E

24. 您在纳税年度内可以扣除的企业年金、职业年金是多少?
(E1)年金:□□□,□□□.□□(元)　□无此类扣除
25. 您在纳税年度内可以扣除的商业健康保险是多少?(需附报《商业健康保险税前扣除情况明细表》)
(E2)商业健康保险:□,□□□.□□(元)　□无此类扣除
26. 您在纳税年度内可以扣除的税收递延型商业养老保险是多少?(需附报《个人税收递延型商业养老保险税前扣除情况明细表》)
(E3)税延养老保险:□□,□□□.□□(元)　□无此类扣除
27. 您在纳税年度内可以扣除的税费是多少?
(E4)允许扣除的税费:□□,□□□,□□□.□□(元)　□无此类扣除
说明:允许扣除的税费是指,个人取得劳务报酬、稿酬、特许权使用费收入时,发生的合理税费支出。
28. 您在纳税年度内可以扣除的个人养老金是多少?
(E5)个人养老金:□□,□□□.□□(元)　□无此类扣除

(续表)

29. 您在纳税年度内发生的除上述扣除以外的其他扣除是多少?

(E6)其他扣除:□□,□□□,□□□,□□□.□□(元)　□无此类扣除

提示:其他扣除(其他)包括保险营销员、证券经纪人佣金收入的展业成本。

十三、捐赠-F

30. 您在纳税年度内可以扣除的捐赠支出是多少?(需附报《个人所得税公益慈善事业捐赠扣除明细表》)

(F1)准予扣除的捐赠额:□□,□□□,□□□,□□□.□□(元)　□无此类扣除

十四、全年一次性奖金-G

31. 您在纳税年度内取得的一笔要转换为全年一次性奖金的数月奖金是多少?

(G1)全年一次性奖金:□□,□□□,□□□,□□□.□□(元)　□无此类情况

(G2)全年一次性奖金应纳个人所得税=G1×适用税率-速算扣除数=□□,□□□,□□□,□□□.□□(元)

说明:仅适用于无住所居民个人预缴时因预判为非居民个人而按取得数月奖金计算缴税,汇缴时可以根据自身情况,将一笔数月奖金按照全年一次性奖金单独计算。

十五、税额计算-H(使用纸质申报的居民个人需要自行计算填写本项)

32. 综合所得应纳个人所得税计算

(H1)综合所得应纳个人所得税=[(A1+A2×80%+A3×80%×70%+A4×80%)-B1-60,000-(C1+C2+C3+C4)-(D1+D2+D3+D4+D5+D6+D7)-(E1+E2+E3+E4+E5+E6)-F1]×适用税率-速算扣除数=□□,□□□,□□□,□□□.□□(元)

说明:适用税率和速算扣除数如下

级数	全年应纳税所得额	税率(%)	速算扣除数
1	不超过36,000元的	3	0
2	超过36,000元至144,000元的	10	2520
3	超过144,000元至300,000元的	20	16,920
4	超过300,000元至420,000元的	25	31,920
5	超过420,000元至660,000元的	30	52,920
6	超过660,000元至960,000元的	35	85,920
7	超过960,000元的	45	181,920

十六、减免税额-J

33. 您可以享受的减免税类型有哪些?

□残疾　□孤老　□烈属　□其他(需附报《个人所得税减免税事项报告表》)　□无此类情况

34. 您可以享受的减免税金额是多少?

(J1)减免税额:□□,□□□,□□□,□□□.□□(元)　□无此类情况

十七、已缴税额-K

35．您在纳税年度内取得本表填报的各项收入时，已经缴纳的个人所得税是多少？
（K1）已纳税额：□□,□□□,□□□,□□□.□□（元）　□无此类情况

十八、应补/退税额-L（使用纸质申报的居民个人需要自行计算填写本项）

36．您本次汇算清缴应补/退的个人所得税税额是：
（L1）应补/退税额=G2+H1-J1-K1=□□,□□□,□□□,□□□.□□（元）

十九、无住所个人附报信息（有住所个人无需填写本项）

37．您在纳税年度内，在中国境内的居住天数是多少？
纳税年度内在中国境内居住天数：　　天。
38．您在中国境内的居住年数是多少？
中国境内居住年数：　　年。
说明：境内居住年数自2019年（含）以后年度开始计算。境内居住天数和年数的具体计算方法参见财政部、税务总局公告2019年第34号。

二十、退税申请（应补/退税额小于0的填写本项）

39．您是否申请退税？
□申请退税　　□放弃退税
40．如果您申请退税，请提供您的有效银行账户。
开户银行名称：　　　　开户银行省份： 银行账号：
说明：开户银行名称填写居民个人在中国境内开立银行账户的银行名称。

二十一、备注

如果您有需要特别说明或者税务机关要求说明的事项，请在本栏填写：

二十二、申报受理

谨声明：本表是根据国家税收法律法规及相关规定填报的，本人对填报内容（附带资料）的真实性、可靠性、完整性负责。
个人签名：　　年　月　日

经办人签字： 经办人身份证件类型： 经办人身份证件号码： 代理机构签章： 代理机构统一社会信用代码：	受理人： 受理税务机关（章）： 受理日期：　年　月　日

国家税务总局监制

第三章 经营所得的纳税申报

2-3.1 应纳税所得额

律师个人出资兴办的独资和合伙性质的律师事务所的年度经营所得,从2000年1月1日起,停止征收企业所得税,作为出资律师的个人经营所得,按照有关规定,比照"个体工商户的生产、经营所得"应税项目征收个人所得税。

合伙制律师事务所应将年度经营所得全额作为基数,先按出资比例或者事先约定的比例计算各合伙人应分配的应纳税所得额,再由各合伙人分别依据分得的应纳税所得额申报缴纳个人所得税。合伙人按照下列原则依照以下顺序确定应纳税所得额。

(1)合伙协议约定的分配比例。

(2)合伙协议未约定或者约定不明确的,按照合伙人协商决定的分配比例。

(3)协商不成的,按照合伙人实缴出资比例确定应纳税所得额。

(4)无法确定出资比例的,按照合伙人数量平均计算每个合伙人的应纳税所得额。

应纳税所得额应包括分配给合伙人的所得和当年律师事务所留存的所得(未分配利润等)。

律师事务所经营所得,以每一纳税年度的收入总额,减除成本、费用、税金、损失、其他支出以及允许弥补的以前年度亏损后的余额。

(1)收入:律师从接受法律服务的当事人处取得法律顾问费或其他酬金等收入,应并入其从律师事务所取得的其他收入,按照规定计算缴纳个人所得税。

①从事生产经营以及与生产经营有关的活动(以下简称生产经营)取得的货币形式和非货币形式的各项收入,为收入总额。包括:销售货物收入、提供劳务收入、转让财产收入、利息收入、租金收入、接受捐赠收入、其他收入。

②其他收入包括资产溢余收入、逾期一年以上的未退包装物押金收入、确实无法偿付的应付款项、已作坏账损失处理后又收回的应收款项、债务重组收入、补贴收入、违约金收入、汇兑收益等。

(2)成本是指在生产经营活动中发生的销售成本、销货成本、业务支出以及其他耗费。使用或者销售存货,按照规定计算的存货成本,准予在计算应纳税所得额时扣除。转让资产,该项资产的净值,准予在计算应纳税所得额时扣除。

(3)费用是指在生产经营活动中发生的销售费用、管理费用和财务费用,已经计入成本的有关费用除外。生产经营活动中,应当分别核算生产经营费用和合伙人个人、家庭费用。对于生产经营与合伙人个人、家庭生活混用难以分清的费用,其40%视为与生产经营有关费用,准予扣除。

(4)税金是指在生产经营活动中发生的除个人所得税和允许抵扣的增值税以外的各项税金及其附加。

(5)损失是指在生产经营活动中发生的固定资产和存货的盘亏、毁损、报废损失,转让财产损失,坏账损失,自然灾害等不可抗力因素造成的损失以及其他损失。

①发生的损失,减除责任人赔偿和保险赔款后的余额,参照财政部、国家税务总局有关企业资产损失税前扣除的规定扣除。

②已经作为损失处理的资产,在以后纳税年度又全部收回或者部分收回时,应当计入收回当期的收入。

(6)其他支出是指除成本、费用、税金、损失外,在生产经营活动中发生的与生产经营活动有关的、合理的支出;

(7)发生的支出应当区分收益性支出和资本性支出。收益性支出在发生当期直接扣除;资本性支出应当分期扣除或者计入有关资产成本,不得在发生当期直接扣除。所称支出,是指与取得收入直接相关的支出。下列支出不得扣除。

①个人所得税税款。

②税收滞纳金。

③罚金、罚款和被没收财物的损失。

④不符合扣除规定的捐赠支出。

⑤赞助支出。

⑥用于个人和家庭的支出。

⑦与取得生产经营收入无关的其他支出。

⑧国家税务总局规定不准扣除的支出。

(8)纳税年度发生的亏损,准予向以后年度结转,用以后年度的生产经营所得弥补,但结转年限最长不得超过5年。亏损,是指纳税年度按照规定计算的应纳税所得额小于零的数额。

(9)除税收法律法规另有规定外,律师事务所实际发生的成本、费用、税金、损失和其他支出,不得重复扣除。

所得的形式,包括现金、实物、有价证券和其他形式的经济利益;所得为实物的,应当按照取得的凭证上所注明的价格计算应纳税所得额,无凭证的实物或者凭证上所注明的价格明显偏低的,参照市场价格核定应纳税所得额;所得为有价证券的,根据票面价格和市场价格核定应纳税所得额;所得为其他形式的经济利益的,参照市场价格核定应纳税所得额。

应纳税所得额的计算,以权责发生制为原则,属于当期的收入和费用,不论款项是否收付,均作为当期的收入和费用;不属于当期的收入和费用,即使款项已经在当期收付,均不作为当期收入和费用。财政部、国家税务总局另有规定的除外。

2-3.2　准予扣除项目及标准

实际支付给律师事务所从业人员的、合理的工资薪金支出准予扣除,但合伙人的工资薪金支出不得税前扣除。

按照国务院有关主管部门或者省级人民政府规定的范围和标准为合伙人和律师事务所从业人员缴纳的基本养老保险费、基本医疗保险费、失业保险费、生育保险费、工伤保险费和住房公积金,准予扣除。

为律师事务所从业人员缴纳的补充养老保险费、补充医疗保险费,分别在不超过律师事务所从业人员工资总额5%标准内的部分据实扣除;超过部分,不得扣除。

为合伙人缴纳的补充养老保险费、补充医疗保险费,以当地(地级市)上年度社会平均工资的3倍为计算基数,分别在不超过该计算基数5%标准内的部分据实扣除;超过部分,不得扣除。

为从律师事务所取得"工资、薪金"、连续性"劳务报酬"所得的个人,按照当月工资、薪金、连续性劳务报酬收入的6%和1000元孰低准予扣除税收递延型商业与养老保险;对合伙人按照不超过当年应税收入的6%和12,000元孰低准予扣除税收递延型商业与养老保险。

依照国家有关规定为特殊工种从业人员支付的人身安全保险费和财政部、国家税务总局规定可以扣除的其他商业保险费外,合伙人本人或者为律师事务所从业人员支付的商业保险费,不得扣除。

在生产经营活动中发生的合理的不需要资本化的借款费用,准予扣除。

为购置、建造固定资产、无形资产和经过12个月以上的建造才能达到预定可销售状态的存货发生借款的,在有关资产购置、建造期间发生的合理的借款费用,应当作为资本性支出计入有关资产的成本,并依照有关规定进行扣除。

在生产经营活动中发生的下列利息支出,准予扣除。

(1)向金融企业借款的利息支出。

(2)向非金融企业和个人借款的利息支出,不超过按照金融企业同期同类贷款利率计算的数额的部分。

在货币交易中,以及纳税年度终了时将人民币以外的货币性资产、负债按照期末即期人民币汇率中间价折算为人民币时产生的汇兑损失,除已经计入有关资产成本部分外,准予扣除。

向当地工会组织拨缴的工会经费、实际发生的职工福利费支出、职工教育经费支出分别在律师事务所从业人员工资薪金总额的2%、14%、2.5%的标准内据实扣除。

(1)工资薪金总额是指允许在当期税前扣除的工资薪金支出数额。

(2)职工教育经费的实际发生数额超出规定比例当期不能扣除的数额,准予在以后纳税年度结转扣除。

(3)为合伙人向当地工会组织缴纳的工会经费、实际发生的职工福利费支出、职工教育经费支出,以当地(地级市)上年度社会平均工资的3倍为计算基数,在规定比例内据实扣除。

发生的与生产经营活动有关的业务招待费,按照实际发生额的60%扣除,但最高不得超过当年销售(营业)收入的5‰。自申请设立之日起至开始生产经营之日止所发生的业务招待费,按照实际发生额的60%计入开办费。

每一纳税年度发生的与其生产经营活动直接相关的广告费和业务宣传费不超过当年销售(营业)收入15%的部分,可以据实扣除;超过部分,准予在以后纳税年度结转扣除。

按照规定缴纳的摊位费、行政性收费、协会会费等,按实际发生数额扣除。

根据生产经营活动的需要租入固定资产支付的租赁费,按照以下方法扣除。

(1)以经营租赁方式租入固定资产发生的租赁费支出,按照租赁期限均匀扣除。

(2)以融资租赁方式租入固定资产发生的租赁费支出,按照规定构成融资租入固定资产价值的部分应当提取折旧费用,分期扣除。

参加财产保险,按照规定缴纳的保险费,准予扣除。

发生的合理的劳动保护支出,准予扣除。

自申请设立起至开始生产经营之日止所发生符合规定的费用,除为取得固定资产、无形资产的支出,以及应计入资产价值的汇兑损益、利息支出外,作为开办费,可以选择在开始生产经营的当年一次性扣除,也可自生产经营月份起在不短于3年期限内摊销扣除,但一经选定,不得改变。开始生产经营之日为个人取得第一笔销售(营业)收入的日期。

通过公益性社会组织、县级以上人民政府及其部门等国家机关,用于符合《中华人民共和国公益事业捐赠法》第3条对公益事业范围的规定或者《中华人民共和国慈善法》第3条对慈善活动范围的规定公益慈善事业捐赠支出,准予按税法规定,捐赠额不超过其应纳税所得额30%的部分可以据实扣除。但根据财政部、国家税务总局规定可以全额在税前扣除的捐赠支出项目,按有关规定执行。但律师事务所直接对受益人的捐赠不得扣除。公益性社会团体的认定,按照财政部、国家税务总局、民政部有关规定执行。

赞助支出,是指发生的与生产经营活动无关的各种非广告性质支出,不得扣除。

研究开发新产品、新技术、新工艺所发生的开发费用,以及研究开发新产品、新技术而购置单台价值在10万元以下的测试仪器和试验性装置的购置费准予直接扣除;单台价值在10万元以上(含10万元)的测试仪器和试验性装置,按固定资产管理,不得在当期直接扣除。

2-3.3 生产、经营所得个人所得税税率

表 2-3-1 生产、经营所得个人所得税税率

级数	全年应纳税所得额	税率	速算扣除数
1	不超过 30,000 元的	5%	0
2	超过 30,000 元至 90,000 元的部分	10%	1500
3	超过 90,000 元至 300,000 元的部分	20%	10,500
4	超过 300,000 元至 500,000 元的部分	30%	40,500
5	超过 500,000 元的部分	35%	65,500

2-3.4 合伙人经营所得个人所得税的月(季)度纳税申报

查账征收的律师事务所合伙人在月度或季度终了后 15 日内填报《个人所得税经营所得纳税申报表(A 表)》(见附录 2-9)及其他相关资料,向经营管理所在地主管税务机关办理预缴纳税申报,并预缴税款。预缴申报时,律师事务所有多个合伙人的,应分别填报《个人所得税经营所得纳税申报表(A 表)》。遇最后一日是法定休假日的,以休假日期满的次日为期限的最后一日;在期限内有连续 3 日以上法定休假日的,按休假日天数顺延。

合伙人每月预缴税款的计算公式为:

合伙人每月应预缴个人所得税=(合伙人当年累计应纳税所得额×适用税率-速算扣除数)-当年已预缴的个人所得税

合伙人当年累计应纳税所得额=(律所当年累计利润总额-弥补以前年度损)×该出资律师分配比例-5000×当年累计经营月份数

公式中,律所当年累计利润总额=律所当年累计收入-成本费用(不包含合伙人领取工资和办案提成)

弥补以前年度亏损为个人所得税生产经营 A 表中的弥补以前年度亏损

该合伙人分配比例=A÷B

A=(律所当年累计收入-成本费用)×该合伙人实际利润分配比例+该合伙人工资和办案提成

此 A 中的成本费用口径为包含全体合伙人工资和办案提成

该合伙人实际利润分配比例:即约定的除工资和办案分成外的合伙人间律所利润分配比例或投资比例

B=律所当年累计收入-成本费用

此B中的成本费用口径为不包含全体合伙人领取工资和办案提成

经营所得月(季)度纳税申报时,律师事务所应按照实际会计制度核算的会计利润计算合伙人的分配所得即可,不必然需要进行纳税调整。

合伙人存在减免个人所得税情形《个人所得税减免税事项报告表》(见附录2-6),有依法确定的其他扣除《商业健康保险税前扣除情况明细表》(见附录2-4)、《个人税收递延型商业养老保险税前扣除情况明细表》(见附录2-5)等相关扣除资料,依法享受纳税人税收优惠等相关的资料,按规定留存备查或报送。

取得经营所得的合伙人,没有综合所得的,计算其每一纳税年度的应纳税所得额时,应当减除费用6万元、专项扣除、专项附加扣除、依法确定的其他扣除以及有符合条件的公益慈善捐赠。如果同时取得了综合所得和经营所得,发生的不同扣除类别可以在综合所得或经营所得中分别扣除,比如6万元减除费用可以选择在经营所得汇算时扣除,专项附加扣除可以选择在综合所得汇算时扣除。但上述扣除类别的内部项目,比如专项附加扣除的子女教育、赡养老人扣除,不可再拆分在综合所得和经营所得中分别扣除。

合伙人需要补缴当年度末预缴的税款,只需要在当前所属期预缴申报表中一并计算申报即可,不需要再补报或更改正未缴月份的申报表。

合伙人在纳税期内没有应纳税款的,也应当按照规定办理申报纳税。

未提供完整、准确的纳税资料,不能正确计算应纳税所得额的律师事务所,由主管税务机关核定应纳税所得额或者应纳税额。

2-3.5 合伙人经营所得个人所得税的年度汇算清缴

合伙人取得经营所得,按年计算个人所得税。合伙人在取得所得的次年3月31日前填报《个人所得税经营所得纳税申报表(B表)》(见附录2-10)及其他相关资料,向经营管理所在地主管税务机关办理汇算清缴。汇算清缴时,律师事务所有多个合伙人的,应分别填报《个人所得税经营所得纳税申报表(B表)》。

合伙人年终汇算清缴应纳税款=合伙人年度应纳税所得额×税率-速算扣除数-年度已预缴税款

合伙人年度应纳税所得额=(律师事务所会计利润+纳税调整增加额-纳税调整减少额-弥补以前年度亏损)×合伙人个人分配比例-允许扣除的其他费用-5000×年度实际经营月份数

公式中,律师事务所会计利润为个人所得税经营所得纳税申报表(B表)》的利润总额栏目数值。

公式中,纳税调整增加额、纳税调整减少额、弥补以前年度亏损、合伙人分配比例、允许扣除的其他费用等数值均为《个人所得税经营所得纳税申报表(B表)》的填报口径数值。

公式中,合伙人分配比例(个人所得税经营所得纳税申报表(B表)数值)= A÷B

A=(律师事务所会计利润+纳税调整增加额-纳税调整减少额-弥补以前年度亏损-全体合伙人领取的办案净收入)×合伙人实际利润分配比例+该合伙人从律所领取的工资+该合伙人领取的办案净收入。

此A中合伙人实际利润分配比例,即约定的除工资和办案分成外的合伙人间律所利润分比例

B=律师事务所会计利润+纳税调整增加额-纳税调整减少额-弥补以前年度亏损

律师事务所在年度中间合并、分立、终止时,合伙人在停止生产经营之日起60日内,向主管税务机关办理当期个人所得税汇算清缴。无综合所得,且需要享受专项附加扣除的填报《个人所得税专项附加扣除信息表》,存在减免个人所得税情形的填报《个人所得税减免税事项报告表》,有依法确定的其他扣除的填报《商业健康保险税前扣除情况明细表》《个人税收递延型商业养老保险税前扣除情况明细表》等相关扣除资料。依法享受税收优惠等相关的资料,按规定留存备查或报送。

合伙人在中国境内两处以上取得经营所得的,在分别办理年度汇算清缴后,于取得所得的次年3月31日前填报《个人所得税经营所得纳税申报表(C表)》(见附录2-11)及其他相关资料,选择向其中一处经营管理所在地主管税务机关办理年度汇总纳税申报。

合伙人有未缴或者少缴税款的,应当在注销户籍前,结清欠缴或未缴的税款。存在分期缴税且未缴纳完毕的,应当在注销户籍前,结清尚未缴纳的税款。

合伙人在纳税期内没有应纳税款的,也应当按照规定办理申报纳税。

未提供完整、准确的纳税资料,不能正确计算应纳税所得额的,由主管税务机关核定应纳税所得额或者应纳税额。

附录2-9:现行适用的《个人所得税经营所得纳税申报表(A表)》

个人所得税经营所得纳税申报表(A表)

税款所属期: 年 月 日至 年 月 日

纳税人姓名:

纳税人识别号:□□□□□□□□□□□□□□□□□□ 金额单位:人民币元(列至角分)

被投资单位信息		
名称		
纳税人识别号(统一社会信用代码)	□□□□□□□□□□□□□□□□□□	
征收方式(单选)		
□查账征收(据实预缴)　□查账征收(按上年应纳税所得额预缴)　□核定应税所得率征收 □核定应纳税所得额征收　□税务机关认可的其他方式		

（续表）

个人所得税计算		
项目	行次	金额/比例
一、收入总额	1	
二、成本费用	2	
三、利润总额(第3行=第1行-第2行)	3	
四、弥补以前年度亏损	4	
五、应税所得率(%)	5	
六、合伙企业个人合伙人分配比例(%)	6	
七、允许扣除的个人费用及其他扣除(第7行=第8行+第9行+第14行)	7	
(一)投资者减除费用	8	
(二)专项扣除(第9行=第10行+第11行+第12行+第13行)	9	
1.基本养老保险费	10	
2.基本医疗保险费	11	
3.失业保险费	12	
4.住房公积金	13	
(三)依法确定的其他扣除(第14行=第15行+第16行+第17行)	14	
1.	15	
2.	16	
3.	17	
八、准予扣除的捐赠额(附报《个人所得税公益慈善事业捐赠扣除明细表》)	18	
九、应纳税所得额	19	
十、税率(%)	20	
十一、速算扣除数	21	
十二、应纳税额(第22行=第19行×第20行-第21行)	22	
十三、减免税额(附报《个人所得税减免税事项报告表》)	23	
十四、已缴税额	24	
十五、应补/退税额(第25行=第22行-第23行-第24行)	25	

(续表)

备注

谨声明:本表是根据国家税收法律法规及相关规定填报的,本人对填报内容(附带资料)的真实性、可靠性、完整性负责。

纳税人签字:　　　　　　　　　　　　　　　　　　　　　　　　　年　月　日

经办人签字: 经办人身份证件类型: 经办人身份证件号码: 代理机构签章: 代理机构统一社会信用代码:	受理人: 受理税务机关(章): 受理日期:　年　月　日

国家税务总局监制

[填表说明]:

一、适用范围

本表适用于查账征收和核定征收的个体工商户业主、个人独资企业投资人、合伙企业个人合伙人、承包承租经营者个人以及其他从事生产、经营活动的个人在中国境内取得经营所得,办理个人所得税预缴纳税申报时,向税务机关报送。

合伙企业有两个或者两个以上个人合伙人的,应分别填报本表。

二、报送期限

纳税人取得经营所得,应当在月度或者季度终了后15日内,向税务机关办理预缴纳税申报。

三、本表各栏填写

(一)表头项目

1. 税款所属期:填写纳税人取得经营所得应纳个人所得税款的所属期间,应填写具体的起止年月日。

2. 纳税人姓名:填写自然人纳税人姓名。

3. 纳税人识别号:有中国居民身份号码的,填写中华人民共和国居民身份证上载明的"居民身份号码";没有中国居民身份号码的,填写税务机关赋予的纳税人识别号。

(二)被投资单位信息

1. 名称:填写被投资单位法定名称的全称。

2. 纳税人识别号(统一社会信用代码):填写被投资单位的纳税人识别号或者统一社会信用代码。

(三)征收方式

根据税务机关核定的征收方式,在对应框内打"√"。采用税务机关认可的其他方式的,应在下划线填写具体征收方式。

（四）个人所得税计算

1. 第1行"收入总额"：填写本年度开始经营月份起截至本期从事经营以及与经营有关的活动取得的货币形式和非货币形式的各项收入总额。包括：销售货物收入、提供劳务收入、转让财产收入、利息收入、租金收入、接受捐赠收入、其他收入。

2. 第2行"成本费用"：填写本年度开始经营月份起截至本期实际发生的成本、费用、税金、损失及其他支出的总额。

3. 第3行"利润总额"：填写本年度开始经营月份起截至本期的利润总额。

4. 第4行"弥补以前年度亏损"：填写可在税前弥补的以前年度尚未弥补的亏损额。

5. 第5行"应税所得率"：按核定应税所得率方式纳税的纳税人，填写税务机关确定的核定征收应税所得率。按其他方式纳税的纳税人不填本行。

6. 第6行"合伙企业个人合伙人分配比例"：纳税人为合伙企业个人合伙人的，填写本行；其他则不填。分配比例按照合伙协议约定的比例填写；合伙协议未约定或不明确的，按合伙人协商决定的比例填写；协商不成的，按合伙人实缴出资比例填写；无法确定出资比例的，按合伙人平均分配。

7. 第7～17行"允许扣除的个人费用及其他扣除"。

（1）第8行"投资者减除费用"：填写根据本年实际经营月份数计算的可在税前扣除的投资者本人每月5000元减除费用的合计金额。

（2）第9～13行"专项扣除"：填写按规定允许扣除的基本养老保险费、基本医疗保险费、失业保险费、住房公积金的金额。

（3）第14～17行"依法确定的其他扣除"：填写商业健康保险、税延养老保险以及其他按规定允许扣除项目的金额。

8. 第18行"准予扣除的捐赠额"：填写按照税法及相关法规、政策规定，可以在税前扣除的捐赠额，并按规定附报《个人所得税公益慈善事业捐赠扣除明细表》。

9. 第19行"应纳税所得额"：根据相关行次计算填报。

（1）查账征收（据实预缴）：第19行=（第3行-第4行）×第6行-第7行-第18行。

（2）查账征收（按上年应纳税所得额预缴）：第19行=上年度的应纳税所得额÷12×月份数。

（3）核定应税所得率征收（能准确核算收入总额的）：第19行=第1行×第5行×第6行。

（4）核定应税所得率征收（能准确核算成本费用的）：第19行=第2行÷（1-第5行）×第5行×第6行。

（5）核定应纳税所得额征收：直接填写应纳税所得额。

（6）税务机关认可的其他方式：直接填写应纳税所得额。

10. 第20～21行"税率"和"速算扣除数"：填写按规定适用的税率和速算扣除数。

11. 第22行"应纳税额"：根据相关行次计算填报。第22行=第19行×第20行-第21行

12. 第23行"减免税额"：填写符合税法规定可以减免的税额，并附报《个人所得税减免税事项报告表》。

13. 第24行"已缴税额"：填写本年度在月（季）度申报中累计已预缴的经营所得个人所得税的金额。

14. 第25行"应补/退税额":根据相关行次计算填报。第25行=第22行-第23行-第24行

(五)备注

填写个人认为需要特别说明的或者税务机关要求说明的事项。

四、其他事项说明

以纸质方式报送本表的,建议通过计算机填写打印,一式两份,纳税人、税务机关各留存一份。

附录2-10:现行适用的《个人所得税经营所得纳税申报表(B表)》

个人所得税经营所得纳税申报表(B表)

税款所属期: 年 月 日至 年 月 日

纳税人姓名:

纳税人识别号:□□□□□□□□□□□□□□□□□□　　金额单位:人民币元(列至角分)

被投资单位信息	名称		纳税人识别号 (统一社会信用代码)		
项目				行次	金额/比例
一、收入总额				1	
其中:国债利息收入				2	
二、成本费用(3=4+5+6+7+8+9+10)				3	
(一)营业成本				4	
(二)营业费用				5	
(三)管理费用				6	
(四)财务费用				7	
(五)税金				8	
(六)损失				9	
(七)其他支出				10	
三、利润总额(11=1-2-3)				11	
四、纳税调整增加额(12=13+27)				12	
(一)超过规定标准的扣除项目金额(13 = 14+15+16+17+18+19+20+21+22+23+24+25+26)				13	
1. 职工福利费				14	
2. 职工教育经费				15	
3. 工会经费				16	

(续表)

项目	行次	金额/比例
4. 利息支出	17	
5. 业务招待费	18	
6. 广告费和业务宣传费	19	
7. 教育和公益事业捐赠	20	
8. 住房公积金	21	
9. 社会保险费	22	
10. 折旧费用	23	
11. 无形资产摊销	24	
12. 资产损失	25	
13. 其他	26	
(二)不允许扣除的项目金额(27=28+29+30+31+32+33+34+35+36)	27	
1. 个人所得税税款	28	
2. 税收滞纳金	29	
3. 罚金、罚款和被没收财物的损失	30	
4. 不符合扣除规定的捐赠支出	31	
5. 赞助支出	32	
6. 用于个人和家庭的支出	33	
7. 与取得生产经营收入无关的其他支出	34	
8. 投资者工资薪金支出	35	
9. 其他不允许扣除的支出	36	
五、纳税调整减少额	37	
六、纳税调整后所得(38=11+12-37)	38	
七、弥补以前年度亏损	39	
八、合伙企业个人合伙人分配比例(%)	40	
九、允许扣除的个人费用及其他扣除(41=42+43+48+55)	41	
(一)投资者减除费用	42	
(二)专项扣除(43=44+45+46+47)	43	

（续表）

项目	行次	金额/比例
1. 基本养老保险费	44	
2. 基本医疗保险费	45	
3. 失业保险费	46	
4. 住房公积金	47	
(三)专项附加扣除(48＝49+50+51+52+53+54)	48	
1. 子女教育	49	
2. 继续教育	50	
3. 大病医疗	51	
4. 住房贷款利息	52	
5. 住房租金	53	
6. 赡养老人	54	
(四)依法确定的其他扣除(55＝56+57+58+59)	55	
1. 商业健康保险	56	
2. 税延养老保险	57	
3.	58	
4.	59	
十、投资抵扣	60	
十一、准予扣除的个人捐赠支出	61	
十二、应纳税所得额(62＝38-39-41-60-61)或[62＝(38-39)×40-41-60-61]	62	
十三、税率(%)	63	
十四、速算扣除数	64	
十五、应纳税额(65＝62×63-64)	65	
十六、减免税额(附报《个人所得税减免税事项报告表》)	66	
十七、已缴税额	67	
十八、应补/退税额(68＝65-66-67)	68	
谨声明:本表是根据国家税收法律法规及相关规定填报的,是真实的、可靠的、完整的。 纳税人签字: 年 月 日		

(续表)

经办人： 经办人身份证件号码： 代理机构签章： 代理机构统一社会信用代码：	受理人： 受理税务机关(章)： 受理日期： 年 月 日

国家税务总局监制

[填表说明]：

一、适用范围

本表适用于个体工商户业主、个人独资企业投资人、合伙企业个人合伙人、承包承租经营者个人以及其他从事生产、经营活动的个人在中国境内取得经营所得，且实行查账征收的，在办理个人所得税汇算清缴纳税申报时，向税务机关报送。

合伙企业有两个或者两个以上个人合伙人的，应分别填报本表。

二、报送期限

纳税人在取得经营所得的次年3月31日前，向税务机关办理汇算清缴。

三、本表各栏填写

(一)表头项目

1. 税款所属期：填写纳税人取得经营所得应纳个人所得税款的所属期间，应填写具体的起止年月日。

2. 纳税人姓名：填写自然人纳税人姓名。

3. 纳税人识别号：有中国居民身份号码的，填写中华人民共和国居民身份证上载明的"居民身份号码"；没有中国居民身份号码的，填写税务机关赋予的纳税人识别号。

(二)被投资单位信息

1. 名称：填写被投资单位法定名称的全称。

2. 纳税人识别号(统一社会信用代码)：填写被投资单位的纳税人识别号或统一社会信用代码。

(三)表内各行填写

1. 第1行"收入总额"：填写本年度从事生产经营以及与生产经营有关的活动取得的货币形式和非货币形式的各项收入总金额。包括：销售货物收入、提供劳务收入、转让财产收入、利息收入、租金收入、接受捐赠收入、其他收入。

2. 第2行"国债利息收入"：填写本年度已计入收入的因购买国债而取得的应予免税的利息金额。

3. 第3~10行"成本费用"：填写本年度实际发生的成本、费用、税金、损失及其他支出的总额。

(1)第4行"营业成本"：填写在生产经营活动中发生的销售成本、销货成本、业务支出以及其他耗费的金额。

(2)第5行"营业费用"：填写在销售商品和材料、提供劳务的过程中发生的各种费用。

(3)第6行"管理费用"：填写为组织和管理企业生产经营发生的管理费用。

(4)第7行"财务费用"：填写为筹集生产经营所需资金等发生的筹资费用。

(5)第8行"税金"：填写在生产经营活动中发生的除个人所得税和允许抵扣的增值税以

外的各项税金及其附加。

（6）第9行"损失"：填写生产经营活动中发生的固定资产和存货的盘亏、毁损、报废损失，转让财产损失，坏账损失，自然灾害等不可抗力因素造成的损失以及其他损失。

（7）第10行"其他支出"：填写除成本、费用、税金、损失外，生产经营活动中发生的与之有关的、合理的支出。

4. 第11行"利润总额"：根据相关行次计算填报。第11行=第1行-第2行-第3行

5. 第12行"纳税调整增加额"：根据相关行次计算填报。第12行=第13行+第27行

6. 第13行"超过规定标准的扣除项目金额"：填写扣除的成本、费用和损失中，超过税法规定的扣除标准应予调增的应纳税所得额。

7. 第27行"不允许扣除的项目金额"：填写按规定不允许扣除但被投资单位已将其扣除的各项成本、费用和损失，应予调增应纳税所得额的部分。

8. 第37行"纳税调整减少额"：填写在计算利润总额时已计入收入或未列入成本费用，但在计算应纳税所得额时应予扣除的项目金额。

9. 第38行"纳税调整后所得"：根据相关行次计算填报。第38行=第11行+第12行-第37行

10. 第39行"弥补以前年度亏损"：填写本年度可在税前弥补的以前年度亏损额。

11. 第40行"合伙企业个人合伙人分配比例"：纳税人为合伙企业个人合伙人的，填写本栏；其他则不填。分配比例按照合伙协议约定的比例填写；合伙协议未约定或不明确的，按合伙人协商决定的比例填写；协商不成的，按合伙人实缴出资比例填写；无法确定出资比例的，按合伙人平均分配。

12. 第41行"允许扣除的个人费用及其他扣除"：填写按税法规定可以税前扣除的各项费用、支出，包括：

（1）第42行"投资者减除费用"：填写按税法规定的减除费用金额。

（2）第43~47行"专项扣除"：分别填写本年度按规定允许扣除的基本养老保险费、基本医疗保险费、失业保险费、住房公积金的合计金额。

（3）第48~54行"专项附加扣除"：分别填写本年度纳税人按规定可享受的子女教育、继续教育、大病医疗、住房贷款利息、住房租金、赡养老人等专项附加扣除的合计金额。

（4）第55~59行"依法确定的其他扣除"：分别填写按规定允许扣除的商业健康保险、税延养老保险，以及国务院规定其他可以扣除项目的合计金额。

13. 第60行"投资抵扣"：填写按照税法规定可以税前抵扣的投资金额。

14. 第61行"准予扣除的个人捐赠支出"：填写本年度按照税法及相关法规、政策规定，可以在税前扣除的个人捐赠合计额。

15. 第62行"应纳税所得额"：根据相关行次计算填报。

（1）纳税人为非合伙企业个人合伙人的：第62行=第38行-第39行-第41行-第60行-第61行。

（2）纳税人为合伙企业个人合伙人的：第62行=（第38行-第39行）×第40行-第41行-第60行-第61行。

16. 第63~64行"税率""速算扣除数"：填写按规定适用的税率和速算扣除数。

17. 第65行"应纳税额"：根据相关行次计算填报。第65行=第62行×第63行-第64行

18. 第66行"减免税额":填写符合税法规定可以减免的税额,并附报《个人所得税减免税事项报告表》。

19. 第67行"已缴税额":填写本年度累计已预缴的经营所得个人所得税金额。

20. 第68行"应补/退税额":根据相关行次计算填报。第68行=第65行-第66行-第67行

四、其他事项说明

以纸质方式报送本表的,应当一式两份,纳税人、税务机关各留存一份。

附录2-11:现行适用的《个人所得税经营所得纳税申报表(C表)》

个人所得税经营所得纳税申报表(C表)

税款所属期: 年 月 日至 年 月 日

纳税人姓名:

纳税人识别号:□□□□□□□□□□□□□□□□□□ 金额单位:人民币元(列至角分)

被投资单位信息	单位名称		纳税人识别号(统一社会信用代码)	投资者应纳税所得额
	汇总地			
	非汇总地	1		
		2		
		3		
		4		
		5		

项目	行次	金额/比例
一、投资者应纳税所得额合计	1	
二、应调整的个人费用及其他扣除(2=3+4+5+6)	2	
(一)投资者减除费用	3	
(二)专项扣除	4	
(三)专项附加扣除	5	
(四)依法确定的其他扣除	6	
三、应调整的其他项目	7	
四、调整后应纳税所得额(8=1+2+7)	8	
五、税率(%)	9	
六、速算扣除数	10	
七、应纳税额(11=8×9-10)	11	
八、减免税额(附报《个人所得税减免税事项报告表》)	12	
九、已缴税额	13	
十、应补/退税额(14=11-12-13)	14	

（续表）

| 谨声明:本表是根据国家税收法律法规及相关规定填报的,是真实的、可靠的、完整的。 |
| 纳税人签字：   年 月 日 |

经办人：	受理人：
经办人身份证件号码：	
代理机构签章：	受理税务机关(章)：
代理机构统一社会信用代码：	受理日期： 年 月 日

国家税务总局监制

[填表说明]：

一、适用范围

本表适用于个体工商户业主、个人独资企业投资人、合伙企业个人合伙人、承包承租经营者个人以及其他从事生产、经营活动的个人在中国境内两处以上取得经营所得,办理合并计算个人所得税的年度汇总纳税申报时,向税务机关报送。

二、报送期限

纳税人从两处以上取得经营所得,应当于取得所得的次年 3 月 31 日前办理年度汇总纳税申报。

三、本表各栏填写

(一)表头项目

1. 税款所属期：填写纳税人取得经营所得应纳个人所得税款的所属期间,应填写具体的起止年月日。

2. 纳税人姓名：填写自然人纳税人姓名。

3. 纳税人识别号：有中国居民身份号码的,填写中华人民共和国居民身份证上载明的"居民身份号码"；没有中国居民身份号码的,填写税务机关赋予的纳税人识别号。

(二)被投资单位信息

1. 名称：填写被投资单位法定名称的全称。

2. 纳税人识别号(统一社会信用代码)：填写被投资单位的纳税人识别号或者统一社会信用代码。

3. 投资者应纳税所得额：填写投资者从其各投资单位取得的年度应纳税所得额。

(三)表内各行填写

1. 第 1 行"投资者应纳税所得额合计"：填写投资者从其各投资单位取得的年度应纳税所得额的合计金额。

2. 第 2~6 行"应调整的个人费用及其他扣除"：填写按规定需调整增加或者减少应纳税所得额的项目金额。调整减少应纳税所得额的,用负数表示。

(1)第 3 行"投资者减除费用"：填写需调整增加或者减少应纳税所得额的投资者减除费用的金额。

(2)第 4 行"专项扣除"：填写需调整增加或者减少应纳税所得额的"三险一金"(基本养老

保险费、基本医疗保险费、失业保险费、住房公积金)的合计金额。

(3)第5行"专项附加扣除":填写需调整增加或者减少应纳税所得额的专项附加扣除(子女教育、继续教育、大病医疗、住房贷款利息、住房租金、赡养老人)的合计金额。

(4)第6行"依法确定的其他扣除":填写需调整增加或者减少应纳税所得额的商业健康保险、税延养老保险以及国务院规定其他可以扣除项目的合计金额。

3. 第7行"应调整的其他项目":填写按规定应予调整的其他项目的合计金额。调整减少应纳税所得额的,用负数表示。

4. 第8行"调整后应纳税所得额":根据相关行次计算填报。第8行=第1行+第2行+第7行

5. 第9~10行"税率""速算扣除数":填写按规定适用的税率和速算扣除数。

6. 第11行"应纳税额":根据相关行次计算填报。第11行=第8行×第9行-第10行

7. 第12行"减免税额":填写符合税法规定可以减免的税额,并附报《个人所得税减免税事项报告表》。

8. 第13行"已缴税额":填写纳税人本年度累计已缴纳的经营所得个人所得税的金额。

9. 第14行"应补/退税额":按相关行次计算填报。第14行=第11行-第12行-第13行

四、其他事项说明

以纸质方式报送本表的,应当一式两份,纳税人、税务机关各留存一份。

第四章　纳税过程中其他相关事项

2-4.1　延期申报、延期缴纳申报

纳税人、扣缴义务人因有特殊困难，不能按期办理纳税申报或者报送代扣代缴、代收代缴税款报告表的，需要延期缴纳税款的，应当在缴纳税款期限届满前提出申请，填报《税务行政许可申请表》(见附录 2-12)，并报送下列材料：申请延期缴纳税款报告，当期货币资金余额情况及所有银行存款账户的对账单，资产负债表，应付职工工资和社会保险费等税务机关要求提供的支出预算。

有下列情形之一的，属于特殊困难：

(1)因不可抗力，导致纳税人发生较大损失，正常生产经营活动受到较大影响的；

(2)当期货币资金在扣除应付职工工资、社会保险费后，不足以缴纳税款的；

"不可抗力"是指人们无法预见、无法避免、无法克服的自然灾害，如水灾、火灾、风灾、地震等。但不可抗力情形消除后应当在立即向税务机关报告。

"当期货币资金"是指纳税人申请延期缴纳税款之日的资金余额，其中不含国家法律和行政法规明确规定企业不可动用的资金；"应付职工工资"是指当期计提数。对延期缴纳税款情况的资料审核时，以受理部门受理文书申请之日的当期货币资金余额情况为准，进行核查纳税人是否符合办理延期缴纳税款的条件。若纳税人因资料不全等原因未能受理的，以后重新提交申请的，需重新提供当期货币资金余额情况，时限以重新提交申请之日为准。

经省、自治区、直辖市、计划单列市税务局批准，可以延期缴纳税款，但是最长不得超过三个月。纳税人、扣缴义务人经核准延期办理纳税申报的，其随本期申报的财务会计报表报送期限可以顺延。

税务行政许可实施机关与需要申请延期申报纳税的纳税人不在同一县(市、区、旗)的，纳税人可在规定的申请期限内，选择由其主管税务机关代为转报申请材料。主管税务机关在核对申请材料后向纳税人出具材料接收清单，并向税务行政许可实施机关转报。代办转报一般应当在 5 个工作日内完成。

税务机关作出不予行政许可决定的，从缴纳税款期限届满之日起加收滞纳金。

超出审批时限无法作出决定的，经决定机构负责人批准可以延长 10 个工作日，并制作《税务行政许可决定延期告知书》送达申请人。自 2019 年 12 月 1 日起，税务

机关通过办税服务窗口向申请人直接送达税务行政许可文书,且申请人无异议的,由受送达人或者其他法定签收人在税务行政许可文书末尾的签收栏签名或者盖章,注明收到日期,不再另行填写《税务文书送达回证》。

  税务机关应在收到税务行政许可决定之日起 7 个工作日内,在办税服务厅或其他办税场所以及税务机关门户网站上公开税务许政许可决定。自受理之日起 20 个工作日内,可通过电话、国家税务总局河南省税务局网站(http://henan.chinatax.gov.cn)信息公开栏目查询审批状态和结果。

  纳税人上门办理涉税事项时需报送纸质版资料,通过网上办理或移动终端办理的按照系统操作报送电子版资料。在所有提到的办理材料里未注明原件、复印件的均为原件,注明复印件的只需提供复印件,注明原件及复印件的,收取复印件,原件查验后退回。

  附录 2-12:现行适用的《税务行政许可申请表》

税务行政许可申请表

申请日期: 年 月 日

申请人	申请人名称				
	统一社会信用代码 (纳税人识别号)				
	地址及邮政编码				
	经办人		身份证件号码		联系电话
	委托代理人		身份证件号码		联系电话
申请事项	□企业印制发票审批 □对纳税人延期缴纳税款的核准 □对纳税人延期申报的核准 □对纳税人变更纳税定额的核准 □增值税专用发票(增值税税控系统)最高开票限额审批 □对采取实际利润额预缴以外的其他企业所得税预缴方式的核定				
申请材料	除提供经办人身份证件(□)外,应根据申请事项提供以下相应材料: 一、企业印制发票审批 □1.《印刷经营许可证》或《其他印刷品印制许可证》 □2. 生产设备、生产流程及安全管理制度 □3. 生产工艺及产品检验制度 □4. 保存、运输及交付相关制度				

(续表)

	二、对纳税人延期缴纳税款的核准				
申请材料	申请延期缴纳税款情况	税种	税款所属时期	应纳税额	申请延期缴纳税额	申请延期缴纳期限

申请材料	当期货币资金余额	人民币(大写)　　　　　¥	
	当期应付职工工资支出预算		当期社会保险费支出预算	
	人员工资支出情况		社会保险费支出情况	
	申请理由(可另附页)			
	申请人承诺			

(因不可抗力,导致纳税人发生较大损失,正常生产经营活动受到较大影响的,须在"申请理由"栏次中对不可抗力情况进行说明,并在"申请人承诺"栏次填写:"以上情况属实,特此承诺。")
□所有银行存款账户的对账单

三、对纳税人延期申报的核准

申请延期申报情况	税种	税款所属时期	规定申报期限	申请延期申报的期限
申请理由(可另附页)				

四、对纳税人变更纳税定额的核准
□申请变更纳税定额的相关证明材料
五、增值税专用发票(增值税税控系统)最高开票限额审批
□增值税专用发票最高开票限额申请单
六、对采取实际利润额预缴以外的其他企业所得税预缴方式的核定
□按照月度或者季度的实际利润额预缴确有困难的证明材料

委托代理人提出申请的,还应当提供代理委托书(□)、代理人身份证件(□)。

收件人：　　　　　　收件日期：　年　月　日　　　　　编号：

2-4.2　退(抵)税办理

2-4.2.1　误收多缴退抵税

纳税人超过应纳税额缴纳的税款,税务机关发现后应当立即退还;纳税人自结算

缴纳税款之日起 3 年内发现的,可以向税务机关要求退还多缴的税款并加算银行同期存款利息,税务机关及时查实后应当立即退还;涉及从国库中退库的,依照法律、行政法规有关国库管理的规定退还。

加算银行同期存款利息的多缴税款退税,不包括依法预缴税款形成的结算退税、出口退税和各种减免退税。

退税利息按照税务机关办理退税手续当天中国人民银行规定的活期存款利率计算。

税务机关发现纳税人多缴税款的,应当自发现之日起 10 日内办理退还手续;纳税人发现多缴税款,要求退还的,税务机关应当自接到纳税人退还申请之日起 30 日内查实并办理退还手续。

当纳税人既有应退税款又有欠缴税款的,税务机关可以将应退税款和利息先抵扣欠缴税款;抵扣后有余额的,退还纳税人。

对于"税务处理决定书多缴税费""行政复议决定书多缴税费""法院判决书多缴税费"等类多缴税款也属于误收多缴退抵税范围,可以申请办理退税。

纳税人应当填报《退(抵)税申请表》(见附录 2-13)、应当注明"与原件一致"并加盖单位公章的完税(缴款)凭证复印件、多缴税费证明资料原件及复印件、税务机关认可的其他记载应退税款内容的资料,多缴税费证明资料包括但不限于:减免税审批文书、纳税申报表、税务稽查结论、税务处理决定书、纳税评估文书、税务行政复议决定书、生效的法院判决文书、增值税红字发票。

因特殊情况不能退至纳税人、扣缴义务人原缴款账户的,还需要提交由于特殊情况不能退至纳税人、扣缴义务人原缴款账户的书面说明及相关证明资料,和指定接受退税的其他账户及接受退税单位情况。

多贴印花税票的,不得申请退税或者抵用。

2-4.2.2 入库减免退抵税

纳税人符合政策规定可以享受减免的税款,如已经缴纳入库,可以申请退(抵)已缴纳的税款。

以下情形也属于入库减免退抵税:

(1)增值税小规模纳税人月销售额不超过 10 万元(按季纳税 30 万元)的,当期因代开增值税专用发票已经缴纳的税款,在专用发票全部联次追回或者按规定开具红字专用发票后,可以向主管税务机关申请退还;

(2)增值税即征即退,按税法规定缴纳的税款,由税务机关征收入库后,再由税务机关按规定的程序给予部分或全部退还已纳税款;

(3)非居民纳税人可享受但未享受协定待遇,可以申请退还多缴税款的情况;

(4)其他减免税政策发布时间滞后于执行时间已入库税款的退税,也属于减免退税。

纳税人应当填报《退(抵)税申请表》、当注明"与原件一致"并加盖单位公章的完税(缴款)凭证复印件、多缴税费证明资料原件及复印件、税务机关认可的其他记载应退税款内容的资料。

因特殊情况不能退至纳税人、扣缴义务人原缴款账户的,还需要提交由于特殊情况不能退至纳税人、扣缴义务人原缴款账户的书面说明及相关证明资料,和指定接受退税的其他账户及接受退税单位情况。

纳税人申请退抵税(费)额不能大于纳税人已入库税额。

增值税一般纳税人按规定享受增值税即征即退政策的货物、劳务和服务、不动产、无形资产的,在申报时需将此部分填写在《增值税纳税人申报(一般纳税人适用)表》及附表的"增值税即征即项目列"征(退)税数据中。

2-4.2.3 汇算清缴结算多缴退抵税

实行分期预缴、按期汇算清缴的纳税人,在清缴过程中形成的多缴税款,可以向税务机关申请办理退抵税费。

纳税人应当填报《退(抵)税申请表》、完税(缴款)凭证复印件、税务机关认可的其他记载应退税款内容的资料,因特殊情况不能退至纳税人、扣缴义务人原缴款账户的,还需要提交由于特殊情况不能退至纳税人、扣缴义务人原缴款账户的书面说明及相关证明资料,和指定接受退税的其他账户及接受退税单位情况。

对已缴纳契税的购房单位和个人,在未办理房屋权属变更登记前退房的,退还已纳契税;在办理房屋权属变更登记后退房的,不予退还已纳契税。

税务机关发现的,10日内办结;纳税人自行发现的,30日内办结。

2-4.2.4 增值税期末留抵税额退税

自2019年4月1日起,试行增值税期末留抵税额退税制度。同时符合以下条件的纳税人,可以向主管税务机关申请退还增量留抵税额。

(1)自2019年4月税款所属期起,连续六个月(按季纳税的,连续两个季度)增量留抵税额均大于零,且第六个月增量留抵税额不低于50万元。

(2)纳税信用等级为A级或者B级。

(3)申请退税前36个月未发生骗取留抵退税、出口退税或虚开增值税专用发票情形的。

(4)申请退税前36个月月未因偷税被税务机关处罚两次及以上的;

(5)自2019年4月1日起未享受即征即退、先征后返(退)政策的。

增量留抵税额,是指与2019年3月底相比新增加的期末留抵税额。

纳税人当期允许退还的增量留抵税额,按照以下公式计算。

允许退还的增量留抵税额=增量留抵税额×进项构成比例×60%

进项构成比例,为2019年4月至申请退税前一税款所属期内已抵扣的增值税专用发票（含税控机动车销售统一发票）、海关进口增值税专用缴款书、解缴税款完税凭证注明的增值税额占同期全部已抵扣进项税额的比重。

纳税人应在增值税纳税申报期内，向主管税务机关申请退还留抵税额。

纳税人出口货物劳务、发生跨境应税行为，适用免抵退税办法的，应当按期申报免抵退税。当期可申报免抵退税的出口销售额为零的，应办理免抵退税零申报。

纳税人既申报免抵退税又申请办理留抵退税的，税务机关应先办理免抵退税。办理免抵退税后，纳税人仍符合留抵退税条件的，再办理留抵退税。

适用免退税办法的，相关进项税额不得用于退还留抵税额。

纳税人取得退还的留抵税额后，应相应调减当期留抵税额。按照规定再次满足退税条件的，可以继续向主管税务机关申请退还留抵税额，但自2019年4月税款所属期起，连续六个月（按季纳税的，连续两个季度）增量留抵税额均大于零，且第六个月增量留抵税额不低于50万元规定的连续期间，不得重复计算。

自2018年7月27日起，对实行增值税期末留抵退税的纳税人，允许其从城市维护建设税、教育费附加和地方教育附加的计税（征）依据中扣除退还的增值税税额。

符合条件的纳税人申请办理留抵退税，应于符合留抵退税条件的次月起，在增值税纳税申报期内，完成本期增值税纳税申报后提出申请，填报《增值税期末留抵税额退税申请表》（见附录2-14）、《退（抵）税申请表》及税务机关要求的其他证明文件。

纳税人收到退税款项的当月，应将退税额从增值税进项税额中转出。

纳税人既有增值税欠税，又有期末留抵税额的，按最近一期《增值税及附加税费申报表（一般纳税人适用）》期末留抵税额，抵减增值税欠税后的余额确定允许退还的增量留抵税额。

纳税人适用增值税留抵退税政策，有纳税信用级别条件要求的，以纳税人向主管税务机关申请办理增值税留抵退税提交《退（抵）税申请表》时的纳税信用级别确定。

税务机关在办理留抵退税期间，发现符合留抵退税条件的纳税人存在以下情形，暂停为其办理留抵退税。

（1）存在增值税涉税风险疑点的。

（2）被税务稽查立案且未结案的。

（3）增值税申报比对异常未处理的。

（4）取得增值税异常扣税凭证未处理的。

（5）国家税务总局规定的其他情形。

在上述增值税涉税风险疑点等情形排除，且相关事项处理完毕后，按以下规定办理。

（1）纳税人仍符合留抵退税条件的，税务机关继续为其办理留抵退税，并自增值税涉税风险疑点等情形排除且相关事项处理完毕之日起5个工作日内完成审核，向纳税人出具准予留抵退税的《税务事项通知书》。

（2）纳税人不再符合留抵退税条件的，不予留抵退税。税务机关应自增值税涉税风险疑点等情形排除且相关事项处理完毕之日起5个工作日内完成审核,向纳税人出具不予留抵退税的《税务事项通知书》。

对发现的增值税涉税风险疑点进行排查的具体处理时间,由各省(自治区、直辖市和计划单列市)税务局确定。

对增值税涉税风险疑点进行排查时,发现纳税人涉嫌骗取出口退税、虚开增值税专用发票等增值税重大税收违法行为的,终止为其办理留抵退税,并自作出终止办理留抵退税决定之日起5个工作日内,向纳税人出具终止办理留抵退税的《税务事项通知书》。

税务机关对纳税人涉嫌增值税重大税收违法行为核查处理完毕后,纳税人仍符合留抵退税条件的,可按照上述规定重新申请办理留抵退税。

纳税人应在收到税务机关准予留抵退税的《税务事项通知书》当期,以税务机关核准的允许退还的增量留抵税额冲减期末留抵税额,并在办理增值税纳税申报时,相应填写《增值税及附加税费申报表附列资料(二)(本期进项税额明细)》第22栏"上期留抵税额退税"。

纳税人以虚增进项、虚假申报或其他欺骗手段骗取留抵退税的,由税务机关追缴其骗取的退税款,并按照《中华人民共和国税收征收管理法》等有关规定处理。

附录2-13:现行适用的《退(抵)税申请表》

退(抵)税申请表

金额单位:元,至角分

申请人名称		纳税人□ 扣缴义务人□	
纳税人名称		统一社会信用代码 (纳税人识别号)	
联系人姓名		联系电话	
申请退税类型		汇算结算退税□ 误收退税□ 留抵退税□	
一、汇算结算、误收税款退税			
原完税情况	税种	品目名称	税款所属时期	税票号码	实缴金额
	合计(小写)				
申请退税金额(小写)					

(续表)

二、留抵退税	
申请退税前36个月未发生骗取留抵退税、出口退税或虚开增值税专用发票情形	是□ 否□
申请退税前36个月未因偷税被税务机关处罚两次及以上	是□ 否□
自2019年4月1日起未享受即征即退、先征后返(退)政策	是□ 否□
出口货物劳务、发生跨境应税行为,适用免抵退税办法	是□ 否□
连续六个月(按季纳税的,连续两个季度)增量留抵税额均大于零的起止时间	年 月至 年 月
本期已申报免抵退税应退税额	
2019年4月至申请退税前一税款所属期已抵扣的增值税专用发票(含税控机动车销售统一发票)注明的增值税额	
2019年4月至申请退税前一税款所属期已抵扣的海关进口增值税专用缴款书注明的增值税额	
2019年4月至申请退税前一税款所属期已抵扣的解缴税款完税凭证注明的增值税额	
2019年4月至申请退税前一税款所属期全部已抵扣的进项税额	
本期申请退还的增量留抵税额	

退税申请理由	经办人:(公章) 年 月 日	
授权声明	如果你已委托代理人申请,请填写下列资料: 为代理相关税务事宜,现授权 (地址) 为本纳税人的代理申请人,任何与本申请有关的往来文件,都可寄于此人。 授权人签章:	申请人声明	本申请表是根据国家税收法律法规及相关规定填写的,我确定它是真实的、可靠的、完整的。 申请人签章:

以下由税务机关填写	
受理情况	受理人: 年 月 日

(续表)

核实部门意见： 退还方式：退库□ 抵扣欠税□ 退税类型：汇算结算退税□ 误收退税□ 留抵退税□ 退税发起方式：纳税人自行申请□ 税务机关发现并通知□ 退(抵)税金额： 经办人： 负责人： 年 月 日	税务机关负责人意见： 签字 年 月 日(公章)

[表单说明]：

一、本表适用于办理汇算结算、误收税款退税、留抵退税。

二、纳税人退税账户与原缴税账户不一致的，须另行提交资料，并经税务机关确认。

三、本表一式四联，纳税人一联、税务机关三联。

四、申请人名称：填写纳税人或扣缴义务人名称。如申请留抵退税，应填写纳税人名称。

五、申请人身份：选择"纳税人"或"扣缴义务人"。如申请留抵退税，应选择"纳税人"。

六、纳税人名称：填写税务登记证所载纳税人的全称。

七、统一社会信用代码(纳税人识别号)：填写纳税人统一社会信用代码或税务机关统一核发的税务登记证号码。

八、联系人名称：填写联系人姓名。

九、联系电话：填写联系人固定电话号码或手机号码。

十、申请退税类型：选择"汇算结算退税""误收退税"或"留抵退税"。

十一、原完税情况：填写与汇算结算和误收税款退税相关信息。分税种、品目名称、税款所属时期、税票号码、实缴金额等项目，填写申请办理退税的已入库信息，上述信息应与完税费(缴款)凭证复印件、完税费(缴款)凭证原件或完税电子信息一致。

十二、申请退税金额：填写与汇算结算和误收税款退税相关的申请退(抵)税的金额，应小于等于原完税情况实缴金额合计。

十三、申请退税前36个月未发生骗取留抵退税、出口退税或虚开增值税专用发票情形，申请退税前36个月未因偷税被税务机关处罚两次及以上，自2019年4月1日起未享受即征即退、先征后返(退)政策，出口货物劳务、发生跨境应税行为，适用免抵退税办法：根据实际情况，选择"是"或"否"。

十四、连续六个月(按季纳税的，连续两个季度)增量留抵税额均大于零的起止时间：填写纳税人自2019年4月税款所属期起，连续六个月(按季纳税的，连续两个季度)增量留抵税额均大于零，且第六个月增量留抵税额不低于50万元的起止时间。

十五、本期已申报免抵退税应退税额：填写享受免抵退税政策的纳税人本期申请退还的免抵退税额。

十六、2019年4月至申请退税前一税款所属期已抵扣的增值税专用发票(含税控机动车销售统一发票)注明的增值税额：填写纳税人对应属期抵扣的增值税专用发票(含税控机动车销售统一发票)注明的增值税额;纳税人取得不动产或者不动产在建工程的进项税额不再分2年抵扣后一次性转入的进项税额,视同取得增值税专用发票抵扣的进项税额,也填入本项。

十七、2019年4月至申请退税前一税款所属期已抵扣的海关进口增值税专用缴款书注明的增值税额:填写纳税人对应属期抵扣的海关进口增值税专用缴款书注明的增值税额。

十八、2019年4月至申请退税前一税款所属期已抵扣的解缴税款完税凭证注明的增值税额:填写纳税人对应属期抵扣的解缴税款完税凭证注明的增值税额。

十九、2019年4月至申请退税前一税款所属期全部已抵扣的进项税额:填写纳税人对应期全部已抵扣进项税额。

二十、本期申请退还的增量留抵税额:填写纳税人按照增量留抵税额×进项构成比例×60%计算后的本期申请退还的增量留抵税额。

进项构成比例=[2019年4月至申请退税前一税款所属期已抵扣的增值税专用发票(含税控机动车销售统一发票)注明的增值税额+2019年4月至申请退税前一税款所属期已抵扣的海关进口增值税专用缴款书注明的增值税额+2019年4月至申请退税前一税款所属期已抵扣的解缴税款完税凭证注明的增值税额]÷2019年4月至申请退税前一税款所属期全部已抵扣的进项税额

二十一、退税申请理由:简要概述退税申请理由,如果本次退税账户与原缴税账户不一致,需在此说明,并须另行提交资料,经税务机关登记确认。

二十二、受理情况:填写核对接受纳税人、扣缴义务人资料的情况。

二十三、退还方式:申请汇算结算或误收税款退税的,退还方式可以单选或多选,对于有欠税的纳税人,一般情况应选择"抵扣欠税",对于选择"抵扣欠税"情况,可以取消该选择,将全部申请退税的金额,以"退库"方式办理。

申请留抵退税的,可同时选择"退库"和"抵扣欠税"。如果纳税人既有增值税欠税,又有期末留抵税额,按照《国家税务总局关于办理增值税期末留抵税额退税有关事项的公告》(国家税务总局公告2019年第20号)第九条第三项规定,以最近一期增值税纳税申报表期末留抵税额,抵减增值税欠税后的余额确定允许退还的增量留抵税额。

二十四、退税类型:税务机关依据纳税人申请事项,选择"汇算结算退税""误收退税"或"留抵退税"。

二十五、退税发起方式:纳税人申请汇算结算或误收税款退税的,税务机关选择"纳税人自行申请"或"税务机关发现并通知";纳税人申请留抵退税的,税务机关选择"纳税人自行申请"。

二十六、退(抵)税金额:填写税务机关核准后的退(抵)税额。

附录2-14:现行适用的《增值税期末留抵税额退税申请表》

增值税期末留抵税额退税申请表

填报时间: 金额单位:元

纳税人识别号		纳税人名称	
银行名称			

(续表)

账户名称		银行账号	
退税原因类型		退抵税方式	
退抵税企业类型（请选择对应项目打√）		集成电路企业□　2类油品企业□大型客机和新支线飞机企业□　先进制造业和现代服务业部分行业□电网企业□	
增值税专用发票信息			
发票号码	开票日期	金额	税额
小　计			
海关进口专用缴款书信息			
缴款书号码	填发日期	完税价格	代征增值税税额
小　计			
外购的2类油品已缴纳消费税信息			
完税凭证号码	开票日期	金额	税额
小计			
当期购进设备进项税额			
期末留抵税额		申请退税额	
接收人		接收日期	

2-4.3　索取有关税收凭证

2-4.3.1　开具税收完税证明

税收完税证明是税务机关为证明纳税人已经缴纳税款或者已经退还纳税人税款而开具的凭证。纳税人符合下列情形之一的，可以申请开具税收完税证明：

（1）通过横向联网电子缴税系统划缴税款到国库（经收处）后或收到从国库退还的税款后，当场或事后需要取得税收票证的；

（2）扣缴义务人代扣、代收税款后，已经向纳税人开具税法规定或国家税务总局认可的记载完税情况的其他凭证，纳税人需要换开正式完税凭证的；

(3)纳税人遗失已完税的各种税收票证(《出口货物完税分割单》、印花税票和《印花税票销售凭证》除外),需要重新开具的;

(4)对纳税人特定期间完税情况出具证明的;

(5)国家税务总局规定的其他需要为纳税人开具完税凭证情形。

税收完税证明分为表格式和文书式两种。按照上述中第(1)项、第(2)项、第(3)项以及第(5)项开具的税收完税证明为表格式;按照第4项规定开具的税收完税证明为文书式,文书式税收完税证明不得作为纳税人的记账或抵扣凭证。

上述第一条第(2)项所称扣缴义务人已经向纳税人开具的税法规定和第(5)项国家税务总局认可的记载完税情况的其他凭证,是指记载车船税完税情况的交强险保单、记载储蓄存款利息所得税完税情况的利息清单等税法或国家税务总局认可的能够作为已完税情况证明的凭证;第(4)项所称"对纳税人特定期间完税情况出具证明",是指税务机关为纳税人连续期间的纳税情况汇总开具完税证明的情形。

扣缴义务人未按规定为纳税人开具税收票证的,税务机关核实税款缴纳情况后,应当为纳税人开具税收完税证明(表格式)。

2-4.3.2 开具个人所得税纳税记录

纳税人2019年1月1日以后取得个人所得税应税所得并由扣缴义务人向税务机关办理了全员全额扣缴申报,或根据税法规定自行向税务机关办理纳税申报的,不论是否实际缴纳税款,均可以居民身份证或证明身份的合法证件、代理人居民身份证或合法身份证件及委托代理书申请开具《个人所得税纳税记录》。

纳税人对《个人所得税纳税记录》存在异议的,可以向该项记录中列明的税务机关申请核实。

税务机关提供两种《个人所得税纳税记录》验证服务。一是通过手机APP扫描《个人所得税纳税记录》中的二维码进行验证;二是通过自然人税收管理系统输入《个人所得税纳税记录》中的验证码进行验证。

《个人所得税纳税记录》因不同打印设备造成的色差,不影响使用效力。《个人所得税纳税记录》不作纳税人记账、抵扣凭证。

2-4.4 社会保险办理

2-4.4.1 单位社会保险费申报

用人单位应当自行申报、按时足额缴纳社会保险费,非因不可抗力等法定事由不得缓缴、减免。职工应当缴纳的社会保险费由用人单位代扣代缴,用人单位应当按月将缴纳社会保险费的明细情况告知本人。

社会保险费单位缴费人,应当依照法律、行政法规规定或者税务机关依照法律、行政法规规定确定的申报期限、申报内容,申报缴纳社会保险费(省、自治区、直辖市对社会保险费征收机关另有规定的,按其规定执行)。

单位缴费人申报缴纳社会保险费主要有两种方式。

(1)自主申报缴纳社会保险费的单位缴费人应当填报《社会保险费缴费申报表(适用于单位缴费人)》(见附录2-15),采取社会保险费明细管理地区的单位缴费人应当填报《社会保险费缴费明细申报表(适用职工个人)》(见附录2-16)。

(2)依据社保经办机构核定应缴费额缴纳社会保险费的单位缴费人应当填报《社会保险费核定通知单》。依据社保经办机构核定数据缴纳社会保险费的单位缴费人,当税务机关信息系统可以接收到社保经办机构核定的应征数据时,无须提供《社会保险费核定通知单》及其他资料。

单位缴费人一般按月申报缴纳社会保险费。个人应当缴纳的社会保险费,由所在单位从其本人工资中代扣代缴。

各省应以本省城镇非私营单位就业人员平均工资和城镇私营单位就业人员平均工资加权计算的全口径城镇单位就业人员平均工资,核定社保个人缴费基数上下限。

2-4.4.2 灵活就业人员社会保险费申报

无雇工的个体工商户、未在用人单位参加社会保险的非全日制从业人员以及其他灵活就业人员参加社会保险的,应当依照法律、行政法规规定或者税务机关依照法律、行政法规规定确定的申报期限、申报内容,申报缴纳社会保险费(省、自治区、直辖市对社会保险费征收机关另有规定的,按其规定执行)。

(1)自主申报缴纳社会保险费的灵活就业人员应当填报《社会保险费缴费明细申报表(适用灵活就业人员)》(见附录2-17)。

(2)依据社保经办机构核定应缴费额缴纳社会保险费的灵活就业人员填报《社会保险费核定通知单》。

(3)有其他特殊情形的,缴费人需按照主管税务机关的要求提供相关材料。

依据社保经办机构核定数据缴纳社会保险费的灵活就业人员,当税务机关信息系统可以接收到社保经办机构核定的应征数据时,免于资料报送。缴费人可签订社会保险费银税三方(委托)划缴协议,到期自动划扣应缴费款,无须再行申报。

各省以本省城镇非私营单位就业人员平均工资和城镇私营单位就业人员平均工资加权计算的全口径城镇单位就业人员平均工资,核定社保个人缴费基数上下限。

灵活就业人员参加企业职工基本养老保险,可以在本省全口径城镇单位就业人员平均工资的60%至300%之间选择适当的缴费基数。基本养老保险缴费比例不超过20%,基本医疗保险缴费比例由各统筹区确定。

非全日制用工的社会保险办理具体规定。

(1)从事非全日制工作的劳动者应当参加基本养老保险,原则上参照个体工商户的参保办法执行。对于已参加过基本养老保险和建立个人账户的人员,前后缴费年限合并计算,跨统筹地区转移的,应办理基本养老保险关系和个人账户的转移、接续手续。符合退休条件时,按国家规定计发基本养老金。

(2)从事非全日制工作的劳动者可以以个人身份参加基本医疗保险,并按照待遇水平与缴费水平相挂钩的原则,享受相应的基本医疗保险待遇。参加基本医疗保险的具体办法由各地劳动保障部门研究制定。

(3)用人单位应当按照国家有关规定为建立劳动关系的非全日制劳动者缴纳工伤保险费。从事非全日制工作的劳动者发生工伤,依法享受工伤保险待遇;被鉴定为伤残5—10级的,经劳动者与用人单位协商一致,可以一次性结算伤残待遇及有关费用。

缴费人通过税务机关信息系统完成申报缴费的,可以申请开具社会保险费缴费证明。

2-4.4.3 开具社会保险费缴费证明

缴费人通过税务机关信息系统完成申报缴费的,可以申请开具社会保险费缴费证明。

对于缴费人需要开具缴费证明并向税务机关提出申请,填报《开具社会保险费缴费证明申请表》(见附录2-18),经税务机关核实后,开具其相应期间实际缴纳社会保险费的缴费证明(不体现社保部门退费结果信息)。对同一期间的缴费情况,缴费人可多次申请开具缴费证明。

缴费证明所指的社保费是指缴费人已申报且缴纳的社会保险费。证明分险种(可选择分险种分品目)、分时段开具,缴费证明应含有缴费单位信息。

附录2-15:现行适用的《社会保险费缴费申报表(适用于单位缴费人)》

社会保险费缴费申报表(适用单位缴费人)

*用人单位名称: *纳税人识别号: 申报性质:

序号	*社会保险经办机构	*单位社保编号	*参保费种	*征收品目	*征收子目	*费款所属日期起	*费款所属日期止	缴费人数	职工工资总额	缴费基数	*费率	*本期应缴费额
1	2	3	4	5	6	7	8	9	10	11	12	13=11*12
	……											
*合计	—	—	—	—	—	—	—	—	—	—	—	

(续表)

*缴费人申明	本单位所申报的社会保险费真实、准确并完整,与事实相符。 法定代表人(负责人)签名: 　　年　月　日	*授权人申明	我单位授权_____为本单位代理申报人,任何与申报有关的往来文件,都可寄此代理机构。 委托代理合同号: 授权人: 　　年　月　日	*代理人申明	本申报表是按照社会保险费有关规定填报,我确认其真实、完整并合法。 代理人(签章): 经办人: 　　年　月　日
*税务机关受理人:		*受理税务机关:	*受理日期: 　年　月　日	备注:	

[表单说明]:
1. "用人单位名称"指《营业执照》《组织机构代码证》或其他核准证照上的"名称"。
2. 有多个险种分行填写各项信息。
3. "缴费人数":分险种填写申报当月实际缴费人数。
4. "缴费基数":填写申报当月实际缴费工资总额。
5. "职工工资总额":填写本期职工申报的本人工资总额。
6. 表中所有金额单位:元(列至角分)。
7. 如本页不够,可另附续表。
8. 本表一式两份,一份缴费用人单位留存,一份税务机关留存。

附录2-16:现行适用的《社会保险费缴费明细申报表(适用职工个人)》

社会保险费缴费明细申报表
(适用职工个人)

纳税人识别号:　　　　　用人单位名称:

序号	姓名	身份证件类型	身份证件号码	社保经办机构代码	单位编号	个人社保编号	参保费种	征收品目	征收子目	所属日期起	所属日期止	本人工资	缴费基数	费率	本期应缴费额
1	2	3	4	5	6	7	8	9	10	11	12	13	14	15	16=14×15
		……													
合计	—	—	—	—	—	—									
受理税务机关:					受理人:					受理日期:　年　月　日					

[表单说明]:

1. 本表可作为《社会保险费缴费申报表(适用单位缴费人)》的附表。
2. "用人单位名称"指《营业执照》《组织机构代码证》或其他核准证照上的"名称"。
3. 同一职工有多个参保费种的,分行填写各项信息。
4. "证件类型"栏一般填写"居民身份证",如无居民身份证,则填写"军官证""士兵证""护照"等有效身份证件。
5. "本人工资":填写申报当月本人工资额。
6. "缴费基数":不需填写,由税务机关根据缴费基数上限规则判断后产生。
7. 表中所有金额单位:元(列至角分)。
8. 本表一式两份,一份缴费用人单位留存,一份税务机关留存。

附录2-17:现行适用的《社会保险费缴费明细申报表(适用灵活就业人员)》

社会保险费缴费明细申报表(适用灵活就业人员)

纳税人识别号:　　　　　　　　姓名:

身份证件类型:　　　　　身份证件号码:　　　　　申报性质:

*序号	*社保经办机构	*个人社保编号	*参保费种	*征收品目	*征收子目	*费款所属日期起	*费款所属日期止	缴费基数	*费率	*本期应缴费额
1	2	3	4	5	6	7	8	9	10	11
*合计	—							—		

缴费档次		是否允许银行自动扣款	□允许　□不允许
缴费人声明	本人已阅读相关社保费政策文件,确认以上申报信息准确无误。 本人声明(□同意/□不同意)税务机关定期由本人授权银行按本表填列的缴费基数或选定缴费档次所对应的应缴费额,从本人账户中自动扣社会保险费款,自动扣款从年月开始。本人已知晓当社平工资或缴费档次对应的应缴费额调整时,本人的应缴费额按规定同期调整。 缴费人(签章): 　　　　　　　　　　　　　　　　　　　　年　月　日		
*受理税务机关:	受理人:		*受理日期:　年　月　日

附录 2-18:现行适用的《开具社会保险费缴费证明申请表》

开具社会保险费缴费证明申请表

缴费人姓名		国籍	
缴费人身份证件种类		缴费人身份证件号码	
费款所属期起		费款所属期止	
申请理由:			
		缴费人(签章): 年　月　日	

2-4.5　申报错误更正

申报错误更正,是纳税人、扣缴义务人办理纳税申报后,发现申报表存在错误,完成修改更正或作废的过程。

纳税人、扣缴义务人办理纳税申报后,发现申报表错误,更正时(除个人所得税)只能全量更正或者申报作废,填报《申报表作废申请单》(见附录 2-19),并直接对已申报数据进行更正后的相关税(费)种纳税申报表的报送,不允许差额更正或补充申报。

个人所得税允许增量更正和部分更正。

(1)如纳税人已完成年度申报,不允许更正预缴申报。

(2)年度综合所得申报中有上年度的结转时,如更正上年度的综合所得年度申报,应提醒纳税人一并更正本年年度综合所得申报。

(3)同一扣缴义务人连续性综合所得已有下期预缴申报的,可采用部分、增量更正方式进行更正,更正时需采集扣缴义务人更正申报的原因等信息,如年中更正预缴的,也需连带更正后期的预缴申报,并作相应更正的提示信息,对未进行后期更正的,不允许进行正常预缴申报,对更正涉及的纳税人,在更正完成后通知相应的纳税人更正的情况。

(4)限售股已进行清算时,不能更正该人的限售股的扣缴申报。

申报错误更正后,如涉及补缴税款,应按规定加收滞纳金;如涉及上述多缴税款,通过退抵税类业务办理。

社保费申报错误需要更正时,在满足条件的情况下,可以通过作废原申报表,重新申报。针对申报后的是否已开票或入库的不同情况,能否作废的规定如下。

(1)当月已申报未开票未入库的,可以作废申报。

(2)当月已申报已开票未入库的,应当作废已开票信息,再进行作废申报。

(3)当月已申报已开票已入库的,不可以作废申报,可以补充申报。

附录2-19:现行适用的《申报表作废申请单》

申报表作废申请单

纳税人或扣缴义务人识别号			纳税人或扣缴义务人名称		
原申报日期	申报表种类	征收项目	税款所属期起	税款所属期止	原申报应纳税额
申请作废的理由:					
申请人:		法定代表人(负责人)		申请日期	

受理人:　　　　　　　受理日期:　　　　　　　受理税务机关:

第三篇

律师事务所（分所）分立、变更、注销

第一章　税务变更

纳税人、扣缴义务人税务登记内容发生变化的,应当向原税务登记机关申报办理变更税务登记。

纳税人、扣缴义务人按照规定不需要在工商行政管理机关办理变更登记,或者其变更登记的内容与工商登记内容无关的,应当自税务登记内容实际发生变化之日起30日内,或者自有关机关批准或者宣布变更之日起30日内,持下列证件到原税务登记机关申报办理变更税务登记:

(1)纳税人变更登记内容的有关证明文件。
(2)税务机关发放的原税务登记证件(登记证正、副本和税务登记表等)。
(3)其他有关资料。

纳税人提交的有关变更登记的证件、资料齐全的,应如实填写《变更税务登记表》(见附录3-1),符合规定的,税务机关应当日办理;不符合规定的,税务机关应通知其补正。

税务机关应当于受理当日办理变更税务登记。纳税人税务登记表和税务登记证中的内容都发生变更的,税务机关按变更后的内容重新发放税务登记证件;纳税人税务登记表的内容发生变更而税务登记证中的内容未发生变更的,税务机关不重新发放税务登记证件。

3-1.1　律师事务所住所变更

增值税一般纳税人(以下简称纳税人)因住所、经营地点变动,按照相关规定,因涉及改变税务登记机关,需要办理注销税务登记并重新办理税务登记的,在迁达地重新办理税务登记后,其增值税一般纳税人资格予以保留,办理注销税务登记前尚未抵扣的进项税额允许继续抵扣。

迁出地主管税务机关应认真核实纳税人在办理注销税务登记前尚未抵扣的进项税额,填写《增值税一般纳税人迁移进项税额转移单》(见附录3-2)。《增值税一般纳税人迁移进项税额转移单》一式三份,迁出地主管税务机关留存一份,交纳税人一份,传递迁达地主管税务机关一份。

迁达地主管税务机关应将迁出地主管税务机关传递来的《增值税一般纳税人迁

移进项税额转移单》与纳税人报送资料进行认真核对,对其迁移前尚未抵扣的进项税额,在确认无误后,允许纳税人继续申报抵扣。

3-1.2 合伙人及或分配比例变更

律师事务所发生合伙人变动或者分配比例发生变动的,在次月15日内向主管税务机关报送变更情况说明及含有变动信息的《个人所得税基础信息表(A表)》。

3-1.2.1 合伙人退伙

合伙人可以依照合伙协议退出合伙。退伙时,应按协议约定的时间提前通知其他合伙人。协议没有约定时间的,应当提前三个月通知其他合伙人。

合伙人违反法律法规、执业纪律情节严重的,或因其过错给律师事务所造成重大损失的,合伙人会议可以将该合伙人除名。合伙人被吊销律师执业证书的,合伙人会议应当将其除名。

合伙人退伙或被除名的,有权取得合伙协议规定的财产份额以及其他利益,并承担相应的义务。

合伙人退伙或被除名,依据合伙协议及律师事务所财务管理制度规定等取回其财产份额时存在以下几种情形:

(1)合伙人直接取回其财产份额,律师事务所需要做相应投资额和合伙人变更备案登记以外,合伙人对应的纳税义务主要涉及以下几个方面:

①以合伙企业的利润总额为计算基础分月预缴、年度汇算清缴"经营所得"个人所得税,具体参见本指引第二篇第三章的内容;

②按照国家税务总局关于《关于个人独资企业和合伙企业投资者征收个人所得税的规定》执行口径的通知(国税函〔2001〕84号)文件(以下简称《通知》)规定:个人独资企业和合伙企业对外投资分回的利息或者股息、红利,不并入企业的收入,而应单独作为投资者个人取得的利息、股息、红利所得,按"利息、股息、红利所得"应税项目计算缴纳个人所得税。以合伙企业名义对外投资分回利息或者股息、红利的,应按《通知》所附规定的第5条精神确定各个投资者的利息、股息、红利所得,分别按"利息、股息、红利所得"应税项目计算缴纳个人所得税,具体参见本指引第二篇第二章的内容;

③合伙人取回合伙企业中的财产份额超过其财产原值的部分,需要并入其经营所得应税项目计算缴纳个人所得税。

(2)合伙人将其在律师事务所中的财产份额转让给其他合伙人或新合伙人的,除按照上述(1)中第①、②向缴纳相关税费外,就该转让所得作为收入额,减除取得该财产份额时的财产原值和合理费用后的余额适用"财产转让所得"应税项目,按照20%适用税率计算缴纳计算个人所得税具体参见本指引第二篇第二章的内容。

（3）合伙人死亡或被宣告死亡的，其合法继承人有权依合伙协议取得被继承人死亡时在合伙律师事务所中应当分割的财产，并在继承范围内承担分割的财产对应的税费，具体参见本指引第二篇相关内容。

3-1.2.2 新增合伙人

新合伙人入伙存在以下几种情形：

（1）新增合伙人按照约定投入投资款，律师事务所做投资额增加、合伙人变更等相关事项的登记备案；

（2）律师事务所投资额总额不变，其他合伙人按比例或按约定转让相应的份额给新合伙人，此种情形下将涉及转让份额的合伙人相应纳税义务（如"经营所得""财产转让所得""利息、股息、红利所得"）的发生，如涉及该情形，参见本指引第二篇的具体内容分别进行计算缴纳。

3-1.3 一般纳税人转登记小规模纳税人

已登记为一般纳税人的律师事务所转登记日前连续12个月（以1个月为1个纳税期）或者连续4个季度（以1个季度为1个纳税期）累计销售额未超过500万元，在2020年12月31日前，可选择转登记为小规模纳税人。拟转登记的律师事务所应向主管税务机关填报《一般纳税人转为小规模纳税人登记表》（见附录3-3），并提供税务登记证件；已实行实名办税的纳税人，无须提供税务登记证件。

转登记日前经营期不满12个月或者4个季度的，按照月（季度）平均应税销售额估算累计应税销售额。

转登记为小规模纳税人后，自转登记日的下期起（按季申报的自下一季度开始；按月申报自下月开始），按照简易计税方法计算缴纳增值税；转登记日当期仍按照一般纳税人的有关规定计算缴纳增值税。

转登记日前尚未申报抵扣的进项税额以及转登记日当期的期末留抵税额，计入"应交税费—待抵扣进项税额"核算。

在作为一般纳税人期间销售或者购进的货物、劳务、服务、无形资产、不动产，自转登记日的下期起发生销售折让、中止或者退回的，调整转登记日当期的销项税额、进项税额和应纳税额。因税务稽查、补充申报等原因，需要对一般纳税人期间的销项税额、进项税额和应纳税额进行调整的，按照上述规定处理。

自转登记日的下期起连续不超过12个月或者连续不超过4个季度的经营期内，转登记纳税人应税销售额超过财政部、国家税务总局规定的小规模纳税人标准的，应当向主管税务机关办理一般纳税人登记。转登记纳税人按规定再次登记为一般纳税人后，不得再转登记为小规模纳税人。

3-1.4 律师事务所合并、分立

律师事务所有合并、分立情形的,应当向税务机关报告,并依法缴清税款。合并时未缴清税款的,由合并后的律师事务所继续履行未履行的纳税义务;律师事务所分立时未缴清税款的,分立后的律师事务所对未履行的纳税义务应当承担连带责任。

律师事务所合并分立应当提交《纳税人合并(分立)情况报告书》(见附录3-4),其中合并又分为吸收合并和新设合并,分立又分为存续分立和新设分立。

(1)合并。吸收合并,被吸收律师事务所办理注销税务登记,吸收律师事务所办理变更税务登记;新设合并,原律师事务所办理注销税务登记,新设律师事务所办理设立税务登记。

(2)分立。存续分立,原律师事务所办理变更税务登记,新分立律师事务所办理设立税务登记。新设分立,原律师事务所办理注销税务登记,新分立律师事务所办理设立税务登记。

3-1.5 非正常户解除

已办理税务登记的律师事务所未按照规定的期限申报纳税,在税务机关责令其限期改正后,逾期不改正的,税务机关应当派员实地检查,查无下落并且无法强制其履行纳税义务的,由检查人员制作非正常户认定书,存入律师事务所档案,税务机关暂停其税务登记证件、发票领购簿和发票的使用。

律师事务所被列入非正常户超过3个月的,税务机关可以宣布其税务登记证件失效,其应纳税款的追征仍按《税收征管法》及其《实施细则》的规定执行。

在非正常户认定的次月,税务机关将在办税场所或者广播、电视、报纸、期刊、网络等媒体上公告非正常户。对没有欠税且没有未缴销发票的律师事务所,认定为非正常户超过2年的,税务机关可以注销税务登记证件。

对非正常户纳税人经营者申报办理新的税务登记的,税务机关核发临时税务登记证及副本,限量供应发票。税务机关发现律师事务所经营者在异地为非正常户的经营者的,应通知其回原税务机关办理相关涉税事宜。律师事务所的经营者在原税务机关办结相关涉税事宜后,方可申报转办正式的税务登记。

被税务机关认定为非正常户的律师事务所,需恢复履行纳税义务的,向税务机关提出办理解除非正常户。处于非正常户状态律师事务所在办理税务注销前,须先解除非正常状态。

(1)补交申报表,补缴税款、滞纳金、缴纳罚款等,开具完税证明和罚款单据等;

(2)报送资料,自行出具"情况说明"和解除非正常状态的理由。

(3)在电子税务局进行解除非正常户申请。登录网上办税服务厅,点击首页[功

能导航]——[登记/认定/优惠]——[非正常户解除]。

(4)进入之后,可以看到"纳税人基本信息",之后填写申请表,上传情况说明(加盖公章)和完税证明、罚款单据等。

(5)申请提交后,可以在电子税务局文书结果查询进行查询。

(6)受理后,收到《税务受理通知书》。

(7)受理通过,收到《解除非正常户通知》,非正常户解除。

第二章 税务注销

3-2.1 清税申报及税务注销登记

律师事务所发生以下情形的,向主管税务机关申报办理注销税务登记。

(1)发生解散、破产、撤销以及其他情形,依法终止纳税义务的。

(2)按规定不需要在工商行政管理机关或者其他机关办理注销登记的,但经有关机关批准或者宣告终止的。

(3)被工商行政管理机关吊销营业执照或者被其他机关予以撤销登记的。

(4)境外企业在中国境内承包建筑、安装、装配、勘探工程和提供劳务的,项目完工、离开中国的。

(5)外国企业常驻代表机构驻在期届满、提前终止业务活动的。

(6)非境内注册居民企业经确认终止居民身份的。

按规定不需要在工商行政管理机关或者其他机关办理注册登记的,应当自有关机关批准或者宣告终止之日起15日内,持有关证件和资料向原税务登记机关申报办理注销税务登记。

如果被主管机关予以撤销登记,应当自被撤销登记之日起15日内,向原税务登记机关申报办理注销税务登记。

因住所、经营地点变动,涉及改变税务登记机关,应当在向工商行政管理机关或者其他机关申请办理变更、注销登记前,或者住所、经营地点变动前,持有关证件和资料,向原税务登记机关申报办理注销税务登记,并自注销税务登记之日起30日内向迁达地税务机关申报办理税务登记。

律所在年度中间合并、分立、终止时,合伙人应当在停止生产经营之日起60日内,向主管税务机关办理当期个人所得税汇算清缴。律所进行清算时,合伙人应当在注销工商登记之前,向主管税务机关结清有关税务事宜。律所的清算所得应当视为年度生产经营所得,由合伙人依法缴纳个人所得税。清算所得,是指律所清算时的全部资产或者财产的公允价值扣除各项清算费用、损失、负债、以前年度留存的利润后,超过实缴资本的部分。

在办理注销税务登记前,应当向税务机关提交相关证明文件和资料,结清应纳税款、多退(免)税款、滞纳金和罚款,缴销发票、税务登记证件和其他税务证件,办理注销税务登记手续。

纳税人办理清税申报及注销税务登记需提供:《注销税务登记申请审批表》(见附录3-5)、《税务登记证》正、副本、《临时税务登记证》正、副本或其他税务证件(未启用统一社会信用代码的纳税人报送,实行实名办税的纳税人免予报送)、《发票领用簿》(收缴,已发放过《发票领用簿》纳税人报送,实行实名办税的纳税人免予报送)、税控设备(收缴,使用增值税税控系统的增值税纳税人)、上级主管部门批复文件(单位纳税人,实行实名办税的纳税人免予报送)。

资料齐全、符合法定形式的,税务机关受理后,增值税一般纳税人注销一般流程为10个工作日;增值税小规模纳税人和其他纳税人一般流程为5个工作日;符合即办条件的情况为即办。

税务机关在注销核查、检查过程中发现以下情形的,办理时限中止。

(1)发现涉嫌偷、骗、抗税或虚开发票等重大事项的。

(2)需要进行特别纳税调整的。

(3)国家税务总局规定的其他中止情形。

在税务注销办理过程中确有必要补充、补正相关资料的,办理时限可以中止,但只能中止一次,且时限最长不超过5个工作日。注销中止后,注销办理期限中止计算,中止情形结束后继续计算。

即办注销受理标准。

(1)税务机关在为办理税务注销时,对无在查、无欠税(含滞纳金)及罚款、已缴销发票及税控专用设备、无其他未办结涉税事项,且符合下列情形之一的律师事务所,实行注销即办。由纳税服务部门即时出具注销文书,律师事务所也可通过电子税务局即时打印注销文书。

①纳税信用级别为A级和B级的纳税人。

②控股母公司纳税信用级别为A级的M级纳税人。

③省级人民政府引进人才或经省级以上行业协会等机构认定的行业领军人才等创办的企业。

④未纳入纳税信用级别评价的定期定额个体工商户。

⑤未达到增值税纳税起征点的纳税人。

(2)未办理过涉税事宜的律师事务所,主动到税务机关办理清税的,税务机关可根据律师事务所提供的营业证照即时出具清税文书。

(3)办理过涉税事宜但未领用发票、无欠税(滞纳金)及罚款的律师事务所,主动到税务机关办理清税,资料齐全的,税务机关即时出具清税文书。

(4)经人民法院裁定宣告破产的律师事务所,持人民法院终结破产程序裁定书向税务机关申请税务注销的,税务机关即时出具清税文书,按照有关规定核销"死欠",即时办理注销。

"承诺制"容缺办理注销受理标准。

(1)税务机关在为办理税务注销时,对无在查、无欠税(含滞纳金)及罚款、已缴销发票及税控专用设备,但存在未办结涉税事项,且符合下列情形之一的律师事务所,采取"承诺制"容缺办理。律师事务所可在纳税服务部门现场签署《即办〈清税证明〉承诺书》,也可通过电子税务局签署上传《即办〈清税证明〉承诺书》。

①纳税信用级别为A级和B级的纳税人。

②控股母公司纳税信用级别为A级的M级纳税人。

③省级人民政府引进人才或经省级以上行业协会等机构认定的行业领军人才等创办的企业。

④未纳入纳税信用级别评价的定期定额个体工商户。

⑤未达到增值税纳税起征点的纳税人。

(2)办理过涉税事宜但未领用发票、无欠税(滞纳金)及罚款的律师事务所,主动到税务机关办理清税,资料不齐的,也适用"承诺制"容缺办理。

律师事务所存在以下情形需要进行核查注销。

(1)有在查、欠税(含滞纳金)及罚款、未缴销发票及税控专用设备及其他未办结涉税事项的。

(2)满足"承诺制"容缺办理条件的但不签署《即办〈清税证明〉承诺书》的。

对向市场监管部门申请简易注销的律师事务所,如果未办理过涉税事宜的或者办理过涉税事宜但未领用发票、无欠税(含滞纳金)及罚款的、无其他未办结涉税事项的,可免予到税务机关办理清税证明。业务系统会实时通过外部交换系统反馈市场监管部门"无异议",状态自动修改为"注销"。

处于非正常状态律师事务所在办理税务注销前,需先解除非正常状态,补办纳税申报手续。符合以下情形的,税务机关可打印相应税种和相关附加的《批量零申报确认表》,经律师事务所确认后,进行批量处理。

(1)非正常状态期间增值税、消费税和相关附加需补办的申报均为零申报的。

(2)非正常状态期间个人所得税经营所得月(季)度预缴需补办的申报均为零申报,且不存在弥补前期亏损情况的。

律师事务所申报办理税务注销,无须向税务机关提出终止银税三方(委托)划缴协议。税务机关办结税务注销后,银税三方(委托)划缴协议自动终止。

3-2.2 注销扣缴税款登记

未办理税务登记的扣缴义务人发生解散、破产、撤销以及其他情形,依法终止扣缴义务的,或者已办理税务登记的扣缴义务人未发生解散、破产、撤销以及其他情形,未依法终止纳税义务,仅依法终止扣缴义务的,应当填报《注销扣缴税款登记申请表》(见附录3-6),并持《扣缴税款登记证》(见附录3-7)等有关证件和资料向原税务登记机关申报办理注销扣缴税款登记。

已办理税务登记的扣缴义务人发生解散、破产、撤销以及其他情形,依法终止纳税义务的,申请注销税务登记时,不需单独提出注销扣缴税款登记申请,税务机关在注销扣缴义务人税务登记同时注销扣缴义务人扣缴税款登记。

已办理信息报告的扣缴义务人发生解散、破产、撤销以及其他情形,依法终止纳税义务的,申报办理税务注销时,不需单独提出申请,税务机关在办理税务注销的同时,注销扣缴税款登记。经过实名信息验证的办税人员,不再提供登记证件、身份证复印件等资料。

附录3-1:现行适用的《变更税务登记表》

变更税务登记表

纳税人名称			纳税人识别号	
变更登记事项				
序号	变更项目	变更前内容	变更后内容	批准机关名称及文件
送缴证件情况:				
纳税人				
经办人: 年 月 日		法定代表人(负责人): 年 月 日		纳税人(签章) 年 月 日
经办税务机关审核意见:				
经办人: 年 月 日		负责人: 年 月 日		税务机关(签章) 年 月 日

[使用说明]：
一、本表适用于各类纳税人变更税务登记填用。
二、报送此表时还应附送如下资料。
(一)税务登记变更内容与工商行政管理部门登记变更内容一致的应提交：
1. 工商执照及工商变更登记表复印件。
2. 纳税人变更登记内容的决议及有关证明文件。
3. 主管税务机关发放的原税务登记证件(税务登记证正、副本和税务登记表等)。
4. 主管税务机关需要的其他资料。
(二)变更税务登记内容与工商行政管理部门登记内容无关的应提交。
1. 纳税人变更登记内容的决议及有关证明、资料。
2. 主管税务机关需要的其他资料。
三、变更项目：填需要变更的税务登记项目。
四、变更前内容：填变更税务登记前的登记内容。
五、变更后内容：填变更的登记内容。
六、批准机关名称及文件：凡需要经过批准才能变更的项目须填写此项。
七、本表一式二份，税务机关一份，纳税人一份。

附录3-2：现行适用的《增值税一般纳税人迁移进项税额转移单》

增值税一般纳税人迁移进项税额转移单
(编号：×××县(市、区)税务局留抵税额转移通知××号)

纳税人名称		工商执照登记号	
纳税人识别号		一般纳税人认定时间	年　　月
迁出地最后一次增值税纳税申报所属期	年　月　日至　年　月　日		
批准取消税务登记时间	年　　月　　日		
尚未抵扣的留抵进项税额	经审核，该纳税人从我局迁出时，尚有未抵扣的进项留抵税额合计(大写)¥　　　　　元。		
其他需要说明的事项			
税务所意见： (公章) 年　月　日	货物和劳务税科意见： (公章) 年　月　日		局长意见： (局章) 年　月　日

[表单说明]：
注：1. 本表由一般纳税人迁出地税务机关填写并盖章确认，一式三份。迁出地主管税务机关、迁达地主管税务机关、纳税人各留存一份。

附录3-3:现行适用的《一般纳税人转为小规模纳税人登记表》

一般纳税人转为小规模纳税人登记表

纳税人名称			纳税人识别号 (统一社会信用代码)	
法定代表人 (负责人、业主)		身份证件种类		联系 电话
		身份证件号码		
办税人员		身份证件种类		联系 电话
		身份证件号码		
原登记为一般纳税人的生效时间: 年 月 日				
是否为出口企业:是( ) 否( )				
经营期超过(含)12个月或者4个季度纳税人填写:				
年应税销售额				
经营期不足12个月或者4个季度纳税人填写:				
累计应税销售额			预估年应税销售额	
转为小规模纳税人生效之日: 年 月 1 日				
纳税人(代理人)承诺: 此登记表所填信息是真实、可靠、完整的,纳税人身份转换为自愿进行,已了解相关税收规定并办理完毕相关事项。 法定代表人(签字) 　　　　　　　　　　　　　　　　　　　　　　　　　　　　　　年　月　日				
以下由税务机关填写				
税务机关 受理情况	受理人:受理税务机关(章) 　　　　　　　　　　　　　　　　　　　　　　　　年　月　日			

[填表说明]:

1. 经营期超过(含)12个月或者4个季度纳税人的年应税销售额,是指本公告第1条所述转登记纳税人在转登记日前连续12个月或者连续4个季度累计应税销售额。

2. 以1个月为1个纳税期的纳税人,如果转登记日前经营期不足12个月,其预估年应税销售额=转登记日前累计应税销售额/转登记日前实际经营的月份×12;以1个季度为1个纳税期的纳税人,如果转登记日前经营期不足4个季度,其预估年应税销售额=转登记日前累计应税销售额/转登记日前实际经营的季度数×4。

3. "转为小规模纳税人生效之日",是指一般纳税人转为小规模纳税人后,转登记日下期首日。

4. 本表一式二份,主管税务机关和纳税人各留存一份。

附录 3-4:现行适用的《纳税人合并(分立)情况报告书》

纳税人合并(分立)情况报告书

纳税人识别号			纳税人名称		
合并(分立)原因		批准合并(分立)文件和决议		合并(分立)时间	

合并(分立)前基本情况	纳税人识别号	纳税人名称	负责人	生产经营地址	是否欠税

合并(分立)时欠缴税款情况	纳税人识别号	纳税人名称	税种	税额	税款所属期

合并(分立)后基本情况	纳税人识别号	纳税人名称	负责人	生产经营地址	备注

告知事项:《中华人民共和国税收征收管理法》第四十八条:纳税人有合并、分立情形的,应当向税务机关报告,并依法缴清税款。纳税人合并时未缴清税款的,应当由合并后的纳税人继续履行未履行的纳税义务;纳税人分立时未缴清税款的,分立后的纳税人对未履行的纳税义务应当承担连带责任。

纳税人需要说明的与纳税有关情况:

纳税人	税务机关
经办人:　负责人:　办税人(签章)	经办人:　负责人:　税务机关(签章)
年　月　日　年　月　日　年　月　日	年　月　日　年　月　日　年　月　日

[表单说明]:

1. 本报告依据《中华人民共和国税收征收管理法》第四十八条、《中华人民共和国税收征收管理法实施细则》第五十条设置。

2. 适用范围:纳税人发生合并、分立情形的,向税务机关报告有关情况时使用。

3. 合并(分立)原因:填写合并(分立)的批准文件或企业决议中确认的合并或分立原因。

4. 合并(分立)文件和决议:经有关部门批准的,填写批准合并(分立)的文件、文号和企业的合并(分立)决议;不需要有关部门批准的,只填写企业的合并(分立)决议。

5. 合并(分立)前基本情况:应按项目填写合并(分立)前的所有纳税人情况。是否欠税栏按照有无欠税填"是"或者"否"。

6. 合并(分立)时欠缴税款情况:应按项目填写合并(分立)时所有各方的欠税情况。

7. 合并(分立)后基本情况:应按项目填写合并(分立)后的所有纳税人情况。

8. 纳税人需要说明的与纳税有关情况:由报告的纳税人填写与纳税有关的情况。包括:资产的分配、主要业务的归属、人员安排等。

9. 本表一式多份,税务机关存档一份,合并、分立的每户纳税人存档一份;解散、撤销、破产的纳税人存档一份。

附录 3-5:现行适用的《注销税务登记申请审批表》

注销税务登记申请审批表

纳税人名称		纳税人识别号	
注销原因			
附送资料			
纳税人 经办人: 年 月 日	法定代表人(负责人): 年 月 日		纳税人(签章) 年 月 日
以下由税务机关填写			
受理时间	经办人: 年 月 日		负责人: 年 月 日
清缴税款、滞纳金、罚款情况	经办人: 年 月 日		负责人: 年 月 日
缴销发票情况	经办人: 年 月 日		负责人: 年 月 日

(续表)

税务检查意见	检查人员： 年 月 日				负责人： 年 月 日	
收缴税务证件情况	种类	税务登记证正本	税务登记证副本	临时税务登记证正本	临时税务登记证副本	
	收缴数量					
	经办人： 年 月 日				负责人： 年 月 日	
批准意见	部门负责人： 年 月 日				税务机关(签章) 年 月 日	

[表单说明]：
1. 本表依据《征管法实施细则》第十五条设置。
2. 适用范围：纳税人发生解散、破产、撤销、被吊销营业执照及其他情形而依法终止纳税义务，或者因住所、经营地点变动而涉及改变税务登记机关的，向原税务登记机关申报办理注销税务登记时使用。
3. 填表说明：
(1)附送资料：填写附报的有关注销的文件和证明资料；
(2)清缴税款、滞纳金、罚款情况：填写纳税人应纳税款、滞纳金、罚款缴纳情况；
(3)缴销发票情况：纳税人发票领购簿及发票缴销情况；
(4)税务检查意见：检查人员对需要清查的纳税人，在纳税人缴清查补的税款、滞纳金、罚款后签署意见；
(5)收缴税务证件情况：在相应的栏内填写收缴数量并签字确认，收缴的证件如果为"临时税务登记证"，添加"临时"字样。
4. 本表为A4型竖式，一式二份，税务机关一份，纳税人一份。

附录3-6：现行适用的《注销扣缴税款登记申请表》

注销扣缴税款登记申请表

纳税人识别号			
纳税人名称			
批准机关			
批准文号		批准日期	
注销原因			

（续表）

附送资料		

纳税人

经办人：　　　　　　　　法定代表人(负责人)：　　　　　　纳税人(签章)
年　月　日　　　　　　　年　月　日　　　　　　　　　年　月　日

[表单说明]：

1. 适用范围：扣缴义务人发生解散、破产、撤销、被吊销营业执照及其他情形而依法终止扣缴义务，或者因住所、经营地点变动而涉及改变税务登记机关的，向原税务登记机关申报办理注销扣缴义务人登记时使用。

2. 填表说明：

(1)批准机关、批准文号、批准日期：填写注销的文件和证明资料注明的机关、文号和日期；

(2)附送资料：填写附报的有关注销的文件和证明资料。

3. 本表为 A4 型竖式，一式二份，税务机关一份，纳税人一份。

附录 3-7：现行适用的《扣缴税款登记证》

扣缴税款登记证

扣缴税款登记证		
		税　字　　　号
扣缴义务人名称：		
法定代表人(负责人)：		
地址：		
扣缴义务人类型：		
行业：		
扣缴税种：		
批准设立机关：		
证件有效期：		
		发证税务机关
		年　月　日

国家税务总局监制

附录：行业相关规范性文件与政策汇总

一、律师事务所涉税相关基础规范性文件

《中华人民共和国税收征收管理法》
《中华人民共和国税收征收管理法实施细则》
《税务登记管理办法》
《中华人民共和国个人所得税法》
《中华人民共和国个人所得税法实施条例》
《中华人民共和国增值税暂行条例》
《中华人民共和国增值税暂行条例实施细则》
《中华人民共和国发票管理办法》
《中华人民共和国发票管理办法实施细则》
《中华人民共和国城市维护建设税暂行条例》
《中华人民共和国社会保险法》

二、律师事务所涉增值税相关规范性文件

《中华人民共和国增值税暂行条例》
《中华人民共和国增值税暂行条例实施细则》
《关于明确二手车经销等若干增值税征管问题的公告》（国家税务总局公告2020年第9号）
《关于支持个体工商户复工复业等税收征收管理事项的公告》（国家税务总局公告2020年第5号）
《关于公布取消一批税务证明事项以及废止和修改部分规章规范性文件的决定》（国家税务总局令第48号）
《关于取消增值税扣税凭证认证确认期限等增值税征管问题的公告》（国家税务总局公告2019年第45号）
《关于深化增值税改革有关政策的公告》（财政部、税务总局、海关总署公告2019

年第 39 号)

《关于异常增值税扣税凭证管理等有关事项的公告》(国家税务总局公告 2019 年第 38 号)

《关于增值税发票管理等有关事项的公告》(国家税务总局公告 2019 年第 33 号)

《关于国内旅客运输服务进项税抵扣等增值税征管问题的公告》(国家税务总局公告 2019 年第 31 号)

《关于办理增值税期末留抵税额退税有关事项的公告》(国家税务总局公告 2019 年第 20 号)

《关于调整增值税纳税申报有关事项的公告》(国家税务总局公告 2019 年第 15 号)

《关于深化增值税改革有关事项的公告》(国家税务总局公告 2019 年第 14 号)

《关于扩大小规模纳税人自行开具增值税专用发票试点范围等事项的公告》(国家税务总局公告 2019 年第 8 号)

《关于冬奥会和冬残奥会企业赞助有关增值税政策的通知》(财税〔2019〕6 号)

《关于增值税小规模纳税人地方税种和相关附加减征政策有关征管问题的公告》(国家税务总局公告 2019 年第 5 号)

《关于小规模纳税人免征增值税政策有关征管问题的公告》(国家税务总局公告 2019 年第 4 号)

《关于科技企业孵化器大学科技园和众创空间税收政策的通知》(财税〔2018〕120 号)

《关于新办纳税人首次申领增值税发票有关事项的公告》(国家税务总局公告 2018 年第 29 号)

《关于统一小规模纳税人标准等若干增值税问题的公告》(国家税务总局公告 2018 年第 18 号)

《关于租入固定资产进项税额抵扣等增值税政策的通知》(财税〔2017〕90 号)

《关于调整增值税纳税申报有关事项的公告》(国家税务总局公告 2017 年第 53 号)

《关于增值税一般纳税人登记管理办法》(国家税务总局令第 43 号)

  附件:《增值税一般纳税人登记管理办法》

《关于进一步优化增值税、消费税有关涉税事项办理程序的公告》(国家税务总局公告 2017 年第 36 号)

  附件:《国家税务总局关于逾期增值税扣税凭证抵扣问题的公告》

  附件:《逾期增值税扣税凭证抵扣管理办法》

《关于明确金融、房地产开发、教育辅助服务等增值税政策的通知》(财税〔2016〕140 号)

《关于启用全国增值税发票查验平台的公告》(国家税务总局公告 2016 年第 87 号)

《关于优化完善增值税发票选择确认平台功能及系统维护有关事项的公告》(国家税务总局公告 2016 年第 57 号)

《关于营改增试点若干征管问题的公告》(国家税务总局公告 2016 年第 53 号)
《关于促进残疾人就业增值税优惠政策的通知》(财税〔2016〕52 号)
《关于红字增值税发票开具有关问题的公告》(国家税务总局公告 2016 年第 47 号)
《关于进一步明确全面推开营改增试点有关劳务派遣服务、收费公路通行费抵扣等政策的通知》(财税〔2016〕47 号)
《全面推开营业税改征增值税试点的通知》(财税〔2016〕36 号)

  附件 1:《营业税改征增值税试点实施办法》
     附:《销售服务、无形资产、不动产注释》
  附件 2:《营业税改征增值税试点有关事项的规定》
  附件 3:《营业税改征增值税试点过渡政策的规定》
  附件 4:《跨境应税行为适用增值税零税率和免税政策的规定》

《关于调整增值税纳税申报有关事项的公告》(国家税务总局公告 2016 年第 27 号)
《关于印发全面推开营改增试点后调整中央与地方增值税收入划分过渡方案的通知》(国发〔2016〕26 号)

  附件:《全面推开营改增试点后调整中央与地方增值税收入划分过渡方案》

《关于推行通过增值税电子发票系统开具的增值税电子普通发票有关问题的公告》(国家税务总局公告 2015 年第 84 号)
《关于全面推行增值税发票系统升级版有关问题的公告》(国家税务总局公告 2015 年第 19 号)
《关于小微企业免征增值税和营业税有关问题的公告》(国家税务总局公告 2014 年第 57 号)
《关于简化增值税发票领用和使用程序有关问题的公告》(国家税务总局公告 2014 年第 19 号)
《关于纳税人虚开增值税专用发票征补税款问题的公告》(国家税务总局公告 2012 年第 33 号)
《关于增值税税控系统专用设备和技术维护费用抵减增值税税额有关政策的通知》(财税〔2012〕15 号)
《关于一般纳税人销售自己使用过的固定资产增值税有关问题的公告》(国家税务总局公告〔2012〕1 号)
《关于未按期申报抵扣增值税扣税凭证有关问题的公告》(国家税务总局公告 2011 年第 78 号)

  附件:未按期申报抵扣增值税扣税凭证抵扣管理办法

《关于一般纳税人迁移有关增值税问题的公告》(国家税务总局公告 2011 年第 71 号)
《关于逾期增值税扣税凭证抵扣问题的公告》(国家税务总局公告 2011 年第 50 号)

  附件:《逾期增值税扣税凭证抵扣管理办法》

《关于增值税纳税义务发生时间有关问题的公告》(国家税务总局公告 2011 年第

40号)

《关于新认定增值税一般纳税人使用增值税防伪税控系统有关问题的通知》(国税函〔2010〕126号)

《关于折扣额抵减增值税应税销售额问题通知》(国税函〔2010〕56号)

《关于印发〈增值税一般纳税人纳税辅导期管理办法〉的通知》(国税发〔2010〕40号)

附件:《增值税一般纳税人纳税辅导期管理办法》

《关于固定资产进项税额抵扣问题的通知》(财税〔2009〕113号)

《关于全国实施增值税转型改革若干问题的通知》(财税〔2008〕170号)

《关于推行机动车销售统一发票税控系统有关工作的紧急通知》(国税发〔2008〕117号)

《关于印发〈增值税专用发票审核检查操作规程(试行)〉的通知》(国税发〔2008〕33号)

附件:《增值税专用发票审核检查操作规程》(试行)

《关于下放增值税专用发票最高开票限额审批权限的通知》(国税函〔2007〕918号)

《关于增值税纳税人放弃免税权有关问题的通知》(财税〔2007〕127号)

《关于促进残疾人就业税收优惠政策的通知》(财税〔2007〕92号)

《关于纳税人折扣折让行为开具红字增值税专用发票问题的通知》(国税函〔2006〕1279号)

《关于金税工程增值税征管信息系统发现的涉嫌违规增值税专用发票处理问题的通知》(国税函〔2006〕969号)

《关于执行〈增值税一般纳税人纳税申报"一窗式"管理操作规程〉的通知》(国税函〔2006〕824号)

《关于修订〈增值税专用发票使用规定〉的通知》(国税发〔2006〕156号)

附件:《增值税专用发票使用规定》

《关于推行增值税防伪税控一机多票系统的通知》(国税发〔2006〕78号)

《关于增值税网上申报有关问题的通知》(国税发〔2006〕20号)

《关于增值税一般纳税人将增值税进项留抵税额抵减查补税款欠税问题的批复》(国税函〔2005〕169号)

《关于增值税若干政策的通知》(财税〔2005〕165号)

《关于加强增值税专用发票管理有关问题的通知》(国税发〔2005〕150号)

《关于做好增值税普通发票一窗式票表比对准备工作的通知》(国税发〔2005〕141号)

附件1:《增值税纳税申报表(适用于小规模纳税人)》

附件2:《增值税普通发票"一窗式"票表比对相关事项》

《关于国家税务局为小规模纳税人代开发票及税款征收有关问题的通知》(国税发〔2005〕18号)

《关于增值税专用发票和其他抵扣凭证审核检查有关问题的补充通知》(国税发〔2005〕6号)

《关于加强税务机关代开增值税专用发票管理问题的通知》(国税函〔2004〕1404号)

《关于增值税进项留抵税额抵减增值税欠税有关处理事项的通知》(国税函〔2004〕1197号)

《关于取消小规模企业销售货物或应税劳务由税务所代开增值税专用发票审批后有关问题的通知》(国税函〔2004〕895号)

《关于取消防伪税控企业资格认定的通知》(国税函〔2004〕823号)

《关于取消为纳税人提供增值税专用发票开票服务的中介机构资格审批后有关问题的通知》(国税函〔2004〕822号)

《关于推广税控收款机有关税收政策的通知》(财税〔2004〕167号)

《关于印发〈税务机关代开增值税专用发票管理办法(试行)〉的通知》(国税发〔2004〕153号)

《关于认真做好增值税专用发票发售、填开管理等有关问题的通知》(国税函〔2003〕785号)

《关于印发〈国家税务总局关于推广应用增值税防伪税控主机共享服务系统有关问题的通告〉的通知》(国税函〔2003〕588号)

《关于印发〈增值税专用发票抵扣联信息企业采集方式管理规定〉的通知》(国税发〔2003〕71号)

附件:《增值税专用发票抵扣联信息企业采集方式管理规定》

《关于印发〈增值税防伪税控主机共享服务系统管理暂行办法〉的通知》(国税发〔2003〕67号)

附件:《增值税防伪税控主机共享服务系统管理暂行办法》

《关于重新修订〈增值税一般纳税人纳税申报办法〉的通知》(国税发〔2003〕53号)

附件:《增值税一般纳税人纳税申报办法》

《关于增值税一般纳税人取得防伪税控系统开具的增值税专用发票进项税额抵扣问题的通知》(国税发〔2003〕17号)

《关于金税工程发现的涉嫌违规增值税专用发票处理问题的通知》(国税函〔2001〕730号)

《关于增值税一般纳税人平销行为征收增值税问题的批复》(国税函〔2001〕247号)

《关于增值税一般纳税人恢复抵扣进项税额资格后有关问题的批复》(国税函〔2000〕584号)

《关于纳税人善意取得虚开的增值税专用发票处理问题的通知》(国税发〔2000〕187号)

《关于全面推广应用增值税防伪税控系统意见的通知》(国办发〔2000〕12号)

《关于修改〈国家税务总局关于增值税一般纳税人发生偷税行为如何确定偷税数

额和补税罚款的通知〉的通知》(国税函〔1999〕739号)

《关于印发〈增值税防伪税控系统管理办法〉的通知》(国税发〔1999〕221号)

《关于严禁对增值税一般纳税人实行定率征收增值税问题的通知》(国税发〔1998〕183号)

《关于企业所属机构间移送货物征收增值税问题的通知》(国税发〔1998〕137号)

《关于增值税一般纳税人发生偷税行为如何确定偷税数额和补税罚款的通知》(国税发〔1998〕66号)

《关于印发〈增值税问题解答(之一)〉的通知》(国税函发〔1995〕288号)

《关于加强增值税征收管理若干问题的通知》(国税发〔1995〕192号)

《关于增值税若干征收问题的通知》(国税发〔1994〕122号)

《关于增值税几个税收政策问题的通知》(财税字〔1994〕60号)

《关于增值税、营业税若干政策规定的通知》(财税字〔1994〕26号)

《关于印发〈增值税若干具体问题的规定〉的通知》(国税发〔1993〕154号)

附件:《增值税若干具体问题的规定》

三、律师事务所涉个人所得税相关规范性文件

《关于完善调整部分纳税人个人所得税预扣预缴方法的公告》(国家税务总局公告2020年第13号)

《关于小型微利企业和个体工商户延缓缴纳2020年所得税有关事项的公告》(国家税务总局公告2020年第10号)

《关于支持新型冠状病毒感染的肺炎疫情防控有关个人所得税政策的公告》(财政部、税务总局公告2020年第10号)

《关于境外所得有关个人所得税政策的公告》(财政部、税务总局公告2020年第3号)

《关于公益慈善事业捐赠个人所得税政策的公告》(财政部、税务总局公告2019年第99号)

《关于个人所得税综合所得汇算清缴涉及有关政策问题的公告》(财政部、税务总局公告2019年第94号)

《关于修订部分个人所得税申报表的公告》(国家税务总局公告2019年第46号)

《关于办理2019年度个人所得税综合所得汇算清缴事项的公告》(国家税务总局公告2019年第44号)

《关于加强个人所得税纳税信用建设的通知》发改办财金规〔2019〕860号)

《关于修订个人所得税申报表的公告》(国家税务总局公告2019年第7号)

《关于个人所得税法修改后有关优惠政策衔接问题的通知》(财税〔2018〕164号)

《关于发布〈个人所得税专项附加扣除操作办法(试行)〉的公告》(国家税务总局

公告 2018 年第 60 号)

《关于发布〈个人所得税扣缴申报管理办法(试行)〉的公告》(国家税务总局公告 2018 年第 61 号)

附件:《个人所得税扣缴申报管理办法(试行)》

《关于个人所得税自行纳税申报有关问题的公告》(国家税务总局公告 2018 年第 62 号)

《关于全面实施新个人所得税法若干征管衔接问题的公告》(国家税务总局公告 2018 年第 56 号)

《关于印发个人所得税专项附加扣除暂行办法的通知》(国发〔2018〕41 号)

《关于将个人所得税〈税收完税证明〉(文书式)调整为〈纳税记录〉有关事项的公告》(国家税务总局公告 2018 年第 55 号)

《关于个人转让全国中小企业股份转让系统挂牌公司股票有关个人所得税政策的通知》(财税〔2018〕137 号)

《关于做好个人所得税改革过渡期政策贯彻落实的通知》税总函〔2018〕484 号)

《关于 2018 年第四季度个人所得税减除费用和税率适用问题的通知》(财税〔2018〕98 号)

《关于推广实施商业健康保险个人所得税政策有关征管问题的公告》(国家税务总局公告 2017 年第 17 号)

《关于将商业健康保险个人所得税试点政策推广到全国范围实施的通知》(财税〔2017〕39 号)

《关于营改增后契税 房产税 土地增值税 个人所得税计税依据问题的通知》(财税〔2016〕43 号)

《关于进一步简化和规范个人无偿赠与或受赠不动产免征营业税、个人所得税所需证明资料的公告》(国家税务总局公告 2015 年第 75 号)

《关于上市公司股息红利差别化个人所得税政策有关问题的通知》(财税〔2015〕101 号)

《关于个人非货币性资产投资有关个人所得税征管问题的公告》(国家税务总局公告 2015 年第 20 号)

《关于个人非货币性资产投资有关个人所得税政策的通知》(财税〔2015〕41 号)

《个体工商户个人所得税计税办法》(国家税务总局令第 35 号)

《关于调整完善扶持自主就业退役士兵创业就业有关税收政策的通知》(财税〔2014〕42 号)

《关于个体工商户、个人独资企业和合伙企业个人所得税问题的公告》(国家税务总局公告 2014 年第 25 号)

《关于房屋买受人按照约定退房取得的补偿款有关个人所得税问题的批复》税总函〔2013〕748 号)

《关于做好企业年金职业年金个人所得税征收管理工作的通知》税总发〔2013〕143号）

《关于企业年金、职业年金个人所得税有关问题的通知》（财税〔2013〕103号）

《关于支持芦山地震灾后恢复重建有关税收政策问题的通知》（财税〔2013〕58号）

《关于律师事务所从业人员有关个人所得税问题的公告》（国家税务总局公告2012年第53号）

《关于工伤职工取得的工伤保险待遇有关个人所得税政策的通知》（财税〔2012〕40号）

《关于执行内地与港澳间税收安排涉及个人受雇所得有关问题的公告》（国家税务总局公告2012年第16号）

《关于2011年度李四光地质科学奖奖金免征个人所得税的公告》（国家税务总局公告2011年第68号）

《关于贯彻执行修改后的个人所得税法有关问题的公告》（国家税务总局公告2011年第46号）

《关于个人终止投资经营收回款项征收个人所得税问题的公告》（国家税务总局公告2011年第41号）

《中华人民共和国个人所得税法实施条例》（国务院令第600号）

《关于企业促销展业赠送礼品有关个人所得税问题的通知》（财税〔2011〕50号）

《关于雇主为雇员承担全年一次性奖金部分税款有关个人所得税计算方法问题的公告》（国家税务总局公告2011年第28号）

《关于个人所得税有关问题的公告》（国家税务总局公告2011年第27号）

《关于支持和促进就业有关税收政策的通知》（财税〔2010〕84号）

《关于〈内地和澳门特别行政区关于对所得避免双重征税和防止偷漏税的安排〉议定书生效执行的公告》（国家税务总局公告2010年第15号）

《关于印发〈中华人民共和国政府和新加坡共和国政府关于对所得避免双重征税和防止偷漏税的协定〉及议定书条文解释的通知》（国税发〔2010〕75号）

《关于进一步做好个人所得税完税凭证开具工作的通知》（国税发〔2010〕63号）

《关于进一步加强高收入者个人所得税征收管理的通知》（国税发〔2010〕54号）

《关于个人转租房屋取得收入征收个人所得税问题的通知》（国税函〔2009〕639号）

《关于明确个人所得税若干政策执行问题的通知》（国税发〔2009〕121号）

《关于个人无偿受赠房屋有关个人所得税问题的通知》（财税〔2009〕78号）

《关于加强个人工资薪金所得与企业的工资费用支出比对问题的通知》（国税函〔2009〕259号）

《关于合伙企业合伙人所得税问题的通知》（财税〔2008〕159号）

《关于离退休人员取得单位发放离退休工资以外奖金补贴征收个人所得税的批复》（国税函〔2008〕723号）

《关于高级专家延长离休退休期间取得工资薪金所得有关个人所得税问题的通知》(财税〔2008〕7号)

《关于企业为个人购买房屋或其他财产征收个人所得税问题的批复》(财税〔2008〕83号)

《关于调整个体工商户个人独资企业和合伙企业个人所得税税前扣除标准有关问题的通知》(财税〔2008〕65号)

《关于个人向地震灾区捐赠有关个人所得税征管问题的通知》(国税发〔2008〕55号)

《关于认真落实抗震救灾及灾后重建税收政策问题的通知》(财税〔2008〕62号)

《关于生育津贴和生育医疗费有关个人所得税政策的通知》(财税〔2008〕8号)

《关于廉租住房经济适用住房和住房租赁有关税收政策的通知》(财税〔2008〕24号)

《关于修改年所得12万元以上个人自行纳税申报表的通知》(国税函〔2007〕1087号)

《关于中央企业负责人年度绩效薪金延期兑现收入和任期奖励征收个人所得税问题的通知》(国税发〔2007〕118号)

《关于企业向个人支付不竞争款项征收个人所得税问题的批复》(财税〔2007〕102号)

《关于进一步推进个人所得税全员全额扣缴申报管理工作的通知》(国税发〔2007〕97号)

《关于促进残疾人就业税收优惠政策的通知》(财税〔2007〕92号)

《关于单位低价向职工售房有关个人所得税问题的通知》(财税〔2007〕13号)

《关于明确年所得12万元以上自行纳税申报口径的通知》(国税函〔2006〕1200号)

《关于印发〈个人所得税自行纳税申报办法(试行)〉的通知》(国税发〔2006〕162号)

《关于企业支付学生实习报酬有关所得税政策问题的通知》(财税〔2006〕107号)

《关于个人住房转让所得征收个人所得税有关问题的通知》(国税发〔2006〕108号)

《关于基本养老保险费基本医疗保险费失业保险费 住房公积金有关个人所得税政策的通知》(财税〔2006〕10号)

《关于离退休人员再任职界定问题的批复》(国税函〔2006〕526号)

《关于个人因公务用车制度改革取得补贴收入征收个人所得税问题的通知》(国税函〔2006〕245号)

《关于开具寄送个人所得税完税证明有关问题的通知》(国税发〔2006〕30号)

《关于下岗失业人员再就业有关税收政策问题的通知》(财税〔2005〕186号)

《关于加强外籍人员个人所得税档案资料管理的通知》(国税函〔2006〕58号)

《关于贯彻落实国务院进一步加强就业再就业工作通知若干问题的意见》劳社部发〔2006〕6号)

《关于纳税人取得不含税全年一次性奖金收入计征个人所得税问题的批复》(国税函〔2005〕715号)

《关于印发〈个人所得税管理办法〉的通知》(国税发〔2005〕120号)

《关于股息红利个人所得税退库的补充通知》(财库〔2005〕187号)

《关于个人所得税有关问题的批复》(财税〔2005〕94号)

《关于个人兼职和退休人员再任职取得收入如何计算征收个人所得税问题的批复》(国税函〔2005〕382号)

《关于调整个人取得全年一次性奖金等计算征收个人所得税方法问题的通知》(国税发〔2005〕9号)

《关于取消合伙企业投资者变更个人所得税汇算清缴地点审批后加强后续管理问题的通知》(国税发〔2004〕81号)

《关于严格执行个人所得税费用扣除标准和不征税项目的通知》(财税〔2004〕40号)

《关于企业以免费旅游方式提供对营销人员个人奖励有关个人所得税政策的通知》(财税〔2004〕11号)

《关于个人银行结算账户利息所得征收个人所得税问题的通知》(国税发〔2004〕6号)

《关于规范个人投资者个人所得税征收管理的通知》(财税〔2003〕158号)

《关于提高增值税和营业税起征点后加强个人所得税征收管理工作的通知》(国税发〔2003〕80号)

《关于自主择业的军队转业干部有关税收政策问题的通知》(财税〔2003〕26号)

《关于强化律师事务所等中介机构投资者个人所得税查账征收的通知》(国税发〔2002〕123号)

《关于个人所得税若干政策问题的批复》(国税函〔2002〕629号)

《关于个人与用人单位解除劳动关系取得的一次性补偿收入征免个人所得税问题的通知》(财税〔2001〕157号)

《关于〈关于个人独资企业和合伙企业投资者征收个人所得税的规定〉执行口径的通知》(国税函〔2001〕84号)

《关于明确单位或个人为纳税义务人的劳务报酬所得代付税款计算公式对应税率表的通知》(国税发〔2000〕192号)

《关于调整住房租赁市场税收政策的通知》(财税〔2000〕125号)

《关于印发〈关于个人独资企业和合伙企业投资者征收个人所得税的规定〉的通知》(财税〔2000〕91号)

《关于律师事务所从业人员取得收入征收个人所得税有关业务问题的通知》(国税发〔2000〕149号)

《关于个人出售住房所得征收个人所得税有关问题的通知》(财税字〔1999〕278号)

《关于住房公积金医疗保险金、基本养老保险金、失业保险基金个人账户存款利息所得免征个人所得税的通知》(财税字〔1999〕267号)

《关于纠正在征收利息、股息、红利所得个人所得税时扣除同期银行储蓄存款利息做法的通知》(国税发〔1999〕181号)

《关于明确残疾人所得征免个人所得税范围的批复》(国税函〔1999〕329号)

《关于外国企业的董事在中国境内兼任职务有关税收问题的通知》(国税函〔1999〕284号)

《关于生活补助费范围确定问题的通知》(国税发〔1998〕155号)

《关于印发〈境外所得个人所得税征收管理暂行办法〉的通知》(国税发〔1998〕126号)

附件:《境外所得个人所得税征收管理暂行办法》

《关于住房公积金医疗保险金、养老保险金征收个人所得税问题的通知》(财税字〔1997〕144号)

《关于个人提供非有形商品推销、代理等服务活动取得收入征收营业税和个人所得税有关问题的通知》(财税字〔1997〕103号)

《关于进一步强化个人所得税征收管理的通知》(国税发〔1997〕62号)

《关于外籍个人取得有关补贴征免个人所得税执行问题的通知》(国税发〔1997〕54号)

《关于印发〈个体工商户个人所得税计税办法(试行)〉的通知》(国税发〔1997〕43号)

附件:《个体工商户个人所得税计税办法(试行)》

《关于雇主为其雇员负担个人所得税税款计征问题的通知》(国税发〔1996〕199号)

《关于明确单位或个人为纳税义务人的劳务报酬所得代付税款计算公式的通知》(国税发〔1996〕161号)

《关于个人所得税偷税案件查处中有关问题的补充通知》(国税函〔1996〕602号)

《关于误餐补助范围确定问题的通知》(财税字〔1995〕82号)

《关于在中国境内无住所的个人计算缴纳个人所得税若干具体问题的通知》(国税函发〔1995〕125号)

《国家税务总局关于社会福利有奖募捐发行收入税收问题的通知》(国税发〔1994〕127号)

《关于个人所得税若干政策问题的通知》(财税字〔1994〕20号)

《关于印发〈征收个人所得税若干问题的规定〉的通知》(国税发〔1994〕89号)

《关于外籍人员×××先生的工资、薪金含有假设房租,如何计征个人所得税问题的函》(1989)国税外字第52号)

《关于对外籍职员的在华住房费准予扣除计算纳税的通知》(财税外字(1988)第21号)

四、律师事务所涉税直接相关规范性文件

《关于3项个人所得税事项取消审批实施后续管理的公告》(国家税务总局公告2016年第5号)

《关于律师事务所从业人员有关个人所得税问题的公告》(国家税务总局公告 2012 年第 53 号)

《关于切实加强高收入者个人所得税征管的通知》(国税发〔2011〕50 号)

《关于强化律师事务所等中介机构投资者个人所得税查账征收的通知》(国税发〔2002〕123 号)

《关于所得税收入分享体制改革后税收征管范围的通知》(国税发〔2002〕8 号)

《关于印发〈关于个人独资企业和合伙企业投资者征收个人所得税的规定〉的通知》(财税〔2000〕91 号)

《关于律师事务所从业人员取得收入征收个人所得税有关业务问题的通知》(国税发〔2000〕149 号)

《关于律师事务所办案费收入征收营业税问题的批复》(国税函发〔1995〕479 号)

编后说明

本指引以河南省为例,介绍了律师事务所提供应税服务办理涉税相关事宜。

本指引仅仅是对律师事务所及从业人员涉税相关事项的参考和提示,不能以此作为判定具体涉税事宜及其法律后果的直接依据。

本指引援引 2020 年 8 月 1 日之前公布的财税法律、法规、规章及税收政策等规范性文件而整理。若法律、法规、规章、税收政策发生变化,应以新的法律法规及规范性文件为依据。届时应适时进行修订。

本书编写组

2020 年 8 月 15 日